564세대를 위한 변명

564세대를 위한 변명

초 판 3쇄 발행 | 2000년 3월 15일
개정판 1쇄 발행 | 2004년 3월 1일

지은이 | 김학민
펴낸이 | 김학민
펴낸곳 | 학민사

등록번호 | 제10-142호
등록일자 | 1978년 3월 22일

주소 | 서울시 마포구 대흥동 150-1번지(121-809)
전화 | 02-716-2759, 702-3317
팩시밀리 | 02-703-1494

홈페이지 | http://www.hakminsa.co.kr
이메일 | hakminsa@hakminsa.co.kr

ISBN 89-7193-162-0(03300)

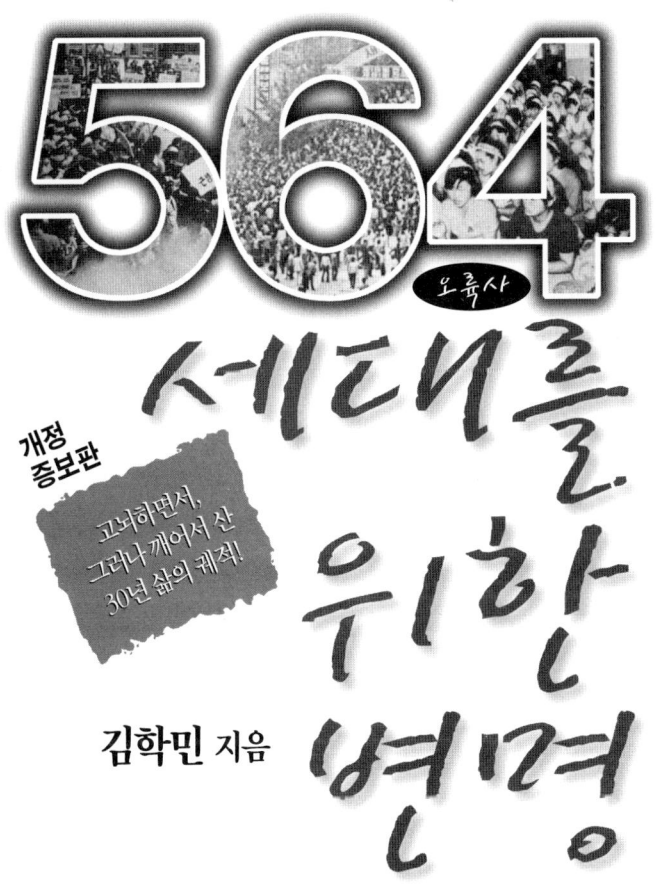

564
오륙사

세대를
위한
변명

개정
증보판

고뇌하면서,
그러나 깨어서 산
30년 삶의 궤적!

김학민 지음

학민사

□ 친구에게

　세상 사람들이 김학민이라는 인간상을 어떻게 알고 있는지 궁금하다. 혹자는 70년대 학생운동의 한 선구자로, 혹자는 사회과학 출판인인 학민사 대표로, 혹자는 정치인으로, 혹자는 문화운동가로 저마다 만난 시기와 방식에 따라 달리 기억하고 있을 것이다.

　나는 25년 전 서대문구치소에서 처음 만난 이래 오늘날까지 벗으로서 지내고 있으니 어느 정도는 그의 전모를 말할 수 있다고 생각하는 바, 내 기억에 의하건대 김학민은 어떤 상황, 어떤 직업에서도 변함없이 보여준 뚜렷한 한 인간상이 있으니, 그것은 그가 정말로 진실되고 성실하며 확고한 자기원칙과 꿋꿋한 기개를 갖고 있는 지사(志士)라는 점이다.

　그가 항시 응달의 저편에서 다양한 편력을 보여준 것도 사실은 현실을 기피하지 않고 그때그때 자기 최선을 다하며 쉼없이 살아왔다는 징표요 족적일 뿐이다.

　이제 그가 자신의 반생(半生)을 뒤돌아보면서 앞으로의 희망을 말한 이 책을 보니, 새삼 그가 고달픈 여건을 용케도 견뎌내고, 굳세게 헤쳐나간 저력에 벗으로서 더욱 믿음과 존경을 보내게 되는 바이다.

1999년 12월

유홍준(영남대 교수)

□ 숫자 풀이

– 머리말에 대신하여

386세대. 60년대에 태어나 80년대 학번의, 그리고 현재 30대 나이의 '젊은피'를 일컫는 조어이다. 그러나 생각해 보면 60년대, 80년대, 30대는 모두 만 7세 초등학교 입학과 이후의 6·3·3·4 학제를 연관시킨 중첩된 상징언어일 따름이다. 곧 60년대에 태어났으면 당연히 초·중·고 12년을 거쳐 80년대에 20대 대학생이거나 비슷한 연령의 직장인일 것이고, 그 10년 후인 90년대에는 30대의 나이에 도달할 것이다.

그런데도 이들을 굳이 '386세대'라고 별칭하는 것은, 자기의 의지와 상관없이 일월의 흐름에 따라 자연스럽게 달하게 되는 30대라는 세대 구분 이외에, 이들이 태어나 성장하고 공부하면서 자기 철학과 세계관을 정립시켜온 60년대와 80년대가 갖는 특별한 정치적, 사회경제적 함의 때문이리라.

특히 80년 민주화의 봄을 군화발로 까뭉개고 집권한 전두환 폭압 군사정권이 압제를 강화해 나갈 때, 온 국민의 체념과 절망 속에서도 분연히 일어나 반독재 민주화 투쟁에 앞장섰던 80년대 대학생들의 용기와 희생은 참으로 기릴 만한 것이며, 이들의 그러한 용기, 희생, 변혁, 도전정신은 새 천년의 한국 사회를 이끌어 갈 지도적 패러다임으로 자리매김되기에 조금도 부족함이 없는 것이다.

564세대? 40년대에 태어나 60년대 학번의, 그리고 현재 50대 나이의 '중늙은이피'를 말함인가? 그렇다. 아무도 그렇게 불러주지는 않지만, '386세대'의 조어법을 빌어 써보면 그렇게 부를 수도 있을 것이다.

해방공간에서 태어나 6·25의 폐허 속에서 항시적 굶주림에 허덕이던 세대. 국민학교 시절 '고마우신 우리 이승만 대통령'과 '뿔달린 괴뢰군'을 졸졸 외던 세대. 4·19혁명, 6·3사태, 6·8부정선거 규탄, 교련반대, 3선개헌 반대 등 60년대를 통틀어 연중행사로 거듭되던 시위대의 꽁무니, 또는 맨앞을 누볐던 세대. 박정권의 장기집권 음모인 '10월유신'에 도전하여 감옥을 '양심수'로 넘쳐나게 했던 세대.

564세대는 격동의 한국 현대사 속에서 이렇게 살아왔다. 물론 이것들은 564세대만이 아니라, 자기의 의지와는 상관없이 숙명적으로 밀려든 이땅의 수없는 정치사회적 질곡과 모순에 온몸으로 맞서야 했던 모든 당시대인들의 경험이기도 했다.

그러므로 4·19혁명을 주도했던 653세대, 박정희의 유신 독재체제와 처절히 투쟁했던 475세대, 전두환 폭압정권을 몰아낸 386세대들과 역사적 경험의 양과 질을 비교하여 564세대를 내세우려 하는 것은 아니다.

다만 민주·민족·민중의 기치 아래 이땅의 정치·사회 개혁을 위해 연연히 투쟁해온 한국현대사의 거대한 흐름을 토막토막 잘라 '생각과 행동'의 기준이 아니라 '세대'라는 단층적 구조로만 파악하려는 요즈음의 몰역사적 풍조를 지적하고 싶을 뿐이다.

학번과 출생년대는 영원하지만 세대는 흐른다. 90년대의 386세대는, 컴퓨터의 기능이 업그레이드 되듯이, 2000년대에는 486세대, 2010년대에는 586세대로 바뀐다. 마찬가지로 우리 564세대도, 그런 칭호법이 있었다면, 지난 시기 464세대, 364세대로 불렸을 것이다.

　여기에 실린 글들은 지난 30여년간 한국현대사의 거대한 흐름
속에 던져졌던 내 개인의 작은 행동의 흔적과 삶의 편린들이다.
나는 그것들을 책으로 엮어내기가 부끄러워 영화 〈달마가 동쪽으
로 간 까닭은〉을 혼자서 기획·촬영·편집한 배용준 감독의 작업
처럼, 아무에게도 알리지 않고 나 혼자 이 책을 기획하고, 집필
하고, 편집하고, 교열하고, 찍어냈다.
　그리고 나의 글들 사이사이에 나에 대한 취재기사, 다른 분이
쓴 나에 대한 글 몇 편을 공연의 브릿지(Bridge)처럼 엮어 넣었
다. 필자들께 일일이 양해드리지 못한 점 이해바란다.
　여러 가지로 부족한 글들이지만, 그리고 더욱이 내가 564세대
의 전형은 아니지만, 이 책이 울고, 웃고, 고민하고, 분노하고, 환
호하며 격동의 30년을 살아온 한 564세대의 소박한 삶의 궤적임
을 이해하고 읽어 준다면 더없이 기쁠 따름이다.

새천년 첫아침에
김 학 민

□ 책을 새로이 꾸미며

　30여년간 민주화 운동을 하며, 문화운동에 몸담으며 틈틈이 써 놓았던 글들을 엮어 『564세대를 위한 변명』이라는 제하로 내놓은 지도 4년이 지났다.

　그 동안 판을 거듭하며 수록된 글들을 깁고 훑치고 하여 독자들에게 부끄러움을 덜어보려 노력했으나 이제는 더 이상 어찌 할 수가 없게 되었다.

　초판 3쇄가 발간된 2000년 3월 이후에 쓴 글들을 새로이 넣고, 발간 당시 나의 삶과 생각을 녹여낸 글들이기에 어쩔 수 없이 포함된 단편들을 제외하여 개정판을 펴낸다.

　책을 낼 때는 항시 부끄러움이 앞선다. 다만 이 책에 수록된 글들이 한 인간의 한없이 부족한 삶의 궤적을 보여주는 것으로 이해해 주시면 고맙겠다.

2004년 2월

김 학 민

564세대를 위한 변명 / 차 례

대한민국 최장기 근속 대학생

적으로부터 배우기

나의 '문단' 등단기

맛에 끌리고 사람에 취하다

감옥,
젖과 꿀이 흐르는 땅

1974년 4월 3일 오전 8시 경, 나는 연세대 상경대 도서실에서 남부 경찰서 정보과 형사들에 의해 강제연행되었다. 근래에는 별로 '큰죄' 를 짓지 않은 것같아 크게 걱정을 하지 않고(형사들 또한 잠시 조사 하고 내보내준다고 했다. 그런데 잠시가 ……) 그들을 따라갔는데, 남부 서에서 중앙정보부에 이첩되자마자 정보부 요원들은 무지막지한 구타로 인사치례를 하면서 내가 '큰죄'를 지은 놈이라고 몰아부쳤다.

이름하여 내란음모. 옛날이면 역적질인가? 정보부에서 1개월, 그리고 이어 보안사 '서빙고 호텔'에서 3개월여 영장없는 구속 상태에서 터지 고, 맞고, 밟히고, 욕지거리, 고함소리 들으며 나는 '내 죄'를 억지로 만들어 나갔다.

어느날 수사관이 버럭 소리를 질렀다.

"임마, 너희들 정부 전복시킨 후에는 각자 어느 자리를 맡자고 정했 을 거잖아!"

묵묵부답. 정부 전복 계획 없었는데 자리는 무슨 자리? 또 터지고, 맞고, 밟히고, 욕지거리, 고함소리. 에라, 모르겠다!

"저는 문교부장관 할려고 했습니다."

"이 자식은 꼭 맞아야 분단 말이야!"

또 터지고, 맞고, 밟히고, 욕지거리, 고함.

나중에 알았지만, 내란죄의 성립조건으로 내란의 수괴가 있어야 하고, 그 조직이 정부를 참칭해야 되며, 또 내란죄 혐의자는 그 참칭 정부에 서 구체적 임무를 맡아야 한다는 것이었다.

그리하여 대학 4학년, 약관 25세에 나는 대한민국 공식문서(수사기록) 에 '문교부장관 예정자'로 올랐으니, 앞으로 이 약력 좀 써볼까?

초기 2개월여 동안 수사를 받기 위해 매일 정보부, 보안사(당시 정보 부는 1천여 명에 이르는 구속자를 주체하지 못해 연세대생들과 K. S. C. F 관련자들은 보안사에 분산시켜 수사했다)에 끌려갔는데, 지 하 취조실은 유황물이 들끓는 지옥이요, 감옥은 '오늘의 일과'를 마 친 후의 젖과 꿀이 흐르는 안식의 땅이었다.

푸른 옷에 실려간 내 청춘

1972년 10월

1972년 10월 17일, 그 날은 중간고사 마지막 날이었다. 평소 가깝게 어울리던 경제학과 친구들 모두 홀가분하게 시험을 마치고 좀 이르게 약속대로 청진동 평양집에서 빈대떡에 막걸리잔을 나누고 있었는데, 오후 6시쯤이었을까, 한 친구가 헐레벌떡 문을 박차고 들어왔다.

"야, 계엄령 내렸다!"

그는 거친 숨을 몰아쉬며 호외 한 장을 내밀었는데, 거기에는 "10월 17일 오후 7시를 기하여 국회를 해산하고 정당 등의 정치활동을 중지시키는 등 헌법 일부 조항의 효력을 정지시키고, 그

요즘 386, 386 하지만 민청학련세대와 386세대는 크게 다르다. 386세대의 80년대 투쟁은 눈부시다. 그들의 투지와 단결력이 없었던들 어찌 6월항쟁이 있었겠으며, 이후 민주화 시대를 열었겠는가? 그러나 이들은 대학시절의 투쟁이 있은 후에 곧바로 개량적이나마 문민시대로 들어갔으니 군사정권 하에서 탄압받은 시기는 그리 길지 않다. 그러나 민청세대는 70년대 초 유신 독재정권에 저항한 이래 근 20여년을 군사독재 아래서 투쟁해야 했다. 그 사이 개인적인 고통과 희생을 말해 무엇하랴. 나는 그래서 믿는다. 그리고 그들을 사랑한다. 기나긴 탄압 속에서도 자기를 지켜온 그들이기에. 이 글은 민청학련운동 자료집 제2권 『1974년 4월』에 실린 것을 다시 정리했다.

기능을 비상국무회의에서 수행하며, 이를 위해 전국에 비상계엄령을 내린다"는 내용이 들어있던 바, 박정희의 남북대결 상황에 효율적으로 대처하기 위해 한국적 민주주의가 불가피하다는 성명이 있었지만, 이는 누가 보아도 장기 독재체제로 가겠다는 국민협박에 다름 아니었다.

이 호외 내용을 돌려보고 나자 술자리는 한 순간에 울분의 자리로 변해버렸다. 모두들 흥분하여 박정희를 욕하고 규탄하였으며, 행정고시를 준비하고 있었던 김학열(현재 한국은행 국제금융실장), 나종규(현재 산업은행 이사)는 그 자리에서 '고시 포기'를 선언하였다.

그 날 술자리가 어떻게 끝났는지 모른다. 당시는 통행금지가 있었을 때였고, 또 그날부터 통행금지가 밤 10시로 당겨졌으므로 일찍 자리가 파하여졌겠지만, 난 술로 엉망인 채 망연자실 광화문 네거리를 건넜던 기억만 난다.

학교는 휴교이고, 이튿날부터 딱히 갈 곳도 없었다. 오후쯤 녹번동에 사는 고교 친구 신동욱(당시 연대 신학과 재학)을 찾아갔는데, 마침 고교 후배 이종만(당시 연대 수학과 재학)이 와 있었다. 셋이서 박정희의 폭거에 대해 흥분하여 이야기하다가, 이대로 그냥 있을 수는 없지 않겠느냐는 데 의견이 일치했다.

당시 신동욱은 나치하의 저항 신학자 본 회퍼에 심취해 있어서, 자연히 기독교의 사회참여를 적극 주장하는 입장이었다. 그는 졸업 후 도시산업선교회에서 활동하다가 현재는 경기도 남양주시 마석에서 목회활동에 전념하고 있다.

우리 셋은, 우선 박정희의 소위 '10월유신'을 반박하는 선언문을 작성, 서울시내 요소요소에 뿌리기로 했다. 신동욱과 내가 선언문을 쓰고, 이종만이 자기가 다니던 교회에서 등사기를 잠시 슬쩍해 오기로 했다.

10월 19일, 다시 신동욱의 녹번동 집에 모여 선언문을 쓰고, 이를 이종만이 '가리방'으로 긁어 등사기로 몇 백장을 인쇄하였는데, 살포 방법이 문제였다. 그 즈음은 계엄령 치하라 경계가 워낙 삼엄하였고, 또 우리 모두 투옥을 무릅쓰고 공개적으로 뿌리기에는 아직 용기가 없었다.

그런데 나에게서 묘안이 떠올랐다. 나는 군대 시절 포차 운전병이었는데, 그때는 워낙 물자가 부족하던 때라 겨울이면 저녁에 동파 방지를 위해 자동차 밧데리를 떼어내서 내무반으로 가져오고, 아침에 이를 다시 자동차에 장치했는데, 트럭용 밧데리라 너무 무거워 등에 지고 다녔다. 그런데 등에 지고 옮기느라면 아무래도 황산이 원액인 밧데리액이 옷에 튈 수밖에 없었는데, 밧데리액이 묻은 자국은 곧 구멍이 뻥뻥 났다.

여기에서 착안하여 선언문 뭉치를 붕대로 묶고, 이를 신세계백화점 옥상 난간에 묶어 놓은 다음 약국에서 쉽게 구입할 수 있는 황산액을 붕대에 살짝 묻혀 끈이 삭는 사이 엘리베이터를 타고 내려와 백화점에서 탈출할 수 있도록 했다. 아, 그 스릴, 그 감격, 지금도 잊지 못한다. 건너편 중앙우체국 앞에 서서 우리가 쓴 어섣픈 박정희 규탄 선언문이 팔락팔락 떨어져 내리던 장면을.

우리는 군사독재정권에 대한 첫 번째 '저항운동'이 성공한 것을 명동 뒷골목에서 막걸리잔을 나누며 축하하면서 다음 계획을 세웠지만, 저항운동은 그것으로 끝이었다. 뒷마무리를 깨끗하게 하지 못한 탓에 현직 경찰관인 신동욱의 아버지에게 '범죄도구' 일체가 발각된 것이다.

이후 신동욱의 부모님의 감시의 눈이 무서워 동욱의 집에도 가지 못하고, 2, 3일 집에 있으면서 책을 손에 잡아 보았지만, 글자가 눈에 들어올 리 없었다.

며칠 후 답답한 마음에 학교에 가보았지만 교문은 굳게 닫혀 있었고, 계엄군만이 완전무장을 한 채 학생들의 출입을 통제하고 있었다.

치떨리는 분노가 일어났다. 그리고는 또한 속으로부터 끝모르는 절망감이 밀려왔다. 우리에게, 이 나라에 진정 희망이 있는가? 마음 속으로 무수히 '박정희 개××!'를 외쳐보지만, 그것으로 쌓이고 쌓인 분노와 절망감이 녹여질 수는 없었다.

1973년, 절망에서 희망으로

1973년이 되었다. 1972년 12월, 유신헌법은 '압도적 찬성'으로 확정되었고, 사회 각 분야에서는 유신체제에 맞춰 생각하고 행동 하느라 정신이 없었다. 갈봉근, 한태현 등 어용 법학자들은 유신 헌법의 나팔수가 되어 전국을 누비며 해괴한 논리를 전파하는가 하면, 신문, 방송 등 언론매체들은 굳게 재갈이 물려 온 나라는 문자 그대로 침묵의 바다였다.

새학기를 맞아 대학은 문이 열렸지만, 이미 자유, 정의, 진리 따위는 공염불이 되었고, 교수나 학생 모두 잔뜩 움츠러 들어 캠 퍼스는 그야말로 적막강산이었다.

무엇을 할까? 또 앞으로 무엇을 할 수 있을까? 그때까지 학생 운동의 주력이던 서울대와는 확실하게 연결되어 있지 않았다. 경 제학과 후배 정진호군이 서울대 김병곤 등과 접촉하고 있었던 것 은 그해 10월 경에야 알게 되었고, 또 그 암울한 분위기에서 전 국적인 조직운동은 생각도 하지 못했다.

당시 연세대학교는 박대선 총장이 3선째 연임하고 있었는데, 박총장의 대학 운영에 교수와 학생들이 많은 불만을 가지고 있었 다. 그리하여 학생들이 재정, 학사 문제 등 학교 운영에 어느 정도 참여할 수 있도록 '교수학생협의회'를 만들자는 운동을 벌였는데, 이것은 일종의 학원 자율화운동으로, 우리들은 여기서부터 움츠러 들었던 학생운동의 동력을 끌어낼 생각이었다.

경영학과의 박노인, 경제학과의 정진호, 철학과의 정성호, 그리고 나와 자유교양회, 인간격정회, 목하회 등의 서클원들이 '교수학생협의회' 구성에 적극 나섰는데, 나중에 민청학련사건으로 같이 구속된 경제학과 김영준, 경영학과 송무호와 그들이 속한 한국문제연구회 회원들은 우리들의 이런 '우회적 전술'에 그리 찬성하지 않는 눈치였다.

이러구러 1학기가 지나고 2학기가 되었다. 우리들은 9월 말에 있을 연고전을 기해 '한판' 하기로 했다. 아무리 유신독재정권이라 하지만 양교의 전통적 체육행사를 막을 수는 없을 것이고, 연고전이 끝나는 토요일 저녁 '시가행진'을 유신정권 규탄 시위로 몰아가기로 했다.

그러나 후배들과 함께 유인물도 만들어 뿌리고, 행진 도중 운동가, 구호도 외쳤지만, 경찰이 모른 체 해버려 오히려 우리들이 당혹스러웠다. 아! 그때 경찰이 최루탄도 쏘고 곤봉으로 행진 대열을 두들겨 패고 했었으면 얼마나 좋았을까.

10월 3일이었다. 김동길 교수와 나, 김영준, 신동욱, 정진호 등과 사학과 학생들 몇 명이 천마산으로 등산을 갔다. 우리들은 전날 서울대에서 있었던 유신체제 하 최초의 시위에 대해 정확한 내용을 모르고 있었는데, 정진호가 서울대의 선언문 한 장을 가지고 와서 모두 돌려 읽고 그로부터 서울대의 시위계획을 들었다.

여기에서 김동길 교수와 함께 유신체제에 대해 이야기하고 한국 민주주의의 전망을 조금 들은 것이 나중 민청학련 사건시 김 교수와 나, 그리고 김영준에게 덧씌워진 소위 '천마산 모의'이다.

등산을 마치고 서울로 돌아온 후 집으로 가지 않고 나와 김영준, 신동욱, 정진호는 연세대 시위 문제를 협의하기 위해 장승백이에 살던 건국대생 김영섭군의 집에서 합숙에 들어갔다.

그토록 강고하게 보이던 유신체제는 꼭 1년만에 강력한 도전에 직면했다. 서울대 문리대, 상대, 법대 시위를 시작으로 전국 각 대학에서 요원의 불길처럼 유신체제 규탄 시위가 벌어졌으며, 연대에서도 11월 중순 조기방학이 결정되기까지 몇 차례 유신헌법 반대 시위를 벌였다.

11월 8일 오전 10시쯤이었다. 집에서 막 나와 학교에 가려는데 두 명의 사내가 옆에 붙어서더니 내 양 팔을 낚아챘다. 신분증 제시고 뭐고 없이 바로 짚차에 태우더니 서대문경찰서로 연행했다. 나는 나의 체포 이유를 전혀 알 수 없었으니, 그 즈음에는 시위 전면에 나선 적이 없었기 때문이다.

한편으로는 10월 중순 김동길 교수의 주선으로 「뉴욕타임즈」동경특파원 리차드 핼러런과 한국 학생운동의 현황과 전망에 대해 인터뷰한 내용이 포착되어 연행되는 것이 아닌가 생각되어, 김동길 교수와의 연결고리를 어떻게 정리하나 걱정되었다.

그러나 정보과 형사들은 유인물 한 장을 제시하더니 다짜고짜 구타하면서, 나의 소행임을 자백하라고 을러댔다. 나로서는 '오리발'이 아니라 진실로 내가 만든 것이 아니니 결백을 주장할 수밖에 없었다. 그들은 무수히 구타하여도 내가 자백을 않자 할 수 없이 내보내 주었는데, 74년 민청학련사건으로 구속되었을 때 감옥에서 신학과 최민화군이 이재웅(현재 동의대학교 교수)을 시켜 뿌린 유인물임을 알고 크게 웃은 적이 있다.

12월 초든가. 조기방학으로 도서관은 학생들로 꽉꽉 찼다. 나는 당시 경제학과 3학년 과대표이던 김학열과 의논하여 상대 도서관 학생들을 동원해 시위를 벌이기로 했다. 김학열은 제주 오현고등학교 3학년에 재학중 학생회장으로 있으면서 친구 강창일(현재

1975년 2월 15일 영등포교도소에서 석방되는 김학민

배재대 교수)과 함께 삼선개헌 반대시위를 벌여 소년수로 광주가
정법원에서 재판을 받았을 정도로 일찍부터 정의감이 충만한 친
구였다.

지금도 그러하지만 논리가 정연한 김학열이 도서관 책상 위에
올라가 유신헌법 반대 성토를 하고, 경제과생들을 주축으로 300
여 명의 학생들이 스크럼을 짜고 백양로를 달려 내려갔다. 방학
이라 '안심'하고 있었던 경찰이 허겁지겁 몰려온 것은 이미 시위
대가 교문을 나선 후였으니, 한국 최초의 방학중 시위의 성공이
었다.

1973년 12월, 윤보선, 함석헌, 김재준 등 각계인사 50여 명은
박정희 1인독재의 영구집권을 목적으로 하는 유신헌법을 철폐시
키기 위해 '개헌청원 100만인 서명운동'을 벌일 것이라고 성명하
고, 그 실행방법으로 이 성명에 서명한 인사들 각자가 서명운동

본부가 되어 시민 서명을 받기로 했다.

그때 연세대에서는 김동길, 김찬국, 문상희 교수께서 이 성명에 서명했었는데, 나와 김영준, 신동욱 등은 1월 3일 김동길, 문상희 교수에게 세배를 드리고 오면서 막상 서명은 김찬국 교수댁에서 했다. 이때 우리들 이외에도 같이 있던 신학과 학생들, 연세기독학생회 회원들도 모두 서명을 했는데, 이것이 계기가 되어 4월 김찬국 교수가 민청학련사건으로 구속되었다.

1월 8일, 소위 유신헌법에 대한 비방, 개정운동을 철저히 금지하는 긴급조치 1호가 선포되었다. 그러나 우리들은 긴급조치에 대해 그리 심각하게 생각하지 않았다. 73년 가을의 동력을 모으면 새학기쯤 충분히 밀어붙일 수 있다고 믿었다.

겨울방학 내내 나는 자유교양회, 인간격정회, 적십자회, 목하회, 가톨릭학생회 후배들을 규합하느라 분주했다. 자유교양회 송재덕. 오세룡, 적십자회 이상우. 김동수, 목하회 신동수. 문유찬. 정건섭 등이 논의에 합류했다. 정진호가 73년 10월에 군에 입대하는 바람에 서울대와의 연결은 김영준으로 넘어갔다.

딱 의논하여 역할분담을 한 것은 아니지만, 나는 연대내 서클들을 규합하는데 힘을 쏟았고, 김영준은 서울대와의 연결, 송무호, 홍성엽은 한국문제연구회 회원들을 맡았다. 그리고 우리들과는 다른 선으로 최민화, 서창석, 이재웅 등이 K.S.C.F에서 활동하면서 연대기독학생회 회원들을 움직여 왔는데, 이것은 나중에 감옥에서 알게 된 사실이다.

연대 후배들 중에서 송재덕, 이상우는 민청학련사건으로 함께 구속되어 실형을 살았고, 그 외 후배들도 중앙정보부에 끌려와 큰 곤욕을 치렀다. 그중 휘문중학교 시절 내 가정교사 제자였던 신동수와 식품공학과 정건섭은 4월에 구속되어 7월에야 기소유예로 석방되었으니, 실제적으로는 실형을 받은 사람들과 똑같이 징역맛을 톡톡히 본 셈이다.

1974년 4월

1973년 위수령 때 강제 징집된 친구들이 74년 초에 제대해 나
왔다. 그중 몇 명과 접촉해 보았으나 3년간 전방에서 근무하다
바로 나온 친구들이라 74년 '거사'에 참여하는 데는 모두 머뭇거
렸다. 그중 '당성'이 좀 있어 보이는 김용석(전 청와대 인사비서
관)을 끈실기세 설득했으나 그도 완곡하게 사양했다. 그러나 이
때 김용석이 민청학련에 가담했으면 구속 10개월만인 75년 2월에
풀려났을 터인데, 그는 결국 75년 4월 명동성당 연합시위 모의사
건으로 구속되어 장장 4년 반을 복역하였으니, 요즈음도 두고두
고 나의 놀림감이 되고 있다.

연대 의대는 조기방학에 들어갔지만 중요 교과목을 모두 이수
해야 하는 의대의 특성상 1월에도 수업을 하고 있었는데, 1월 중
순 본과 1년생들이 긴급조치 1호 하에서 유신헌법을 비판하는 집
회를 열어 고영하(현 열린우리당 노원갑지구당), 문병수(현 용인
세브란스병원 의사) 능 /명이 구속되어 군법회의에서 모두 실형
을 선고받았다.

1974년 3월 새학기는 박정권이나 학생들 모두 초긴장 상태에서
맞게 되었는데, 연세대학교는 의대 사건으로 다른 대학보다 개학
이 늦어 3월 15일에야 개강할 수 있었다. 그리하여 3월 말이 되
기까지도 수강신청, 신입생 오리엔테이션으로 대학은 어수선하기
짝이 없었다.

그리고 어쩐 일인지 김영준이 담당한 서울대와의 연결선이 원
활하게 가동되지 않는 것같았고, 조직동원이 되지 않은 상태에서
4월 1일 채플 시간에 경영학과 송무호군이 단상에 올라가 선언문

을 읽다가 끌어내려지는 사태가 돌발적으로 일어났다.

이렇게 불안하게 2, 3일이 지나갔는데, 4월 3일 아침 상대 도서
관에서 책이나 읽을까 앉아 있는데, 내 담당 남부경찰서 정보과
형사가 들이닥치더니 바로 연행해 갔다. 점심이 지나기까지 남부
경찰서 정보과에서 아무 조사도 없이 앉아 있는데, 정보과 형사
들도 무엇 때문에 나를 연행해 오라 하는지 모르는 눈치였다.

오후 3시쯤 정보과 형사들은 나를 짚차에 태우고 가 남산 중
앙정보부 6국에 인계하였다. 정보부원들은 나를 강당과 같은 곳
에 데려가 벽을 향해 무릎을 꿇려 앉아 있게 하였는데, 두어 시
간을 그렇게 있자니 그 불안 초조란 이루 말할 수가 없었다.

중앙정보부에서의 고문과 구타, 조작에 대해서는 자세히 이야
기할 필요조차 없다. 그곳은 원래 그런 데니까. 그들은 연세대
시위계획과 관련자들에 대해 추궁하면서, 그날 저녁에 선포된 긴
급조치 4호 내용을 읽어주면서 사실대로 밝히면 자수처리를 해주
겠다며 나를 기만했다.

이렇게 정보부에서 꼬박 밤을 새우며 이틀을 조사받고, 4월 5
일 오후 서울구치소에 수감되었다. 4월 6일부터는 아침에 정보부
로 가 조사받고 저녁에는 감옥으로 돌아오기를 계속했는데, 4월
11일 아침에는 정보부원이 아닌 이상한 사람들이 데리러 왔다.

연대 법학과 후배 송재덕과 함께 검은 천으로 눈을 가리운 채
짚차에 탔다. 정보부로 가려면 독립문 앞에서 좌회전하여 중앙청,
시청, 소공동을 경유한다. 그런데 검은 천 사이로 살짝 밖을 보
니 차가 그냥 서대문쪽으로 빠지는게 아닌가. 혹 서대문경찰서로
다시 이첩되는가 했으나, 서대문경찰서도 지나고 서울역 지나 삼
각지를 향해 갔다. 군법회의에 검사 취조 받으러 가는가보다 했
는데, 차는 국방부도 지나 이태원쪽으로 계속 달려갔다.

그때 무언가 머리를 스쳐갔다. 아! '서빙고호텔'로 가는구나.

한번 들어가면 못나오든지, 죽어나온다는 그 악명 높은 보안사의 서빙고 분실로! 나는 송재덕의 손을 꼭 쥐고 두 눈을 감았다. 어찌할꼬? 그러나 별 수 있나. 될대로 되라지.

육중한 철문이 열리고 짚차가 들어가자 사복 입은 군인들이 달려나와 나를 지하 감방으로 데리고 갔다. 지하에는 감방이 두 줄로 열 대여섯개가 있었는데, 가로 15cm 세로 15cm 정도의 직사각형 감시구가 뚫려있는 철문이 있고, 그외 벽은 밀폐된 1.5평 크기였다. 그때 그 구멍으로 육군 일등병으로 잡혀와 반대편 감방에 갇혀 있던 홍세화(현재 한겨레신문 기획위원)와 군의관으로 근무하다 잡혀온 심재식(현재 보훈병원 의사)과 수화로 인사를 나누기도 했다.

그러나 예상보다 보안사는 폭력적으로 대하지 않았다. 박정희 시대에는 정보부와 보안사가 서로 견제하면서 공을 다퉈왔는데, 당시는 보안사가 정보부보다 좀 '찌그러져' 있어서 정보부의 뒤치다꺼리를 하는데 보안사 수사관들이 불만이 많았던 것같다.

민청학련 관련자가 너무 많아 정보부는 K.S.C.F 등 기독교 관계 구속자들과 연세대 학생들을 떼어 보안사로 넘겼다. 그때 다른 대학 친구들은 서빙고로 넘어간 우리들이 무지막지하게 고문을 당하리라 여겨 안타깝게 여겼는데, 이제와서 밝히건대 정보부가 지옥이라면 보안사는 천국이었다.

5월 12일이었을 것이다. 그 날이 연대 개교기념일이라 기억하고 있다. 보안사에 가려고 교도관에 의해 끌려 나오는데, 앞에서 푸른 수의를 입은 김찬국 교수가 걸어 오고 있었다. 그리고 오후에는 보안사에서 김동길 교수를 만났다. 나는 그때까지 두 분이 구속된 것을 전혀 알지 못하고 있었다.

아! 그때의 그 참담함이라니. 나 때문에 두 분이 구속되었다고 생각하자 자괴감으로 죽을 지경이었다. 감방에 돌아와 두 분의 구속을 아래층 박형규 목사님께 통방으로 알려드리자, 박목사님은 "야 김학민, 너 김동길, 김찬국 불알 꼭 잡고 있어! 아주 잘된 일이야"하셨다.

영등포교도소에서

이러구러 1974년 여름을 엉터리 재판을 받으며 감옥에서 보내고, 10월 초 안양교도소를 거쳐 영등포교도소에 이감되어 이제 본격적인 15년 징역살이가 시작되었다. 영등포교도소에는 긴급조치 1호로 구속된 백기완 선생, 시인 김지하, 연대의대생 고영하·김석경이 먼저 와 있었고, 나와 최민화, 서울대의 유홍준(현재 명지대 교수), 전홍표, 서강대의 박호용 등이 안양에서 이감와 합류했다.

우리들은 사식을 신청하면 소내 작은 식당에서 함께 먹게 하므로 매일 사식을 시켜 식당에 모였다. 김지하 선배는 그 당시도 좌중을 사로잡았다. 항시 동서와 고금을 넘나들며 문학, 예술, 철학, 정치적 주제들을 해박하게 설파하였는데, 한참을 지나다보면 김지하 선배 혼자만의 '살풀이'를 못참은 백선생이 한말씀 하신다.

"지하야! 나도 말 좀 하자."

영등포교도소에는 조화공장, 인쇄공장, 목공장이 있었는데, 인쇄공장이나 목공장은 감방에서 작업장으로 나가 일을 하므로 인기가 있었지만, 조화 만드는 일은 죄수들을 감방 안에 둔 채 종이, 풀, 철사 등 조화 재료만을 넣어주었기 때문에 모두 그 일을 싫어했다.

내가 들어가 있었던 감방에서도 조화를 만들었는데, 요즘 돈으로 치면 3, 4천원의 임금을 주었지만 각 개인에게 할당량이 있어 그냥 어영부영할 수는 없었다. 나에게는 조화 할당량이 없었지만, 다른 죄수들이 일하는데 그냥 멀뚱멀뚱 있기도 뭐하여 책을 읽다가 가끔씩은 다른 사람의 일감을 도와 주었다.

이렇게 1975년 2월 15일 석방 때까지 지냈는데, 그때 어떤 죄수를 통해 소내 인쇄공장에서 만든 작은 수첩을 얻을 수가 있었다. 이때 살짝 구한 볼펜심으로˙나의 연행에서부터 석방까지, 일지 형식으로 메모해 둔 것이 있어 지금까지 간직하고 있다. 지극히 사적이 내용은 빼고, 민청학련사건의 전모를 재구성하는데 도움이 될 수 있는 일부를 적는 것으로 글을 끝맺는다.

1974. 4. 3 09:00 상대 도서관에서 남부서 정보과에 연행됨

　　　4. 3 13:00 중정으로 이첩(6국 5과)

　　　4. 5 17:00 서울구치소 입감(10사상 19방, 수번 262)

　　　4. 10　　　10사상 10방으로 전방

　　　4. 11　　　보안사 서빙고 분실로 이첩

　　　4. 16　　　김영준 만남

　　　4. 29　　　5사상 13방으로 전방

1974. 5. 10　　　이현배 들어옴. 아래층 박형규 목사, 유흥준과 통방

　　　5. 12 09:00 서울구치소에서 김찬국 교수 만남

　　　5. 12 13:00 보안사에서 김동길 교수 만남

　　　5. 25　　　강철선 검사에게 김동길, 김찬국 교수에 대한 참고인 진술 받음

1974. 6. 20　　　군법회의 송치

1974. 7. 5　　　김영준에 대한 증인 심문

　　　7. 20　　　법무사 황종태 대령으로부터 두 교수에 대한 증인심문 받음

7. 25	전세봉 소령에게서 검취 받음
7. 27	기소장 도착. 용남진 변호사 변호인 선임
7. 29	1심 재판 (박희동 중장, 신현수 소장)
1974. 8. 11	전세봉 검사 징역 20년 구형함
8. 13	15년 징역 언도함
8. 18	15년 징역 확인서 도착
9. 3	48시간 단식투쟁
1974. 9. 9	항소이유서 제출
9. 15	1차 재판자 이감
9. 21	2심 재판(이세호 대장)
9. 28	2심 언도(모두 기립하여 애국가를 불러 퇴장 후 궐석재판)
1974. 10. 4	항소기각 확인서 도착, 상고
10. 10	안양교도소 이감(2동상 24방, 수번 1389)
10. 21	상고 취하
1974. 11. 3	영등포교도소 이감(2사 1방, 수번 522)
11. 5	7개월만에 첫 면회(부모님, 누나, 조카)
1975. 2. 15	석방

민주화를 주장한 죄, 징역 15년
— 비상고등군법회의 1심 판결문

사 건   74비보군형공 제39호 가. 대통령긴급조치 위반

　　　　　　　　　　　　　나. 내란 음모

피고인   성명 : 김학민

　　　　생년월일 : 1948. 4. 12. 생

　　　　직업 : 학생

　　　　주소 : 서울 영등포구 시흥2동 230의 49

　　　　본적 : 경기도 용인군 기흥면 하갈리 181

검찰관   소령 전세봉

변호인   소령 안동일(국선)

주 문   피고인 김학민을 징역 15년에,

　　　　1974년 박정희는 학생 및 민주인사들에게 위압감과 공포심을 주기
위해 민청학련사건의 재판을 군법회의에 회부했다. 그리하여 74년 초여
름부터 소위 비상보통군법회의가 육군본부 법정에서 헌병들의 감시하에
매일 열렸는데, 박정희에 의해 억지로 동원된 '똥별' 재판관들은 새파
란 대학생 피고들과의 논쟁을 피하기 위해 대부분 눈을 감고 조는 척
했고, 무더운 여름 오후 식곤증에 실제로 재판관, 피고인 모두 재판도
중 졸기도 했다. 공소장, 1심 판결문, 2심 판결문은 토씨 몇개와 재판
관 이름 이외에는 심지어 오자까지도 똑같았다. 여기서는 대체로 '문
장'(?)은 그대로 두었으나 엉망인 맞춤법은 바로 잡았다.

동 송재덕을 징역 12년에,

동 이상우를 징역 10년에 각 처한다.

이 판결 선고전 구금 일수중 피고인 김학민, 동 송재덕에 대하여 각 125일을, 동 이상우에 대하여 115일을 위 본형에 각 산입한다.

이 유

피고인 김학민은 본적지에서 부 김윤식의 차남으로 출생하여 신갈국민학교를 거쳐 서울 배재중고등학교를 졸업 후 1967. 3 연세대학교 상경대학 경제과에 입학 2년 재학중인 1969. 2 육군에 입대 제32사단에 배속되어 운전병으로 복무하다가 1972. 2 만기제대하고, 동년 3월 동교 2년에 복학하여 현재 경제과 4년에 재학중인 자로,

피고인 김학민은 1973. 10. 3. 15:00경 경기도 가평군 이하 불상 천마산으로 야유회를 갔다가 동소에서 연세대 교수인 공소외 김동길, 연세대학생들인 동 김영준, 동 정진호, 동 신동욱, 동 김영섭 등과 회합하고 상호 현정부 시책에 대한 비판을 하던중 동 정진호로부터 10. 2 서울문리대에서 정부 전복을 목적으로 단행한 데모시에 사용한 성명서 1매를 받아 회람 탐독하고, 동석한 김동길 교수가 동 성명서의 골자를 수첩에 기재하고 이 어려운 시기에 용감히 싸웠다고 격려하자, 피고인은 연세대에서도 정부 전복을 위한 데모를 할 것을 결의하고,

동일 23:00경 시내 영등포구 이하 불상 공소외의 김영섭가에서 동 김영준, 동 정진호, 동 신동욱, 동 김영섭 등과 1박하면서 동 대학 총학생회 간부들을 설득하여 데모에 적극 참여하도록 조종

하고, 교내 학생써클인 목하회, 자유교양회, 동곳회 등을 포섭하여 데모에 동원한다는 등 정부전복 데모를 감행할 것과, 데모시 제창할 구호로서 현정부는 국민의 언론 자유와 생존권을 보장하고 학원의 사찰을 즉각 중지하라, 헌정부는 유신체제를 즉각 철회하고 순수한 헌정으로 돌아가라는 등으로 하기로 상호 합의하고,

1973. 10. 3. 10:00경 공소외 김영준과 교내 강당에서 회합하고 연세대 10월 데모 실패 원인을 분석, 동 데모가 성사못한 것은 학생의 총수 역할을 한 총학생회의 임원들이 소극적인 활동을 한데 기인된 것으로 향후 총학생회 임원 포섭은 교내 써클 포섭에 역점을 두자고 상호 결의하고,

1973. 11. 28. 18:00경 공소외 김동길 교수가에서 동 김동길, 동 김영준 등과 회합하고 동 김동길에게 사회 부조리를 제거하는 운동은 신년 봄부터 더욱 가열되어 국민의 다수 호응을 받아 반드시 성공할 것같다고 전제하고, 정부가 타도된 후에 인선이 곤란한 바 김대중은 어떠냐는 질문을 하자,

동 김동길은 김대중은 정치역량과 수양이 부족하다, 정부전복의 데모가 성공하면 미국에서 참여하여 덕망있는 재야인사, 언론인, 기독교인, 기타 저면인사들이 규합하여 난국을 수습할 것이다, 후진국가의 권력구조를 볼 때 대부분 군사혁명으로 성공하였지만 장기집권으로 부정부패가 조성되었다, 쿠바의 카스트로 대통령은 현재에도 군복을 입고 농민들과 같이 밭에서 옥수수를 갈고 있어 국민의 지지를 받고 있으니 그 정신 자세가 바람직한 일이나 우리나라 박대통령은 악이 극한점에 달했다, 혁명 초기에는 비교적 순수하게 출발하였으나 장기집권으로 인하여 폭정화하였다는 등의 설명을 듣고,

피고인은 동 김동길도 폭력데모로서 현정부를 전복하는 데 찬동한 것으로 믿고 동석에서 신년 봄부터는 기어이 정부전복을 위

한 데모를 성사시켜 학원의 자유를 찾아야겠는데 동조 학생 포섭에 애로가 많다고 하자, 동 김동길은 양보다 질에 치중하고 특히 보안에 유의하라고 하여 상호 정부전복을 위한 모의를 하고,

피고인 김학민, 동 송재덕은 1974. 1. 2. 11:00경 공소외 김영준과 신촌 로타리 노상에서 접촉하여 연세대학교 교수 공소외 문상희, 동 이근직, 동 김동길가 등을 순방 세배한 후 동일 17:00경 연세대 신과대학장 공소외 김찬국가를 방문, 동 김찬국에게 개헌청원서명운동을 전폭 지지한다고 하며 갱지 16절지 1매에 피고인 등 3명이 연명으로 개헌청원서에 서명 무인하여 동 김찬국에게 제출하여 개헌서명운동에 참여하라는 등 활동을 하고(중략)

피고인 김학민은 국헌을 문란할 목적으로,

가. 1974. 1. 3. 12:00경 연세대학교 내 학생회관 식당에서 상피고인 송재덕, 공소외 김영준 등과 회합하고, 동 김영준으로부터 1·8대통령 긴급조치는 개헌청원서명운동을 저지하기 위하여 선포된 것으로 이는 국민의 기본권을 강압으로 박탈하고 현정부가 일인독재 정치로 영구집권을 획책하는 최후의 발악이다, 그러므로 우리는 유신헌법을 반대하기 위해 교내 써클 중에서 영향력있는 동조자를 1인 정도 포섭하여 조직을 확대한 후 신학기에는 폭력적인 데모를 하자는 제의를 받고, 이에 찬동 국가변란의 거사를 위해 더욱 단결하자고 모의하고,

나. 1974. 1 중순 일자 미상 12:00경 연세대학교 학생회관 식당에서 상피고인 송재덕, 동 이상우 및 공소외 김영준 등과 회합하고 1·8긴급조치를 폐지하고 민주헌정을 회복하기 위하여 대정부 폭력투쟁을 하기로 다짐한 후 동 투쟁에 많은 학생을 동원하기 위하여 피고인은 교내 써클인 목하회, 적십자회, 기독학생회를, 상피고인 송재덕은 자유교양회를, 동 이상우는 적십자회를, 공소

외 김영준은 동곳회를 각각 담당 포섭하기로 모의하고,

다. 1974. 1. 23. 08:30경 공소외 김영준과 같이 서울 서대문구 대신동 소재 공소외 김동길 교수가를 방문, 동 김동길에게 "우리들은 신학기가 시작되면 3, 4월 경 유신체제와 정부를 전복하기 위하여 폭력적인 방법으로 데모를 하겠습니다"라고 정부전복 데모계획의 성명을 하고, "1·8긴급조치 후 정국의 전망을 어떻게 보십니까?"라고 질문을 하자 이어서 동 김동길은,

(1) 1·8조치 후에 벌써 장준하, 백기완 등이 구속되었으나, 그들은 구속됨으로써 자신의 정치기반을 이미 구축한 것이다.

(2) 박대통령은 긴급조치를 선포함으로써 1인 독재체제를 영구히 하자는데 목적이 있다.

(3) 박대통령은 3선개헌으로 건너오지 못하는 다리를 건너가고, 10월유신으로 건너간 다리를 끊었고, 개헌청원서명운동은 박대통령이 건너올 수 있는 다리를 놓기 위한 운동을 한 것인데, 1·8조치로 인하여 그 다리마저 끊어버렸으니 그는 자기 자신의 묘혈을 판 격이 되었다.

(4) 박대통령은 국민의 자유를 강압하려고 하나 국민은 굴하지 않을 것이고, 신년도의 정치정세는 매우 낙관적이다.
라는 등의 말을 듣고 "우리들은 신학기가 시작되면 3, 4월경 유신체제와 정부를 전복하기 위하여 화염병, 곤봉 등을 준비하여 가지고 폭력적인 방법으로 경찰과 군대의 저지선을 돌파하겠습니다"라고 말하자 동 김동길은 "우리 국군은 전통이 있는 군인으로서 특히 군의 중견간부는 육사 출신으로 지성인이고, 또한 국민의 개병주의에 입각하여 군은 총을 못쏠 것이다. 신학기에 폭력적인 데모를 하면 국민들은 학생측에 호응하게 되고 정부는 자연히 전복될 것이다. 일단 거사를 하였을 때는 대담하게 하라. 정부가 전복되면 나는 재야중진, 기독교계 인사 등과 접촉하여 과도

정부 수립에 나서겠다"는 답변과 격려의 말을 듣고 자극을 받아 공소외 김영준과 같이 폭력데모로 정부를 전복할 것을 결의하고,

라. 1974. 2. 6. 18:00경 이대앞 '빅토리아' 다방에서 연대 학생 써클인 목하회장 공소외 정건섭과 회합하고 동 정건섭에게,

(1) 1·8 긴급조치는 학생들의 자유와 권리를 송두리째 짓밟는 악법이다. 연세대학교 의대생들의 구속문제는 그 대표적인 예이다.

(2) 우리 연세대학생들은 1·8 긴급조치에 구애됨이 없이 교내 써클을 중심으로 하여야 하는데, 목하회원이 특히 과감히 학생운동에 참여해 달라고 함으로써 동인의 포섭을 기도하고,

동년 2. 21. 12:00경 동교 학생회관 식당에서 상피고인 송재덕, 동 이상우 및 공소외 김영준 등과 회합하고, 동 김영준으로부터 "우리는 소신을 굽히지 말고 유신헌법 반대, 긴급조치 철폐 등을 목적으로 투쟁하자. 3월에는 데모 분위기가 성숙치 않고 4월에는 4·19가 있어 경계가 심하여 학생데모가 불가능할 것이니 5월이 가장 적합한 시기이다. 그리고 신학기에 조용히 사태가 지나가리라고는 생각치 않는다. 예년과 같이 교내 축제행사를 통해 학생들에게 데모의 필요성을 인식시키고, 폭력데모가 있을 때 호응토록 분위기를 조성하고, 일면으로는 산발적인 데모가 발생치 않도록 하고 각자 소속한 써클 내에서 1~2명씩의 동조자를 포섭하라"는 등 폭력 거사를 재강조하는 지시를 받고, 피고인 등은 "자유교양회 내에 조직을 확대하겠다"고 보고하는 등 거사 시기와 학생포섭 방법에 대하여 모의하고,

마. 1974. 2. 25. 15:00경 공소외 김영준과 같이 연세대학교 신학대학 학장실을 방문하고 동 학장 공소외 김찬국으로부터 "1·8조치 후에 종교인들이 구속되었다는데, 그들은 항상 사회의 부조리에 대항하여 정부 시책에 냉철한 비판을 가하고 있다. 나도 박대통령이 내놓은 3선개헌을 지지하고 그가 대통령에 당선된 것도

인정하였다. 그러나 유신을 이유로 평화적 통일을 달성한다는 구실로 국회를 해산하고 계엄 선포하여 국민투표로서 제정된 대한민국 헌법은 기본권을 박탈한 헌법이기 때문에 이를 부정하고 또 반대한다"는 등 동 헌법을 반대 비방하자, 피고인은 동 헌법은 강압에 의하여 제정된 것이니 당연히 철폐하여야 한다고 이에 동조하고,

사. 1974. 2. 26. 12:00경 서울역 발 목포행 열차 내에서 공소외 김영준과 같이 1·8 대통령 긴급조치는 유신헌법을 개정하기 위해 국민의 청원 시명운동을 하는 것을 법으로 저지하려고 선포한 것으로서, 이와 같이 폭압적인 수단은 국민이 용납할 수 없으므로 헌법을 개정하고 1·8조치는 즉각 철회되어야 하니, 우리는 신학기에 정부 전복을 위한 투쟁으로 전국 대학과 호흡을 같이 하여 성공에 이르도록 하자고 모의하고,

아. 1974. 3. 2. 15:00경 교내 중앙도서관에서 공소외 김영준과 회합하고 동 김영준으로부터,

(1) 교내 써클에서 연례행사를 하는 강연회와 각 학회를 중심으로 학술발표, 체육대회 등 각종 행사가 있을 때에는 학생들이 사회문제에 비판적인 안목을 가질 수 있는 주제를 연구 발표하도록 유도하여 폭력 데모에 돌입시 호응할 수 있는 분위기를 조성하도록 하고,

(2) 데모시에 사용할 구호와 선언문은,

- 유신헌법 반대
- 1·8 대통령긴급조치 철폐
- 구속 학생 석방
- 언론 및 학원의 자유 보장
- 대일 경제예속화 탈피
- 노동자 농민 생활 보장

- 물가정책 시정
- 민주제도 구현

등을 골자로 하자고 제의하자 피고인은 동 제의 내용에 찬동하여 선언문 골자를 선정하는 등을 모의하고,

자. 1974. 3. 15. 15:00경 동교 상대도서관에서 연세대생인 공소외 김동수와 회합하고 동 김동수가 교내 써클 적십자회 회장인 것을 알고 동인을 포섭할 목적 하에 동 김동수에게 "교수학생협의회 구성은 정부 전복 거사와 관련성이 있으니 동 구성문제에 박차를 가해달라"고 요청하여 동 김동수로부터 "우선적으로 조직을 하자"고 동조받음으로써 동인을 포섭하고,

차. 1974. 3. 18. 12:00경 동교 학생회 회장 공소외 오세룡을 포섭할 것을 모의하고 동월 21. 15:00경 교내 강당 부근 벤치에서 상피고인 송재덕 및 공소외 오세룡과 회합하고, 동 오세룡에게 "정부 전복 데모를 계획중인데 자유교양회에서도 이에 참가해 달라"고 권유를 하고,

카. 피고인 김학민은 1974. 3. 20. 12:00경 연세대학교 신과대학 장실에서 공소외 김영준과 같이 동 대학장인 동 김찬국에게 "3, 4월 위기설이 있더니 지금 대학가는 술렁이고 있습니다. 폭력으로 정부를 전복하기 위하여 전국 각 대학이 그간 비밀리에 연합체를 형성하여 멀지 않아서 각 대학들이 일제히 봉기할 것입니다. 우리도 그와 보조를 맞추어 동 데모를 준비중인데 학생들이 얼마나 호응할지 모르겠다"는 등 정부 전복 계획을 설명하자,

동인은 "기독교계에서도 정부의 방해 공작으로 분열 내지 침체의 경향이 있기는 하나 아직도 청년 목사나 도시산업선교회 전도사 중에는 정부의 독재에 항거하는 사람들이 많이 있으니 그들이 꼭 학생들의 데모에 호응해 줄 것이다"라는 격려의 말을 듣고 공소외 김영준과 같이 폭력혁명을 통해 정부를 전복할 것을 결의

하고,

타. 1974. 3. 26. 16:00경 서울 서대문구 창천동 신촌 로타리 부근 소재 '대지' 다방에서 상피고인 송재덕, 동 이상우 및 공소외 김영준, 동 송무호, 동교 치과 2년 이문령 등과 같이 회합하고,

동 김영준으로부터 "우리의 본래 계획은 5월에 거사하기로 하였으나 서울대학을 중심으로 전국 각 대학이 연합하여 4월 1일부터 4월 6일 사이에 일제히 봉기하여 폭력데모를 하기로 되어 있으니 우리도 이에 대비하여 그간 포섭해온 써클과 개인을 점검하여 핵동에 돌입할 수 있도록 규합하고 구체적인 실행방법을 모색하라"는 지시를 받고 이에 찬동하고, "2선에서 1선 데모대가 무너지면 그것을 보충할 수 있도록 학생들을 포섭하겠다"고 보고하는 등의 행위를 함으로써 피고인은 대한민국 헌법을 부정하고 대통령 긴급조치 제1호를 비방하는 한편 내란을 음모하고 (중략)

증 거

1. 피고인 등의 당 법정에서의 판시 사실에 부합하는 각 진술
1. 검찰관 및 사법경찰관 작성의 피고인 등에 대한 각 피의자 신문조서중 판시 사실에 부합하는 각 진술 기재
1. 검찰관 및 사법경찰관 작성의 정건섭, 신동수에 대한 각 피의자 신문조서 중 판시 사실에 부합하는 각 진술 기재
1. 사법경찰관이 작성한 오세룡에 대한 피의자 신문조서중 판시 사실에 부합하는 진술 기재
1. 사법경찰관 작성의 김광하, 이문령에 대한 각 진술조서 중 판시 사실에 부합하는 각 진술 기재
1. 피고인 등 및 정건섭, 김동수, 오세룡, 이문령이 작성한 각 진술서중 판시 사실에 부합하는 각 진술 기재

1. 비상보통군법회의 검찰서기 김봉수 작성의 김영준, 김찬국, 송무호에 대한 각 피의자 신문조서 등본중 판시 사실에 부합하는 각 진술 기재

적 용 법 조

피고인 김학민에 대하여

대통령 긴급조치 제1호의 5. 1

형법 제90조 제1항, 동법 제87조(유기징역형 선택)

동법 제40조, 동법 제57조

(판시 제3의 나의 비방죄의 형에 경합가중) 동법 제57조

1974. 8. 14

비상보통군법회의 제1심판부

재판장 육군중장 박희동

심판관 육군소장 신현수

심판관 판사 박천식

심판관 검사 김태원

법무사 육군중령 김영범

역사의 심판을 기다리며
― 민청학련사건 항소이유서

　　본인은 대통령 긴급조치 위반, 내란음모 등의 죄명으로 1974년 8월 12일 비상보통군법회의 검찰관으로부터 징역 20년의 구형을, 동월 14일 동 군법회의 재판장으로부터 징역 15년의 선고를 받은 사실이 있는데, 검찰관의 공소 사실은 본인의 행위와는 전혀 일치되지 않게 강요에 의해 조작되었으며, 따라서 이러한 공소 사실에 근거하여 유죄를 선고한 1심 판결은 지극히 부당하다고 생각되기 때문에 아래와 같이 그 이유를 들어 항소이유서를 제출합니다.

아　　래

　　"피고인 김학민은 1974년 1월 9일 12:00경 연세대학교 구내식당

　　'재판놀이'는 그런대로 재미있었다. 각각 격리되어 소문만 무성한 채 생사가 궁금했던 친구들도 만나고, 사회에서 만나뵙기 어려운 지학순 주교, 박형규 목사, 김지하 시인과도 쉽게 인사를 나누고 말씀도 들을 수가 있었기 때문이었다. 형량이 인플레되어 10년 징역 정도는 '가벼운' 것이었다. 사형, 무기, 20년, 15년이 보통이었다. 나는 1심에서 20년 구형에 15년 언도를 받았다. 2심에서 무죄판결 받기를 기대하지는 않았지만, 노느니 뭐한다고 심심풀이로 고등군법회의에 항소했다.

　　이 글은 감옥 안에서 나 혼자 쓴 항소이유서이다.

에서 김영준 등과 회합한 이래 동년 3월 26일까지 총 15회에 걸쳐서 김영준, 송무호, 김동길, 김찬국 등과 만나 헌법을 부정하고 내란을 음모했다"고 주장한 공소 사실과, 이를 인정하여 유죄를 선고한 1심 판결에 대해.

첫째, 경찰 및 검찰 조서는 본인의 행위 사실과는 다르게 조작되었으며,

둘째, 이러한 조작된 조서를 근거로 작성된 공소사실은 본인의 행위와는 다른 범죄 사실을 주장하고 있으며,

셋째, 따라서 이러한 조작된 공소사실을 인정하여 유죄 판결을 내린 1심 판결은 지극히 부당하다고 생각되기 때문에 다음과 같이 본인의 행위 사실을 구체적으로 기록하여 항소이유를 밝힙니다.

1) 경찰 및 검찰 조서 작성시의 고문과 조작에 대하여

본인은 1974년 4월 3일 본건에 대해 중앙정보부에서 수사를 받아 오던중 동월 중순까지는 중앙정보부에서, 동월 중순 이후에는 육군 보안사령부에서 수사를 받아왔습니다.

① 그때에 담당 수사관은 며칠씩 잠을 재우지 않는 등 본인에게 육체적·정신적 고통을 주어 가면서 수사를 하였으며, 온갖 공갈 협박으로 '노동자·농민' '폭력혁명' '접선' 등 사회주의적인 용어를 자술서에 사용하도록 강요했습니다.

② 또한 1974년 5월 중순 육군 보안사령부에서의 김동길, 김찬국 교수에 대한 본인의 참고인 진술서 작성시에도 담당 검찰관은 본인의 수사를 담당했던 수사관을 입회시켜, 두 교수에 대한 조

작된 공소사실을 인정하도록 위협과 공갈을 하였습니다.

③ 1974년 6월 중순 김영준에 대한 증언에서도 본인의 부인은 일체 인정되지 못한 채 검찰관이 일방적으로 작성한 조서에 날인만을 강요했습니다.

④ 본인의 범죄 사실에 대한 1974년 7월 29일부터 동년 8월 1일까지의 검찰관 취조시 본인의 진술은 일체 묵살된 채 검찰관과 서기의 일방적인 경찰조서의 복사판에 날인만을 강요했으며, 담당경찰관은 1974년 8월 8일과 동년 8월 10일 양일에 걸쳐 본인이 수감되어 있는 서울구치소를 찾아와 공판시 공소사실을 시인하도록 온갖 협박과 회유로 공소사실의 조작성을 은폐하려던 행위가 있었습니다.

이상과 같이 경찰 및 검찰에서의 조서는 고문과 협박으로 사실대로 진술되지 못했으며, 수사관과 검찰관의 조작된 조서에 날인만을 강요했을 뿐입니다.

2) 조작된 공소 사실에 대하여

상기와 같이 조작된 공소 사실은 모두 허위 날조된 것이므로 이 범죄 사실을 모두 부인하며 아래와 같이 사실대로의 본인의 행위를 밝힙니다.

① 공소사실의 행위중 1973년 10월 3일 천마산 등산시 김동길 교수, 김영준과의 모임에서 반정부 데모를 결의했다는 주장은 이미 1973년 11월 8일 본인이 연세대 내의 유인물 살포 용의자로 연행되어 갔을 때 서대문경찰서 정보과에서 온갖 고문으로 반정부 데모계획 모임으로 조작하려다 실패한 사실이 있는데, 이를

다시 들추어 본인들의 범죄행위로 인정함은 지극히 악질적인 수법으로, 상식 이하의 가소롭기 짝이 없는 조작이라고밖에 생각할 수 없습니다.

② 1973년 11월 8일 김동길 교수, 김영준과의 회합은 당시 김영준이 악질적인 서대문경찰서에서 고문을 받고 석방되었기 때문에 이에 대해 이야기하였지, 공소사실과 같이 본인 등이 반정부 데모계획을 보고하고, 김교수가 이를 승인, 사후 수습을 책임맡았다는 사실은 일체 중앙정보부의 조작입니다.

③ 본인 등은 1974년 1월 2일 김찬국 교수 댁에서 개헌청원 운동에 서명한 것은 사실이나, 이는 우리들 자신의 생각에서 하였지 김찬국 교수의 지시로 한 것이 아닙니다.

④ 공소사실 1항, 2항, 7항, 8항, 10항에서 본인 등이 유신헌법을 비난하고 반정부 데모를 모의했다는 공소사실은, 상기 5회의 모임에서 유신헌법, 1·8조치에 대해 비난을 했으나 폭력 데모에 대한 모의를 한 적이 없습니다. 그때에 이야기했던 것은 교수학생협의회의 구성, 교내 언론의 자유화와 학칙개정 문제 등 제반 학원의 자유와 자율성의 유지를 위한 공동 노력을 이야기했을 뿐인데, 공소사실 6항, 7항, 12항, 13항과 같이 정건섭, 김동수, 오세룡과 만나 '폭력 데모에 가담하라'고 포섭하였다고 운운한 공소사실은 조작된 각본의 허구성을 충분히 보여 주는 것이라 할 수 있습니다.

⑤ 공소사실 3항, 9항, 14항에서 본인 등이 김찬국 교수, 김동길 교수를 만나 폭력데모 계획을 보고하고 그들로부터 후원을 약속받았다는 공소사실은 두 교수를 구속하기 위한 중앙정보부의 악독한 조작 수법의 일환이었으며, 본인이 검찰관 취조시, 또 1심 법정에서 계속 부인했으나, 이를 묵살, 일방적으로 검찰 조서를 작성하고 판결을 내린 것입니다.

⑥ 공소사실 11항에서, 본인 등이 1974년 3월 2일 15시 연대 도서관에서 폭력데모 모의를 하고 구호, 선언문을 작성했다는 범죄사실은 본인은 그 날 학교에 간 일조차 없고, 평가교수단의 일원으로 지방 시찰중이었으니, 가히 서투른 조작극의 극치라 할 수 있습니다. 사실무근인 이 공소사실 하나만 보더라도 본인의 범죄사실을 주장한 공소장이 얼마나 허위에 차 있는가를 짐작할 수 있을 것같습니다.

⑦ 공소사실 15항에서 본인 등이 1974년 3월 26일 대지다방에서 폭력 데모를 모의했다고 주장한 공소사실은 평범한 친구들과의 잡담을 반정부 데모 모의로 조작한 허위자백인 것입니다.

이상과 같이 본인 등이 전후 15회에 걸쳐 정부 전복을 위한 폭력혁명을 모의했다는 공소사실은 본인의 행위 사실과는 다르게 조작되었습니다.

본인이 영구 독재의 획책 속에 부정부패가 극에 달하고, 국민의 기본권을 말살시키는 이 공화당 독재정권에 대해 비판적인 생각을 갖고 있으나, 이의 시정을 위해 폭력 데모를 모의한 사실은 없습니다. 젊은 학생들의 건전한 비판적 대화를 '모의, 접선, 포섭'으로 조작하여 본인 등을 내란음모 등의 죄명으로 공소를 제기했던 것입니다.

3) 1심 판결의 부당성에 대하여

본인은 보통군법회의 법정에서 본인의 행위 사실대로 진술하고 조작, 허위, 날조된 공소사실을 모두 부인했습니다. 여기서 본인과 관련된 송재덕, 이상우군도 관계 범죄 사실을 모두 부인했으며, 본인에 대한 증인 김찬국 교수, 김영준도 모두 범죄 사실을 부인했습니다만, 이들의 법정 진술이 모두 채택되지 못하고 조작된 검찰, 경찰조서만 인정함은 도저히 공정한 처사라 생각할 수가 없습니다.

이와같이 고문과 조작에 의한 경찰조서와, 그 조서에 근거하여 작성된 공소사실만을 인정하여 판결한 1심 판결은 지극히 부당하다고 생각되기 때문에 항소를 제기하오니 재판장은 사실의 진위를 밝혀 역사에 남을만한 공정한 재판을 해 주기 바랍니다.

아들에게
— 무릎을 꿇고 살기보다는 서서 죽어라

학민아. 네가 연행되어 간 계절은 할미꽃 피는 시절이었는데 여름이 기고 가을이 지나고 겨울이 오고 크리스마스도 지났구나. 그리고 해가 바뀌었구나. 성탄 이브에 명동 거리에 나가 보니 수 많은 남녀 젊은이들이 노래 부르며 거리를 누비고 다니더라. 모두 다 즐겁기만 한 모양이더라. 이렇게 기쁘기만 한 성탄절이 왜 우리에게만은 슬픔의 크리스마스가 되었는지, 나는 답답하기만 한 가슴을 두드리며 기도만 하였단다.

네가 집에 있었으면 아버지 어머니 즐겁게 하려고 선물을 사 가지고 들어왔겠지. 너의 학교 여학생회장이 손수 뜨개질한 털양 말과 카네이션을 가지고 왔단다. 이 카네이션을 너에게 전달하였 으면 오죽이나 좋겠니. 행여나 연말에 풀려 나올까 하고 주일없

내가 감옥에 들어가자 아버지는 윤보선 전대통령의 부인 공덕귀여 사와 함께 구속자 가족들의 모임을 만들어 구속자들의 석방운동, 옥바 라지에 앞장서셨다. 아버지는 이 일 이후 민주화 운동에 더욱 적극 참 여하시다가 1976년에는 긴급조치 위반으로, 1980년에는 소위 김대중 내 란음모사건으로 두 차례 옥고를 겪으셨고, 1994년에 노환으로 돌아가셨 다. 아버지는 나와 함께 1998년에 광주민주화운동 관련자로 판정을 받 아 보상을 받으셨다.
이 글은 『신동아』 1975년 2월호에 실렸던 어버지의 기고문이다.

는 너의 책상 위에 꽂고 자꾸만 자꾸만 물을 주어도 시들어가기만 하는구나. 너의 피어보지도 못한 꽃망울도 어두침침한 마루방에서 그대로 시들어가기만 할 것이냐.

그러나 우리의 목자이시며 성자이신 지학순 주교님의 「양심선언」, 모든 민주인사와 너희들 학생들의 정의의 울부짖음은 전세계에 메아리쳐 미주로부터 구주 제국으로까지 퍼져 나갔고, 이 땅에서 구속자들을 도와주었다고 강제 추방당한 오글 목사는 미국의회 청문회에서, 그리고 전국을 순회하면서 억압당하고 있는 우리의 인권과 억울한 너희들의 구금생활을 소개하고 계시단다.

국내에서는 방방곡곡에서 신교·구교 할것없이, 혹은 합동으로, 혹은 개별로 매일같이 기도회, 강연회를 열고 너희들의 석방과 민주회복을 하느님께 간구하고 사회에 호소하고 있단다. 신구교 회에서 성금을 모아 구속자가족협의회에 보내온 돈만도 1백만원이 넘는다. 그 중에는 단식을 해서 모은 것도, 어린 학생들의 정성어린 모금도 있단다. 익명의 주부가 보내주신 돈도 버선도 있단다. 서독에 가 있는 간호원, 광부들이 많은 돈을 보내왔다. 일본의 사회단체에서도, 캐나다의 교포들도 내의를 부쳐왔다.

그래서 파탄된 집안도 그런대로 꾸려나가며 옥바라지를 하고 있단다. 네가 걱정하던 학생들에게도 넉넉치는 못하지만 구원의 손길은 닿아 있다. 너희들은 외롭지 않다. 안심하고 나라 사랑하는 마음 변치 말고 비겁하지 말라. 굳은 의지로 고난을 극복하며 하느님께 감사드려라.

일전에 너를 보고 온 후 동상이 걱정되어 남대문시장으로 남자용 덧버선을 사러 갔더니, 여자용뿐이어서 이 집 저 집 구하러 다녔지. 어느 가게 아주머니가 하필 남자용이냐고 묻기에 너의 이야기를 하였더니, 자기 아들도 연세대를 졸업하였다면서 돈도 받지 않고 두 켤레를 싸주더라. 주인도, 여점원도 눈물을 글썽거리면서. 아버지는 이 수많은 신세를 죽을 때까지 못갚을 것같으니 네가 나와서 두고두고 갚아다오.

3월 말에 졸업도 몇달 남지 않았으니 아무 데도 참견하지 않고 안양 행촌목장에 가서 공부나 힘껏 해보겠다고 책보따리 짊어지고 떠나던 너를 믿었기에, 기대했기에 희망에 가득찬 마음으로 전송하였더니 네가 구속되었다는 소식을 전해 들은 것이 4월 8일이었다.

나는 미친듯이 돌아다녀 보았지. 학교에도 가보고. 한기춘 박사님도 온갓 노력을 다하여 보셨단다. 4월 25일 '민청학련사건'이라고 발표가 있자 동리 사람이나 고향 분이나 아버지 친구들도 서로 만나고 대화하기를 꺼려하는 눈치더라. 네가 빨갱이할 사람은 아니라고 천부당 만부당하다고 더욱더욱 떠들고 다녔지! 아버지가 밉다고 자식까지 구속하느냐고. 어느 기관에서 유치하고 있는지 신원의 소재라도 밝혀 달라고 청원도 해보았단다.

너의 기소장에도 '민청'이란 '민' 자도 없단다. 양심이 좀 남아 있었던 모양이지. 그러나 언제 기소되었는지, 어느 날 재판을 하는지 통지 한 장 받아 보지 못하였다. 변호사를 선임할 기회도 놓치고, 뒤늦게시야 이버지의 친우인 용납진씨가 맡아주셨지만 기록도 보여주지 않고 면회도 허락하지 않아서 항소이유서도 추측으로 요식만 갖춰서 냈다. 그리하여 너는 피고로서 자기 방어를 할 권리마저 박탈당하고 말았지.

네가 서울구치소에 있다는 소식을 어느 익명인에게서 들은 것이 6월 20일이었다. 독방에서 책 한 권 없이 무진 고생한다고. 밥풀로 휴지를 붙여서 십자가를 만들고 묵주를 만들어 가지고 있더라는 이야기. 아마 몬테크리스트 백작이 그러했겠지. 그 십자가만이 방청할 수 있는 밀폐된 재판——그것도 알지 못하여 가족들이 나오지 못하고 두어 사람만이 참석하였지. 신문기자 하나

생전의 아버지와 어머니

없고 정체를 알 수 없는 사람들만 득실거리며 무엇을 그리 적고 있는지.

그러나 학생들의 싱글벙글 농담을 해가며 위축되지 않은 늠름한 모습을 보고 안심하였다. 너의 소장에는 73년 10월에 김동길 교수와 천마산에 등산간 것에서부터 정월 2일 날 김찬국 학장댁에 세배간 것 등이 적혀 있었다.

아버지는 날마다 구치소에 가서 그 높은 벽돌 담 안에 네가 살아 있거니 하고 쳐다보면서 아들 딸을 빼앗긴 어머니들과 서로 위로하고 이야기하며 여름을 보냈단다. 너의 재판 날을 알아보려고 염천을 무릅쓰고 몇번이고 경비하는 헌병들의 구박을 받아가면서 군법회의소에 갔었지. 그랬더니 8월 초 어느 날 우연히 너의 이름이 나오더라.

첫번째 재판 날 직계부모 중 한 사람이 참관할 수 있다 하여 재판광경을 보았단다. 도서관에서 공부한 것, 식당에서 친구들과 만난 것 등 좌우간 화장실에 간 것만 없고 일거일동이 모두 다 국가변란 음모였더구나. 너의 친구 김영준군이 학민이와는 같은 과의 같은 학년이라 날마다 만나는데 왜 어느 날 만난 것만이 문제가 되느냐, 우리는 공부는 않고 매일같이 변란 음모만 했느냐고 말하는데 폭소할 뻔 하였지. 긴급조치가 발동된 것이 1월 8일인데 왜 73년도에서부터 너절하게 늘어놓았는지. 네가 긴급조치 4호 발효 이전에 예비검속되었다는 증명을 받아놓고 4호나 불고 지죄에 해당되지 않는다고 주장하였으나, 재판부에서는 피고들의 승거신성은 모두 다 기각하여 버리더라.

그러나 나는 너의 진술을 똑똑히 들었다. 경찰, 검찰 등 몇 군데에서 조사를 받았는데, 어디를 가든지 똑같은 조서를 미리 만들어 놓고 인정만 하라고 강요당하였다는 진술 말이다. 이를 부인하고 사실을 사실대로 거짓없이 다 말하였는데 왜 내 말은 하나도 채택되지 않고 조작된 문서만 가지고 재판을 하느냐고 하였지. 나라 위해 민주주의 해야 한다고, 유신체제는 독재하려는 것이라고 말한 것뿐이고, 그 신념에 변함이 없으니 조작재판 받으나 마나라고 하며 애국가를 부르다 수건으로 입을 틀어막히고 질질 끌려 나가며 설규하던 그 소리 그 모습 똑똑히 듣고 보았단다. 나는 너의 동료 학생들의 외치는 소리를 또 들었다.

세종대왕같은 성군은 많은 선비를 등용해서 널리 의견을 들어 좋은 정치를 하였고, 아무리 어머어마한 군주시대에도 시골 무명 선비가 상소를 하여서 왕의 잘못을 간할 수 있는 제도가 있었는데 하물며 민주국가에서 말할 수 있는 자유가 없느냐고. 그것이 진리일진대 진리는 반드시 승리하리라고 하는 것을 들었다.

또 우리는 애국하기 위해 민주질서를 회복하라고 외쳤고, 재판장님도 나라를 수호하기 위해 싸움을 하셨는데, 나라 사랑하기는 재판장님이나 우리나 매일반인데 왜 재판장님은 높은 데에서 우리를 내려다 보고, 우리는 왜 쇠고랑을 차야만 합니까? 강제로 끌려온 것이지 심판받으러 온 것은 아니라고 외치더라. 내가 여기 온 것은 그래도 대법원에는 우리나라 최고 지성인인 판사가 있는 곳이니까 거기 가는 절차상 필요하다니 나온 것이지 재판을 받으러 나온 것은 아니니 재판을 거부하노라고.

대학에서 공부할 적에 사람답게 살아 보려고 진리를 탐구하였는데, 이 부정부패가 판치는 사회에 다시 나가서 사람답지 못하게 살 바에야 차라리 감옥을 선택하겠다고. 어느 학생은 시를 한 수 읊겠다고 하니 재판관이 법정이라 안된다고 금하는 것을 기어이 송시하던 그 우렁찬 목소리 아직도 귓전에 쟁쟁하다.

이철 군은 우리는 반정부이면 반정부이지 반국가가 아니며, 더구나 반국가단체일 수는 없다, 또한 단체로서 형성되지도 않았다, 우리가 국가와 민족을 위하여 죽는 것은 좋으나 빨갱이의 누명만은 벗겨달라고 말하였다는 것도 전해 들었다.

아버지는 무한히 울었지. 슬픔의 눈물이 아니라 가슴에 벅찬 감격의 눈물을 흘렸단다. 이 민족이 썩어 문드러져 가는 줄만 알았더니 장래 싹수가 보이니 슬퍼하지만 말자고 가족들은 서로 손을 붙잡고 위로했단다.

박형규 목사는 최후진술에서 "목사로서 나라 위한 기도를 끊은 적은 없습니다. 법관, 군대, 대통령을 위해 저는 기도합니다. 그들의 직권은 사람의 능력으로는 하기 어렵고 하느님이 힘을 주셔야만 수행할 수 있는 일이기 때문에 ……. 그러나 그 신성한 직권이 오용되고 남용될 때마다 그것을 바로잡아야겠다고 생각하였고, 학생들이 올바른 일을 하고 있다고 생각했기에 그들을 도와주었고, 이런 학생들의 희생과 고통을 무릅쓰고서라도 우리나라에 민주주의가 수립되어야 한다고 생각하였습니다. 학생들이 나라를 위해 움직인 것은 3·1 정신과 4·19 정신이 움직인 것이지,

남의 선동에 의해서 움직인 것이 아니다"라고 하더라.

해위 윤보선 선생은 "학생들에게 공산당이란 죄목은 사실이 아니다. 이 학생들은 우리나라의 훌륭한 인재들이다. 그들을 살릴 수 있다면 내가 죄를 대신 쓰고 싶다. 앞으로 우리나라가 민주주의를 하지 않고서는 설자리가 없다고 생각한다. 그러므로 나를 사형장에 끌고 간다고 해도 민주주의를 위해서라면 서슴지 않겠다"고 말씀하셨지.

지학순 주교님은 「양심선언」에서, ① 소위 유신헌법이라는 것은 72년 10월 17일에 민주헌정을 배시적으로 파괴하고 국민의 의사와는 아무런 관계없이 폭력과 공갈과 국민투표라는 사기극에 의하여 조작된 것이기 때문에 무효이고 진리에 반대되는 것이다.

② 소위 유신헌법이라는 것은 국민의 최소한도의 양보도 할 수 없는 기본인권과 기본적인 인간의 품위를 집권자 한 사람의 긴급명령이라는 단순한 형식만 가지고 짓밟는 것이다. 이래서는 인간의 양심이 여지없이 파괴될 것이다.

③ 본인이 위반했다고 기소된 소위 대통령긴급조치 제1호, 제4호는 우리나라의 오랜 역사상 가장 참혹한 자연법 유린의 하나이다. 이것들은 소위 유신헌법의 개전을 청원이나 건의를 금지하고, 그러한 개정운동이 있었다는 것의 보도까지 금지하며, 소위 대통령긴급조치를 그 자체에 대한 불만이나 반대의사조차 못하게 하여, 이러한 금지를 위반하면 종신징역 또는 사형에 처할 수 있다는 식이다.

④ 본인이 범했다고 그들이 기소한 또 하나의 죄목인 내란 선동은 본인이 그리스도교 정신을 올바로 가졌기 때문에 억압받는 청년에게 그리스도교적 정의와 사랑의 운동을 하라고 돈을 준 사실에 대하여 갖다붙인 조작된 죄목이다.

⑤ 본인을 재판하겠다는 소위 비상군법회의라는 것은 그 스스

김대중 총재와 아버지

로 법과 양심에 따라 독립하여 재판할 수 없는 꼭둑각시이다, 라고 갈파하셨단다.

변호사들의 변론 요지를 간추려보면, 한결같이 군법 53조에 규정한 비상명령권은 국가내 일부에 공공 안녕질서가 극도로 문란되었을 경우에 이를 막기 위해 발동하는 것을 규정한 것에 불과하므로 그것은 어디까지나 잠정성을 띤 것이고, 법이 아니기 때문에 긴급조치 자체만으로서 처벌까지 할 수는 없는 것이고, 그 원인이 소멸되어 1호, 4호가 해제된 이 마당에 '차안의 부재'라는 단서를 붙여서 계속 구치함은 명분이 없으므로 당연히 석방되어야 한다는 것이었다.

'민청학련'이란 실존하지도 않았고, 조직하려 하지도 않은 것이고, 피고들은 정부전복, 폭력혁명 등의 용어를 입에 올린 일도 없고, 다만 민주질서가 회복되어야 한다는 순수한 학생운동으로서의 의사표시를 하려 한 것인데, 내란음모죄를 적용하는 것은 만부당하다는 것이었다.

4·19와 같은 상태로 몰고 가서 정부를 전복하려 했다지만 4·19에는 3·15 선거가 부정선거였기 때문에 이를 다시 하자고 외쳤고, 발포 살인한 뚜렷한 사실에 기인한 의거이다. 이박사가 자진 하야했기 때문에 합법적 절차에 의하여 정권이 교체된 것이지 전복된 것이 아니다.

학생들은 자기들 데모로 정부가 넘어갈 것으로는 생각조차 하지 않았으며, 사회주의 정권 수립 운운이란 꿈에도 없었다. 이민족이 국권을 탈취하여 통치하던 때인 1919년 3·1운동도 국권문란이나 국가변란 내지 내란으로 판결되지 않았고, 소요죄로 판결되었다. 그때에도 최고형은 12년에 머물렀는데, 아무리 가혹하게 보아도 집회시위에 관한 법률 위반 내지 소요죄밖에 되지 않는다고 보는데, 사형, 무기, 20년형이 웬말인가.

피고인들이 신청한 증인은 하나도 채택되지 않고 조작된 조서에 억지로 엄지손가락을 눌렀다고 여러 피고들이 이구동성으로 말하는데, 4호가 발효되기 이전에 구속된 사람에게 불고지죄라니 어찌된 영문이냐고 하며 무죄를 주장하곤 하더라.

"피고인들은 헌법 전문의 '자유민주적 기본질서'에 충실하는 자유민주주의자들입니다. 역사상 집권층에 반대하는 수많은 항의가 재판을 받았으나 그 집권층의 재판 자체는 역사의 심판을 받았습니다. 하느님의 역사 앞에서 마땅한 양심적인 판결을 기원합니다"라고.

나는 기원하고 있다. 아버지는 네가 대법원 상고를 포기하지 않기를 희망하였지. 재판을 받아보았자 그것이 그것이겠지만, 그래도 이 나라 최고 사법부의 존재가치를 어느 정도 인정했기 때문이다. 그랬는데 너의 편지에 학생들의 문제는 개개인의 법정투쟁으로 해결될 것이 아니고, 전체적으로 어느 때든지 귀결날 것이므로 치사한 재판 번거롭게 받고 싶지 않아서 여러 사람들과 심사숙고한 끝에 집단으로 포기하였지만 의지는 더욱 강하다고 적혀있는 것을 보고, 매사는 하느님의 뜻대로 이루어주소서 하고 기도하였단다.

집권층은 소수의 학생과 종교인이 사회를 오도한다고 하지만, 요사이는 소수가 다수로 변하였지. 기도회나 강연회도 교회마다 하도 많아서 시간이 없어서 일일이 다 다닐 수가 없단다. 소수가 무서워서 15년씩이나 가두려는 그 사람들이 이 늘어만 가는 다수를 어떻게 처리하려는지?

괴상한 일이 자꾸만 생긴단다. 광주에서, 대구에서 상이군경들이 소란을 일으켜서 정치인이 봉변을 당하고 연금되고 당사가 점거당하고 한단다. 학생들 데모는 한 발자욱도 교문 밖엘 못나서는데 관권이 개입 안되고도 이러한 희한한 일이 이루어질 수 있을까.「동아일보」는 광고주들이 압력에 의해(?) 광고청약을 취소하여서 백지광고난이 생기곤 한단다. 함석헌 선생은 말씀하시기를 "권력에 아부만 하고 언론 본연의 임무를 망각하는 신문은 국민이 일체 사보지 말아서 신문사가 두어개 없어져야 끝장이 난다"고 하셨지. 신구 각 교회에서는 국민에게 「동아일보」를 구독하기를 호소하였고, 세계의 이목은 「동아」로 집중되고 있으며, 각처에 「동아」 돕기운동이 생겼단다.

만일 네가 15년형을 다 마치고 나온다면 그 안에 아버지는 죽을 것이다. 네가 나오는 얼굴도 못 보고 죽을 바에야 차라리 네가 있는 감옥으로 자원하여 가서 같이 사는 것이 좋겠다. 그래서 거리로 뛰쳐나와 종로 복판을 누비며 데모도 해보았으나 겨우 시립병원에 연금당했다가 곧 풀려나오고 말았다. 너는 원치 않는 옥중생활을 하는데, 아버지는 감옥에 가기도 어렵구나.

나는 명동성당에서 수천 신도와 애국시민 앞에서 외쳤다. 민주주의를 하자고 학생들이 말한 것이 무기, 20년, 15년형이라면 74억이나 부정대부 해먹은 사람이나 보석을 밀수한 '보석부인'들은 얼마나 형을 받아야 합당하냐 말이다. 아마 그 사람들은 서너번씩 사형을 받아도 오히려 죄가 남겠지.

집권층은 구속인사들이 개전의 정을 보이거나 분위기가 조성되면 내일이라도 석방한다고 하지만, 반성할 사람은 구속자들이 아니지 않겠느냐. 오히려 권력을 남용하여 정권만을 연장하려 하고, 인간의 기본권을 짓밟는 집권층 그들 자신이고, 자숙해야 할 사람들은 구속자 가족들이 아니라 집권층과 그에 아부하는 무리들이 아니겠느냐.

미국에서 우리의 인권이 회복되면 2천만 달러를 더 원조해주겠다고 했다는데, 우방간에 이런 처우를 당하고도 창피하지도 않은지. 두 일본인은 한·일간의 분위기 조성을 위해 석방을 검토한다고 한다. 그 사람들이 본국으로 돌아가서 잠자코나 있어야 할 터인데 ……. 남의 귀여운 아들, 딸, 그리고 남편을 올바른 판단으로 무조건 석방하는 도량을 보여주기를 바라노라.

전능하신 하느님이시여, 당신의 권능으로 민주정치가 하루 빨리 회복되도록 하여 주옵소서. 그리고 이 민족에게 자유를 주옵소서 하고 기도한다. 너희들의 석방이 문제가 아니라, 너희들의 주장이 이 땅 위에 열매를 맺기를 바라면서 진리가 승리할 그 날까지 손에 손을 잡고 기다리련다.

'홍소령'에 대한 추억

외나무다리에서 만난 사람

"야, 이 자식 김학민 아냐? 이놈의 자식, 혼좀 나봐야겠구먼. 아직도 정신 못차리고!"

드디어 알아차리고 말았다. 홍소령. 큰 키에 알콜 중독자처럼 코끝이 빨간 그가 느닷없이 따귀를 한대 올려부치며 소리를 쳤다. 공포와 조바심이 사라지자 차라리 마음이 편했다.

1974년 4월 3일 밤, 나는 소위 전국민주청년학생총연맹 사건의 연세대학교 조직 책임자로 지목되어 중앙정보부 6국 지하 취조실에서 조사를 받고 있었다.

전국의 대학생들이 유신 군사독재정권에 맞서 총궐기하기로 한 4월 3일, 박정희 정권은 국민의 기본권을 말살하는 긴급조치 4호를 선포하고, 민청학련을 북한의 조종에 의해 정부를 전복하려는

수사를 받다보면 여러 유형의 인간을 만난다. 짐승형, 쓰레기형, 고문중독형, 두얼굴형, 정신병자형, 애국독점형, 반공투사형, 딸나무꾼형, 햄릿형 등이다. 물론 간혹 '인간' 형도 있지만, 어떤 자는 실컷 고문을 하다가 제풀에 지쳐 잠시 쉬는 동안에 집에 전화를 걸어 아이들이 잘 있는지 묻기도 한다. 독자들이여, 알아맞히시라. 이 글의 주인공 '홍소령'은 어떤 유형인가를. 이 글은 범우사 윤형두 사장의 회갑기념문집 (1996년)에 실렸었다.

반국가 이적단체로 규정, 피비린내나는 검거 선풍을 벌였던 것이다.

나는 그날 아침 연세대학교 상대 도서관에서 책을 읽다가 중앙정보부로 연행되어 하루종일 치도곤을 당하고 있었던 것이다. 그때 우리들은 이틀 전 후배가 12시 채플시간에 강당에 올라가 반유신 선언문을 낭독하고 시위를 이끌려다 실패한 후 다시 기회를 엿보고 있던 중이었다.

때리고 맞고, 밟고, 밟히고 하는 정보부 수사관과의 '수인사'가 끝난 후, 나는 '순서대로' 무조건 내 죄를 자백해야만 했다. 별 궁리를 다하여 부인하고, 빠져나가고, 순진해한체 할 때마다 어김없이 주먹이 날아왔다.

이렇게 서너 시간이 지나자 그들도 지치고 나도 지쳐버렸다. 그리하여 서로간에 암묵적으로 '10분간 휴식'에 들어갔을 때였다. 취조실 문이 열리고 한 남자가 슬리퍼를 끌고 들어왔다.

홍소령, 그였다. 나는 처음부터 그를 알아봤다. 때린 사람은 하도 여러 사람을 때려 일일이 알아보지 못하겠지만, 나야 왜 그를 모르겠는가?

그러나 그는 비로 나를 알아보는 것같지는 않았다. 가슴이 두근두근했다. 저 자가 나를 알아볼까? 나를 알아보지 못해야 할텐데 …… 그가 나의 신상명세서와 자술서를 들여다보던 1~2분간이 그렇게 길 수가 없었다.

그러나 그는 나의 실가닥같은 희망을 무참히 짓밟아버렸다.

"어이, 이 자식, 다 거짓말하고 있네! 어이, 이렇게밖에 조사 못해? 이 새끼, 72년에도 여기 들어왔었어!"

다시 무참하게 가격이 시작되었고, 한 시간쯤 지난 후 나는 민청학련사건과 관련된 '나의 죄'에 더하여 다음과 같은 '여죄'를 더 자백할 수밖에 없었다.

1972년의 화두 — 우리 앞에 길은 있다

그해 가을은 온통 회색빛이었다. 온나라, 온민족이 절망과 도탄, 한숨과 신음의 나날이었다.

1971년 대통령 선거에서 부정선거 끝에 가까스로 승리한 박정희는 72년이 되자 본격적으로 영구집권 음모를 꿈꾸기 시작했다. 그리고 그 구체화가 그 해 10월 15일에 감행한 친위 유신 쿠데타였던 것이다.

10월 15일은 마침 중간시험이 끝나는 날이라, 나는 스트레스도 풀겸 청진동 '평양집'에서 학우들과 막걸리잔을 나누고 있었다. 그런데 늦게 온 한 친구가 길바닥에 떨어진 호외를 한 장 주워왔다. 계엄령 선포를 알리는 호외였다. 통일에 대비키 위해 국가체제를 '한국적 민주주의' 체제로 하는 결단을 내릴 수밖에 없다는 둥, 정치활동은 일체 중지되고 대학은 당분간 휴학한다는 둥 국민의 기본권을 압살하고 헌정을 유린하는 내용이었다.

술판은 개판이 되었다. 모두가 울분에 가슴을 치며 통음하였으나 당장 어찌할 수가 없었다. 그리고 계엄령으로 통행금지 시간도 앞당겨지고 하여 우리들은 각자 집으로 무겁게 발을 돌릴 수밖에 없었다. 2, 3일 집에 있으면서 책을 손에 잡아 보았지만, 글자가 통 눈에 들어오지 않았다. 며칠 후 답답한 마음에 학교에 가 보았다. 그러나 교문은 굳게 닫혀 있었고, 계엄군만이 완전무장을 한 채 출입을 통제하고 있었다.

치떨리는 분노가 일어났다. 그리고는 또한 속으로부터 끝모르는 절망감이 밀려왔다. 우리에겐, 이 나라에는 진정 희망이 있는가?

마음 속으로 무수히 '박정희 개××!'를 외쳐보지만, 쌓이고 쌓인 분노와 절망감이 녹여질 수는 없었다.

교문 앞에서 목표없이 서성이며 이런저런 생각을 하다가 문득 김동길 교수를 떠올렸다. 김교수에 대해서는 평소 글을 통해 깊은 흠모와 존경의 마음을 갖고 있었고, 또 직접 수강신청을 하여 강의도 듣고 있었던 차였다.

김교수는 마침 댁에 있었다. 나의 분노와 절망감과는 달리 김교수는 평소의 그이답게 농담도 하는 등 시국에 대해 의외로 희망과 낙관을 갖고 있었다. 투철한 민주주의 의식, 진보의 역사관으로 무장한 자유주의 역사학자인 그이로서는 당연한 전망이었겠지만, 나로서는 잿빛 구름을 걷어내는 역사의식의 새로운 개안이었다. 그리고 미래에 대한 희망과, 현실의 암울을 이겨내는 길이 열림을 느꼈다.

이런저런 이야기를 끝내고 김교수댁을 나오려는데, 김교수는 나에게 책 한 권을 건네주었다. 자기의 에세이집으로, 이미 인쇄되어 다 만들어진 책인데 계엄중이라 아직 서점에는 배포되어 있지 않다고 했다.

나는 책을 받아 표지를 보고서는 머리를 스쳐가는 강한 느낌을 받았다. 길은 우리 앞에 있다! 우리에게 절망만이 있는 것이 아니라 희망이 있다. 길이 없는 것이 아니라 길이 있다!

'계몽주의' 민주화 운동

집으로 돌아와 그 책을 읽고 또 읽었다. 그리고는 혼자 생각해 보았다. 이 책의 메시지는 무엇일까? 그것은 조국의 민주화와 인간해방에 대한 굳은 신념, 그리고 타오르는 희망의 불길이다. 그렇다면 유신독재정권의 폭력과 압제 하에서 절망에 빠져있는 국민들에게 희망의 메시지, 이 책을 읽혀 보자.

이튿날 책에 나온 주소를 보고 범우사를 찾아갔다. 삼육빌딩은 그 구조가 이상하여 3층에서 4층 올라가는 계단 중간쯤에 또 사무실들이 있었는데, 범우사는 거기에 있었다. 범우사 사무실이 3.5층에 있지 않았나 지금도 그렇게 기억된다.

거기에서 윤형두 사장을 처음 만났다. 그분에 대해서는 이전에도 몇 권 구입해 읽었던 『다리』지에서 그 이름을 알고 있었다. 윤사장과는 긴 얘기를 나누지 않았다. 나의 생각을 말하니, 열심히 해보라고 했다.

그때의 느낌으로는, 윤사장은 김동길 교수의 책을 보급하는 것이 나중에 사건이 될지 예측하지 못했던 것같고, 또 영세 출판사로서는 영업에도 약간은 도움이 될 수 있으리라 생각했던 것같았다.

책을 20여 권 가져와 도서관에서 친구들에게, 교회 · 성당 대학생회에서 팔았는데 그야말로 날개돋힌듯 팔렸다. 청년 학생들은 이 책을 보고 굶주린 짐승이 먹이에 달려들 듯하였고, 그 책 속에 담겨있는 희망의 언어들에 전율하였다.

수도교회, 동부교회, 제일교회 대학생회 등에는 아예 10여권씩 갖다 놓고 나중에 책값을 받아오기도 했다. 2, 3일에 한번씩 범우사에 들려 책값을 입금하고, 또 새로 책을 10여권씩 가져왔다.

이렇게 100여 권을 팔았을 때였다. 어느날 집에 전화를 걸었더니 조금 전에 중앙정보부원이 왔다 갔다는 것이었다. 산천초목도 떠는 중앙정보부! 한번 들어가면 반쯤 죽거나 아예 죽어서 나온다는 중앙정보부!

아찔했다. 그날 밤부터 집에 들어가지 않았다. 낮에는 삼류 극장을 전전하고, 저녁에는 봉원동의 퀘이커모임 집에서 잠을 잤다.

처음 생각으로는 대충 며칠 피해다니기만 하면 별일 없으리라 생각했다. 그러나 집에 연락해 보니 사정이 아주 복잡해져 있었다. 정보부원들이 누님이 세들어 있는 약국 건물이 무허가인 것을 꼬투리 잡아 괴롭히고, 형님의 직장으로 찾아가 형님에게 압력을 가하고 있었던 것이다.

어쩔 수 없이 자수하기로 했다. 그들이 집에 남겨준 메모대로 프린스호텔 커피숍에서 전화를 걸었다. 10분도 지나지 않아 건장한 두 명의 중앙정보부원이 왔고, 나는 그들에 이끌려 정보부 6국으로 갔다. 6국에 가보니 거기에는 이미 범우사 서정연 영업부장이 와 있었는데, 그는 실컷 얻어맞고 무릎이 꿇려 있었다.

나는 그때 거기에서 '홍소령'을 만났다. 그로부터 무수히 얻어맞았지만, 나는 끝까지 아르바이트를 한 것이라 우기며 버텼다.

하루종일 실랑이 끝에 그들도 더 이상 사건을 확대할 필요가 없다고 판단했는지, 내 말대로 진술서를 받고 책을 산 사람들의 명단을 작성케 했다. 그리고는 나를 풀어줬다. 만 이틀만이었다.

뒷 이야기

이것이 김동길 교수와 윤형두 사장, 그리고 '홍소령'과 나에 얽힌 이야기이다. 그리고 이 글을 처음부터 읽으신 분은, 1974년 4월 3일 밤에 내가 왜 '홍소령'으로부터 무수히 얻어터졌는가를 이제 알 수 있으리라 믿는다.

추측해보건대 그날 밤 '홍소령'은 나를 때리면서 무척 기뻤을 것이다. 그것은 밝혀진 나의 '여죄'로 인하여 어딘지 확실치 않았던 유신체제에 대한 나와 김동길 교수의 '불온성'이 명백히 확인되었기 때문일 것이다. 결국 나와 김동길 교수는 민청학련사건으로 각각 15년 징역형을 선고 받았다.

20여년의 세월이 지났다. '홍소령' 하면 나 이외에도 '아, 그 사람!'할 분들이 여럿 있으리라 믿는다. 죽었는지 살았는지, '홍소령' 그 사람의 알콜중독자같은 얼굴 모습이 아련히 떠오르지만, 온갖 풍상을 겪으면서도 이 땅의 척박한 출판문화를 일구어온 윤형두 사장님의 모습이 우뚝 그를 가려 선다.

매맞고 쓴 편지

사랑하는 아내여.

항상 어렵고 괴로울 때 믿고 의지하게 되는 하나님의 은총과 사랑이, 또 평안과 위로가 당신과 설아에게 함께 하기를 빕니다. 이러한 상황에서 당신에게 보내는 나의 첫편지를 써야 하다니 좀 착잡한 기분이 듭니다.

해경, 걱정이 많았지요. 그러나 1978년 초겨울 어느날 슬기롭고 사랑스러운 당신을 만난 나의 일생일대의 행운처럼 무척이나 좋

1980년 5월 17일 밤에 합동수사본부에 잡혀간 나는 민청학련사건 때와는 또다른 차원의 고문을 맛보았다. 수사관들과 헌병들은 인간이 얼마나 매를 맞을 수 있는가를 실험하는 것같았다. 나는 그때 고막이 터져 지금까지도 컨디션이 나쁘면 왼쪽 귀가 '샌다'.

6월 초든가. 서울대 심재권 형으로부터 DJ가 준 돈 5만원을 받아 광주에서 1차 봉기가 있은 후에 서울에서 대대적 시위를 계획할 때 연대생을 동원할 음모를 했다는데, 그것을 자백하지 않았다며 패기 시작했다. 정신없이 얻어 맞다가 정신을 잃어 서대문 적십자병원으로 실려갔다. 수사관들도 당황해 했다. 병원에서 응급조치를 받고 돌아와 '특별배려'로 한참을 쉬고 나자 수사관 한 명이 간단한 편지를 한 장 쓰면 처에게 보내 주겠다고 했다. '좋으신 수사관'이란 몇 시간 전에 나를 짓이겨 놓은 그 사람이다. '눈물로 쓴 편지'가 아니라 '매맞고 쓴 편지'가 이 편지이다.

으신 수사관님을 만난 덕택으로 밖에서 생각하는 것보다는 무척 편히 지냈답니다.

해경, 나의 의지와 당신의 사랑이 결합하여 이룩한 우리 가정에 닥친 이 첫번째 시련에 보다 슬기와 용기를 갖고 대처하기 바랍니다.

당신에게 어떠한 위로의 말을 하더라도 당신에 대한 나의 미안한 마음은 어찌할 도리가 없습니다만, 보다 넓은 마음으로 나를 이해해 주고 위로해 주기 바랍니다.

해경, 나는 당신을 깊이 신뢰합니다. 당신은 어리석은 듯하지만 슬기롭고, 약하디 약한듯 하지만 무척 강한 여자임을 믿습니다. 그리하여 당신은 상황이 어려워지면 어려워질수록 슬기와 용기로 더욱더 굳건해질 수 있으리라 믿습니다.

해경, 오늘 우리가 함께 바라보는 뿌우연 잿빛 하늘은 내일의 파아란 맑은 하늘이 될 것이라는 나의 믿음에 당신도 동감할 수 있으리라 생각합니다. 앞으로 나의 상황이 어떻게 변할지는 아직 알 수 없으나 보다 나쁜 상황을 예상하고 그에 맞춰 대처하기 바랍니다. 당신 스스로 모든 일을 잘 처리해 나가리라 믿습니다만, 몇가지 도움의 말을 선하고 싶습니다.

① 친가·처가 가족들과 자주 연락하고 필요한 도움은 적극 요청하기 바랍니다. ② 어머니가 귀국하시면 설아를 맡기고 자립할 수 있는 방안을 강구해 보시오. 나 대신 한길사에 나갈 수 있는지? ③ 신혜수씨 등 같은 처지의 가족들과 연락, 위로와 도움을 받으시오. ④ 혼자 해결하기 어려운 점은 나의 친구·후배, 김언호 사장, 변용의씨 등에 부탁하시오. ⑤ 필요하면 명동 외환은행지점 8층의 한국투자금융에 예금한 돈(30여 만원) 찾아 쓰시오.(도장은 아파트에 있는 형의 도장이오) ⑥ 변호사 문제는 다른 사람들과 의논하여 따라하도록 하고, 보미 아빠와 의논하여

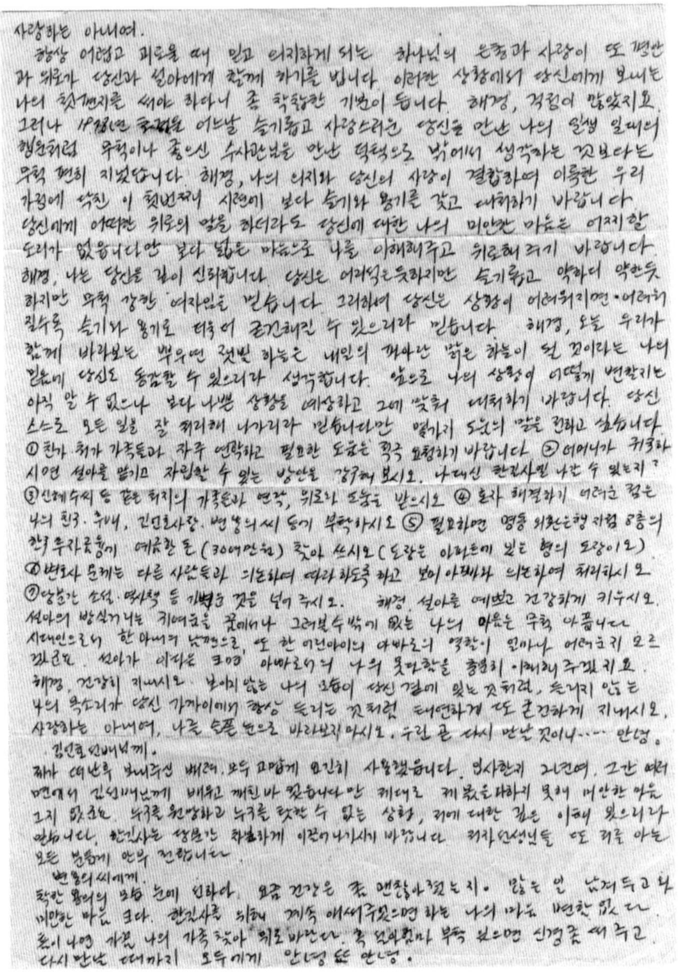

사랑하는 아내여.

항상 어렵고 괴로울 때 믿고 의지하게 되는 하나님의 은총과 사랑이 또 겸손과 따뜻한 당신과 설아에게 함께 가기를 빕니다. 이러한 상황에서 당신에게 보내는 나의 한 장의 편지를 써서 하나님 좀 확실한 기쁨이 됩니다. 해경, 걱정이 많았지요. 그러나 ...

(이하 본문 손글씨 — 판독이 어려움)

처리하시오. ⑦ 당분간 소설·역사책 등 가벼운 것을 넣어주시오.

해경, 설아를 예쁘고 건강하게 키우시오. 설아의 방실거리는 귀여움을 꿈에나 그려볼 수밖에 없는 나의 마음은 무척 아픕니다.

시대인으로서, 한 아내의 남편으로, 또 한 어린아이의 아빠로서의 역할이 얼마나 어려운지 모르겠군요. 설아가 이 다음 크면 아빠로서의 나의 못다함을 충분히 이해해 주겠지요.

해경, 건강히 지내시오. 보이지 않는 나의 모습이 당신 곁에 있는 것처럼, 들리지 않는 나의 목소리가 당신 가까이에서 항상 들리는 것처럼 태연하게, 또 굳건하게 지내시오.

사랑하는 아내여, 나를 슬픈 눈으로 바라보지 마시오. 우린 곧 다시 만날 것이니 …… 안녕.

김언호 선배님께.

제가 떠난 후 보내주신 배려 모두 고맙게 요긴히 사용했습니다. 입사한지 2년여 그간 여러 면에서 김선배님께 배우고 깨친 바 컸습니다만, 제대로 제 몫을 다하지 못해 미안한 마음 그지없 군요. 누구를 원망하고 누구를 탓할 수 없는 상황, 저에 대한 깊은 이해 있으리라 믿습니다. 한길사는 당분간 차분하게 이끌어 나가시기 바랍니다. 저자 선생님들, 또 저를 아는 모든 분들께 안부 전합니다.

변용의씨에게.

착한 용의의 모습 눈에 선하다. 요즘 건강은 좀 괜찮아졌는지. 많은 일 남겨두고 와 미안한 마음 그다. 한길사를 위해 계속 애써 주었으면 하는 나의 마음 변함없다. 틈이 나면 가끔 나의 가족 찾아 위로 바란다. 혹 설아 엄마 부탁 있으면 신경 좀 써주고.

다시 만날 때까지 모두에게 안녕 또 안녕.

아버지의 이름으로

내 탓이오

1980년 5월 16일 밤 11시 20분 경, 장안동 나의 아파트 문을 누군가가 세차게 두드렸다. 그때 나는 밖에서 막 돌아와 화장실에서 양치질을 마치고 세수를 하려던 참이었다.

문을 여니 문국주가 서 있었다. 문국주는 집 안으로 들어오지도 않고 숨을 헐떡이며 다급하게 말했다.

"형, 오늘 밤 열두시를 기해 전국으로 계엄을 확대하고, 민주인사들을 모두 검거한답니다. 오늘 오후 이화여대에서 있었던 전국학생회장 모임도 계엄군이 습격해서 모두 도망쳤습니다. 형도 도망가야 합니다. 시간이 없습니다. 빨리 나오세요! 밑에 김경남 형이 기다리고 있습니다!"

1980년 5월에 소위 김대중내란음모사건으로 아버지와 내가 함께 구속되었다. 합수부는 아버지와 나를 한 법정에 세우기가 부담이 되었던지 나는 기소유예로 풀어줬다. 아버지는 그 해 초겨울 형집행정지로 풀려났으나 70세에 악형을 산 탓인지 폭삭 사그러지셨다. 그후 집안에 칩거하시며 시름시름 앓다 '공범' 김대중 선생의 대통령 당선도 보지 못하고 1994년에 유명을 달리하셨으니, 자식된 도리로서 무척 한스럽다. 이 글은 김대중내란음모사건 공범들이 사건의 진상을 밝힌 글들을 모은 『김대중 내란음모의 진실』에 아버지를 대신하여 내가 쓴 글이다.

"그래? 그게 사실이란 말이야?"

"형! 시간이 없어요. 잔말 말고 빨리 나와요!"

"잠깐만 기다려! 발 좀 씻고, 옷 갈아입고 나갈게."

"하! 그럴 시간이 없어요. 그럼 밑에서 기다릴 테니까 빨리 나오세요."

문국주는 다급하게 문을 닫고 나갔고, 나는 '생각대로' 발을 씻은 후 옷을 갈아입고 집사람과 갓난아이 딸을 한 번 안아준 뒤 현관으로 향했다.

그때였다. 누군가가 다시 세차게 문을 두드렸다. 조금 전 문국주의 말을 그렇게까지 절박하게 여기지는 않았는데, 직감적으로 기관원일 것이라는 생각이 들었다. 순간적으로 당황하여 어찌할 바를 몰랐으나, 달리 방법이 없었다. 퇴로가 전혀 없는 아파트임에 어찌하랴.

문을 열자 느닷없이 기관원 두 명이 권총을 나의 머리에 겨누고 뛰어들어왔다. 5월 16일 밤 그렇게 나는 체포되었다. 화장실에서 발 씻다가……. 그날 문국주와 김경남은 아파트 입구 멀찍이서 내가 기관원들에게 잡혀가는 것을 숨죽이며 보고 있었다.

나중에 이야기하겠지만, 나는 합수부에 끌려가서 무수히 얻어맞았다. 나는 얻어맞을 때마다 유치장에 돌아와서는 고백기도의 한 구절을 외웠다. '내 탓이오, 내 탓이오. 내 큰 탓이로시이다…….' 발 씻다가 도망가지 못해 잡혀서 얻어맞고 있으니, 누구 탓이란 말인가?

같은 시간에 화양동 작은누나 집에 계시던 아버지도 계엄군에 체포되었다. 그때 어머니께서는 LA에 사는 여동생의 산구완을 하러 가셨기 때문에 아버지는 작은누나 집에서 지내고 계셨다.

아버지가 본격적으로 민주화운동에 나서시게 된 것은 1974년 내가 민청학련사건으로 구속되었을 때부터였다.

아버지는 자유당 때부터 줄곧 경기도 용인에서 당시 야당인 민주당의 당원으로 활동해 오셨다. 박정희나 전두환의 군사독재에 비하면 상대적으로 '순진한 독재'였지만, 1950년대 자유당 이승만 정권 하에서 시골에서 야당생활을 하는 것은 쉽지 않았다. 아버지는 동성고등학교 은사였던 장면 박사의 요청으로 민주당에 참여하게 되었다.

1960년 4월혁명이 일어나고, 그해 7월에 있었던 선거에서 아버지는 용인에서 국회의원에 당선되셨다. 그러나 다 아는 바와 같이 제2공화국 장면 정부는 1961년 박정희의 군화발에 민주화의 꽃도 피워보지 못한 채 시들어버렸고, 따라서 아버지의 의정활동도 짧게 끝나고 말았다.

이런 아버지의 개인사가 박정희 정권에 대해 극도의 반감과 원한을 갖게 하였지만, 1970년대 접어들어 이미 아버지는 정치에의 꿈을 접고 조용히 자식들의 성장에 희망을 품고 계셨다.

그러던 차에 내가 구속된 것이었다. 아버지는 민청학련 구속자 가족들과 만나면서 구속자가족협의회를 만드셨다. 그때 공덕귀(윤보선 전 대통령의 부인) 여사가 회장을 맡았고 부회장을 아버지가 맡으셨는데, 아버지는 아들인 나뿐 아니라 모든 구속자의 석방운동, 지원운동에 열심이셨다.

이때의 구속자가족운동은 각자의 사랑하는 자식, 남편의 문제 때문에 시작되었지만, 곧 이들이 외쳤던 조국의 민주화와 민족통일, 그리고 민중생존권 문제를 이해하게 되면서 곧바로 국민의 동정과 정서를 등에 업고 가족을 뛰어넘어 거대한 반독재운동의 물결로 변해 버렸다.

여러 가족들과 함께 아버지도 걸핏하면 유치장에 갇혔고, 또 멀리 인적이 없는 곳에 끌려가 격리 차원에서 '버려지기도' 했다. 이때의 구속자가족운동은 1980년대에 민주화 투쟁의 선두에 나섰던 민가협(민주화실천가족운동협의회), 유가협(전국민족민주유가족협의회)의 모태가 되었다.

아들의 이름으로

1975년 내가 출옥한 후에도 아버지는 민주화운동에 열심이셨다. 옛날 야당생활을 같이했던 분들, 또는 재야의 어른들과 어울리며 각 지역의 민주 인맥을 이어가게 하는 데 최선을 다하셨다.

이러한 활동으로 유신정권의 미움을 받아 1975년 10월에는 긴급조치 제9호 위반으로 구속되어 1년 6월의 실형을 사셨다. 그리고 다 아는 바와 같이 1980년에는 소위 김대중 내란음모사건으로 구속되어 5년 징역형을 선고받고 항소심에서 3년 집행유예로 출소하셨다.

1983년, 나는 아버지가 쓰신 글들을 모아 고희기념문집 『고난의 길을 따라』를 내드렸는데, 아버지는 자신의 '민주투쟁 30년'을 소회한 글에서, 김대중 내란음모사건과 관련하여 다음과 같이 기술하였다.

1978년 여름에 민주회복국민의회를 대체할 국민조직을 만들려고 부산, 광주에 합동기도회가 있을 때 내려가서 광주에서 은명기 목사, 임기준 목사, 홍남순 변호사, 부산에서 김광일 변호사, 임기윤 목사, 노경규씨, 천주교 신부들과 회합하여 지방 대표들의 서명을 받도록 하였다.

서울·기호 지방은 내가 직접 받았더니 약 480명이 수집되어서 이를 이름하여 '민주주의를 위한 국민연합'이라 하고 기독교회관에서 창립총회를 갖기로 준비하였는데, 탄압제지를 받아서 대회는 열지도 못하였고, 일부 인사들이 대회장에 일찍 들어가 선언만 하였다. 이때 2주간 경찰서와 집에서 연금당하였다. 나는 박종태 의원과 같이 정치인을 대표하여 운영위원으로 참여하였으며, 대표위원은 윤보선씨, 함석헌씨, 김대중씨 3인이었다.

1979년 10월 26일 박정희가 부하에 의해 살해되어 유신체제가 종결되어야 함에도 군부의 태도는 석연치 않았고, 독재는 계속 체질을 보완해 나갔다. 명동 YWCA 결혼을위장한 민족선언 대회 당시는 지명수배되었으나 도피하고 말았다.

1980년 1월에 동지들과 더불어 민주헌정동지회를 발족시켜 전국 민주세력의 조직 작업에 열중하던 중 동년 5월 16일 야밤에 김대중씨를 위시하여 계엄당국에 의해 무더기로 검거되었으며, 이때 학민이와 한꺼번에 구속된 것이 가장 가슴이 아팠고 괴로웠다.

그중 주요 인물 24명이 기소되고, 김대중씨는 사형, 기타 20년, 10년 등 중형들을 선고 받았으며, 나는 항소심에서 집행유예로 방면되었다. 위조 날조된 것을 가지고 기소를 하려니 우리가 당한 고문은 이루 말할 수가 없었다. 어떤 야만국에서도 이러한 일은 없었을 것이다. 광주학살사건과 더불어 천추의 한이요, 어떤 방법으로라도 속죄할 수 없는 대죄를 권력자들은 서슴없이 저지른 것이다.

나는 최후진술에서 "로마서 13장 4절에 따르면 통치자는 결국 여러분의 이익을 위해서 일하는 하느님의 심부름꾼이다. 하느님의 심부름꾼으로서 그가 공연히 칼을 차고 있는 줄 아느냐. 정의를 위해서 악을 치는 것이라 기록되어 있다. 이 재판정에서도 재판장의 권위에 승복하라고 하는데, 재판장이 올바른 재판을 하였을 때는 역사에 빛나게 기록되고 우리도 승복하겠지만, 그렇지 못하면 천추에 오점을 남기는 것이니 정당한 판정을 내리라"고 말하였다.

여러 해의 옥고와 수십 번의 연행, 억류 등 수난 중에 견디기 어려운 일도 한 두 번이 아니었지만, 그때마다 누가복음 12장 11절에 "너희는 관리나 권력자들 앞에 끌려갈 때에도 무슨 말로 어떻게 항변할까 걱정하지 마라. 성령께서 너희가 해야 할 말을 바로 그 자리에서 일러주실 것이다"하는 내용을 되새기며 기도하고 기다리고 있으면, 저절로 어마어마한 일들이 풀려나가곤 하였다.

옥중에서는 책읽기와 기도로 시간을 보내니 세월은 그럭저럭 흘러갔다.

칠십 당년의 몸으로 여러 번 악형을 치렀음에도 건강을 유지하게 된 것은 오로지 하느님의 가호와 은총이라 생각한다. 인간의 자유 인권은 하느님의 뜻으로 주어진 것이기에 우리는 자유로워질 권리를 가지고 있다. 가짜 권력자들이 아무리 탄압하고 짓밟으며 거짓말로 온 겨레를 희롱할지라도 오직 진리는 참된 것이고, 하느님의 뜻은 거역할 수없는 것이니, 이를 배반하는 자 반드시 망할 것이며, 안일과 탐욕으로 불의와 결탁하는 자, 양심의 괴로움 더욱 심하리라. 주님의 뜻에 만분의 일이라도 순응하며 양심에 따라 가난한 가운데 평화를 찾으며 백세청풍하리라.

정의를 위하여 박해를 받는 이는 복되다. 그들은 천국을 차지하리라.

마지막 유고

1980년 5월 16일 밤, 앞에서 말한 것과 같이 아버지와 나는 각각 따로 체포되었기 때문에 나는 아버지의 체포경위와 수사과정, 그리고 김대중 내란음모사건과 아버지의 구체적인 관련 부분은 잘 모른다.

기골이 장대하고 건강이 좋으셨던 아버지는 출옥 후 혹독한 조국의 현실에 낙담한 탓인지 1990년대 들어 급속히 건강이 나빠

지셨다. 칠순에 두 번이나 감옥생활을 하였으니, 강철같던 아버지
도 어쩔 수 없으셨던 것 같다.

1994년 12월 14일 아버지는 81세를 일기로 한많은 생을 마감하
셨다. 돌아가시기 몇 해 전부터 건강이 좋지 않아 일절 바깥 출
입을 하지 않으셨는데, 아버지께 그나마 기력과 의식이 있을 때
내란음모 사건에 대해 좀 정리해 놓으시라고 했더니, 돌아가시기
25일 전인 그해 11월 20일 체포에서 석방까지의 경위를 백지 한
장에 아래와 같이 간략하게 적어놓으셨다. 이것이 아버지의 마지
막 '유고'이다.

1. 체포

　5월 16일 11시 50분 성동구 화양동 둘째딸(김하자) 집에
서 체포되었음.

2. 가혹행위

　없었음.

3. 수사과정

　수사 시작하기 전에 만 이틀간 잠을 재우지 않았으므로 3
일째는 졸도하였음.

4. 조작

　진주 김용하씨를 통하여 부산지방 대학생 데모를 선동하
였다고 우겨댐. 김대중씨에게서 자금을 얼마나 받았냐고 추
궁하였으나 단돈 1원도 받은 바 없으므로 증인을 거명하였
으나 허사였음.

5. 석방과정

　서류 일체 압수당하고 비밀리에 승용차로 환가하였음.

아버지가 중앙정보부에서 고초를 당하셨던 그 시각, 나 역시

서대문 전매청 자리 합동수사본부(현 경찰청)에서 이루 말할 수 없는 고문과 구타를 당하고 있었다.

5월 16일 밤 11시 30분 경에 장안동 집에서 체포된 후 나는 강남경찰서 유치장으로 넘겨졌다. 5월 17일은 일요일이었다. 16일 밤부터 17일 오후 네시 경까지 나는 아무런 취조도 받지 않고 그냥 유치장에 앉아 있었다. 속으로는 그냥 '예비검속' 하고 내보내주는 것이 아닌가 생각했다.

오후 네시 경 수사관 두 명이 나를 호명하더니 짚차에 태웠다. 그리고 바로 서대문 합동수사본부에 데려온 것이다. 들어갈 때는 합수부가 그곳에 있는지도 몰랐다. 그곳은 그때 전매청이 종로 4가로 막 이사 가고 국립과학수사연구소가 구 전매청 건물 하나에 들어 있어 정문에는 '국과수' 간판만이 걸려 있었다.

합수부는 전매청 본관 뒤의 담배창고에 설치되었던 것같다. 7, 8개의 수사반이 편성되어 있었는데, 각 반마다 4, 5명의 수사관이 있었고, 청와대를 근접 경호했던 수경사 33헌병대 병력이 연행자 감시와 '구타 업무'를 맡았다.

내가 합수부에 도착한 것은 5월 17일 오후 다섯시 경이었던 것같다. '5반'이라는 사부실로 인계되었다. 그곳에 들어가자마자 무차별 구타와 고문이 시작되었다. '정'이라는 수사관이었는데, 그는 나의 얼굴에 수건을 씌우고 주전자로 물을 부어댔다. 헌병들도 무조건 온몸을 가격했다.

그간 학생운동과 재야운동에 몸담아 온 이래, 이토록 엄청나게 맞아본 적이 없었다. 지금도 합수부에 대한 기억이란 불법 연행되어 있는 동안 매일매일 엄청나게 얻어맞았던 것과, 같이 잡혀와 있던 장선우, 유시민(현재 열린우리당 국회의원), 박문식 등이 맞는 것을 보고 공포에 떨었던 기억뿐이다. 그들은 인간이 얼마나 맞을 수 있는가를 시험해 보는 것 같았다.

비극 속의 희극인가? 고문과 구타의 공포 속에서도 '당하는 자'의 당당함, 순박함, 블랙 코미디가 피아(彼我) 모두 사이에 회자되기도 했다.

나중에 영화감독이 된 장선우가 얻어맞던 풍경은 하나의 블랙 코미디이다. 그때 장선우는 학생시절의 탈춤운동을 정리하고 TV나 영화 등 영상매체 쪽에서의 활동공간을 모색하다가 잡혀왔는데, 우리들 대부분이 그렇듯이, 그의 가정은 부인이 피아노 교습으로 꾸려가고 있었다.

수사관은 장선우를 구타할 때마다 한 대에 한마디씩 뱉어냈다.

"장선우 이 새끼! 마누라는 피아노 치고, 너는 데모대에서 돌 던지고!"

피아노와 시위 사이에는 아무 연관관계가 없는 데도, 장선우는 무슨 이유에서인지 부인의 피아노 교습 때문에 더 맞는 것 같았다.

지금은 공인회계사로 활동하고 있는 박문식. 그는 합수부로 이첩될 때 입구의 '국립과학수사연구소' 간판을 보았던 모양이다.

그는 합수부로 넘어오기 전에 서울대학교 관할인 관악경찰서에서 무지막지하게 얻어맞았다 한다. 그런 후에 합수부로 넘어오면서 '국립과학수사연구소' 간판을 보고는, 이제 무조건 고문과 구타로 자백을 강요당하지 않고 '과학수사'를 하겠구나 하고 생각했다 한다. 실제 박문식은 한참이 지나기까지 자기는 '국과수'에 잡혀왔다고 생각했다. 그러나 그가 잡혀온 곳은 '국과수'가 아니라 '합수부'였다.

어느 날 그야말로 '뒈지게' 얻어맞던 중 박문식의 외마디 소리가 들려왔다.

"아니, 이게 대한민국 경찰의 '과학수사'란 말이오! 이렇게 증거도 없이 마구잡이로 때리기만 하는 것이……."

수사관이 그 뜻을 알아차리기에는 한참이 걸렸으나, 그는 이후 에도 '과학수사' 보다는 무지막지한 '원시수사'를 더 받았다.

창작의 고통

여인이 애를 낳는 일로부터 인류의 고귀한 정신문화의 정화인 문화예술의 창조에 이르기까지 '창작의 고통'은 얼마나 힘들던가?

박정희의 피살 이후 명동 YWCA 위장결혼식 사건부터 5·17 사태까지 강남 고속버스터미널 앞 지히 생맥주집 '애천' 등을 전 전하며 반독재투쟁에 앞장섰던 조성우 역시 '내란음모 창작의 고 통'을 만끽하였다.

조성우는 마구잡이로 구타하는 수사관들에게 "90년대 대통령을 이렇게 때려서 되느냐!"고 외쳐 합수부 내에 화제가 되었지만, 수사관들은 그 후로도 조성우를 전혀 '90년대 대통령'으로 대접 하지는 않았다.

나에게는 서울대 심재권 형으로부터 김대중 씨가 전해준 자금 을 받아 연세대학교 학생들을 선동, 정부를 전복하려 했다는 혐 의가 들씌워져 있었다.

6월 초든가, 이 혐의를 완강히 부인하자 그들은 나를 정신없이 고문 구타하기 시작했으며, 순간 나는 의식을 잃어버렸다. 그들은 당황해서 서대문 적십자병원으로 나를 긴급히 후송했다. 병원에 서 응급조치를 받고 돌아와 '특별 배려'로 한참을 쉬고 나자 수 사관 한 명이 처에게 간단한 편지를 한 장 쓰면 보내주겠다고 했다.

나중에 알았지만, 5월 16일 밤 시아버지와 남편이 체포되어 행 방을 알 수 없게 되자, 아내는 그때 6개월 된 딸애를 등에 업고 온 서울 시내를 찾아 헤매고 있었다.

그러나 온정도 한때일 뿐, 이후에도 나는 무수히 얻어맞았다. 6월 말 경에는 헌병에게 따귀를 무자비하게 얻어맞은 끝에 왼쪽 고막이 터져버렸다. 마땅히 치료도 받지 못해 석방될 때까지 왼쪽 귀에서는 항상 마차 굴러가는 소리가 들려 견딜 수가 없었으나, 석방 후에 다행히 치료를 받았다. 의사는 조금만 더 지났으면 고막이 찢어진 채 살에 들러붙어 완전히 귀가 먹었을 것이라 했다. 나의 왼쪽 귀는 지금도 상태가 별로 좋지 않아 컨디션이 아주 나쁘면 귀가 '샌다'.

긴 창작의 고통 끝에 '김대중 내란음모사건'의 얼개가 대강 짜여지자 수사관들과 피의자 간의 긴장도 약간은 풀어졌다. 수사관들은 가끔 5반의 수감자 모두를 모아 시국 이야기를 나누기도 했다.

그때 5반의 수사관이었던 이석채는 "이번에 김대중은 꼭 죽는다. 만일 죽지 않으면 내 손에 장을 지져라!" 하고 단언했고, 우리들은 "절대 그렇게 되지는 않을 것"이라고 응수했다.

1997년 12월 27일 김대중 선생이 대통령에 당선되던 날 새벽, 나는 갑자기 정읍이 고향이라던 이석채가 불현듯 떠올랐던 기억이 난다.

7월 초순쯤 지긋지긋하던 합수부를 떠나 서대문구치소에 수감되었다. 나는 그때 처음 감방 구경을 하는 유시민 등 재학생 후배들에게 서대문구치소는 '젖과 꿀이 흐르는 땅'이라고 위로했다.

서대문구치소에 수감될 때 이해찬(현재 열린우리당 국회의원)은 합수부에 잡혀올 때 갖고 들어온 돈을 나를 비롯하여 몇 사람에게 나누어주었다. 이해찬은 그때 자기가 관계하던 돌베개출판사의 원고계약금 5백여 만원을 갖고 있다가 체포되었던 것으로 기억되는데, 그것을 나누어주다 보니 나에게도 70여만원이 돌아와 덕분에 서대문구치소에서 요긴하게 썼다.

구치소에 있으면서 검취가 모두 끝났는데, 7월 중순 경 또다시 군검찰에서 나를 소환했다. 검찰관은 나에게 아버지와 아들 중 한 사람을 석방하려는데, 어떻게 생각하느냐는 것이었다. 나는 당연히 아버지를 석방해 달라고 했고, 검찰관은 알았다고 대답했다. 그런데 7월 하순에 아버지 대신에 내가 석방되었다. 기소를 유예한 것이었다.

김대중 내란음모사건 관련자 중 나만이 유일하게 기소유예로 나오게 되었는데, 그것은 5월 16일 밤 강제 연행된지 80여일 만이었고, 온몸은 고문으로 엉망진창이 된 상태였다.

가 출
— 학민을 두고

그해 가을 들풀들은 눕지 않고 굽어 있었어

한때 평화롭게 돼지갈비를 구워먹던 콘크리트 바닥엔

들쥐떼만 가랑잎처럼 굴러다니고 ……

주인은 벌써 몇주째 집을 비웠다!

볕을 가려앉아가며

어린아이에게 유산균을 먹이는

그의 젊은 아내,

젊은 아내의 묵묵부답

하늘은 실속없이 푸르기만 한데

공허쪽으로 떠가는 풀벌레 울음소리만

남은 사람들의 귀를

잘게잘게 씻어주고 있었어

1980년 5월 17일, 김대중내란음모사건으로 합동수사본부에서 혹독한 고문을 받고 있을 당시 벗 유재영 시인이 나의 집을 방문한 후 소회를 한 편의 시로 표현했다(시집 『한방울의 피』, 평민사 수록).

5·17 때 나와 나의 선친은 같은 사건으로 함께 구속되었으며, 아내는 어느날 밤 갑자기 사라져 행방을 알 수 없는 남편과 시아버지를 찾아 6개월된 딸년을 들쳐업고 온 시내를 헤매었다.

유랑의 노래

70년대 중반 이후 박정희의 장기집권 기도와 맞물려 민주세력에 대한 탄압이 가중되면서 수많은 대학생들이 대학으로부터 추방되고, 감옥을 전전했다. 그리고 비슷한 시기에 「동아일보」, 「조선일보」에서도 박정권의 언론탄압에 맞서 싸우던 기자들이 대량으로 쫓거나 거리를 헤매거나 감옥으로 들어갔다. 꽤 괜찮은 '고급인력'들이 나라 곳곳에서 갈길을 못찾고 헤매었다.

우리들은 비록 춥고 배고팠으나 만나면 반가웠고, 앉으면 조국의 민주화 문제로 열기를 토했다. 이 열기는 80, 90년대의 민주·민족·민중의 담론으로 이어졌으며, 민주화 세력 '연대'의 기반이 되었다.

그러나 유신정권이 말기에 다가갈수록 사회는 완전 동토로 변하였다. 우리들은 독재세력의 거대한 성벽 밑에서 좌절감을 씹기도 했지만, 서로서로 어깨 함께 걸쳐메고 바위에 달걀 던지기를 계속했다.

1979년 박정희의 피살로 민주화의 봄에 온 기대를 걸었지만, 전두환 일당의 5·17 폭거로, 1987년 6·10 항쟁이 있기까지 우리는 10여년을 다시 어두운 터널 속에서 지낼 수밖에 없었다.

희망과 절망, 그리고 또 희망으로 유랑하던 그 시절이여!

베트남의 통일과 '구타'

　이 글을 읽으시는 분들은 우선 글의 제목을 보고 무척 의아해 하실 것이다. 베트남의 통일과 구타? 베트남이 월맹에 의해 통일 된 후 월남 치하에서의 정부 관리나 미국에 협력했던 민간인들 을 북쪽 사람들이 구타했다는 이야기인가? 아니면 통일 전 월남 의 반정부인사들에게 가혹행위를 했던 월남 관리들의 구타행위를 말하는 것인가?

　베트남에는 적어도 수천 명에서 많게는 1만여 명이 넘는 한인 2세 가 있다 한다. 소위 '라이 따이안'이다. 그러나 베트남과 한국이 지난 92년 수교한 이래 두 나라 정부가 한인 2세의 실태를 조사하려고 노력 하지 않았기 때문에 정확한 숫자는 알 수 없다. 75년 4월 30일, 사이공 이 함락된 뒤 한인 2세들과 어머니들은 '적군의 가족'으로서 갖은 고 초를 겪으며 살아왔다. 호치민(구 사이공) 공항 정문을 나가면 빛바랜 흑백 사진을 들고 만나는 한국인마다 자기 아버지의 소식을 수소문하 고 있는 한인 2세들을 만나게 된다. 그러나 아직도 베트남 땅에 뿌린 자기 씨를 찾으려고 노력하는 한국인은 별로 없다. 심지어 여러 경로 를 통해 어렵사리 자기가 낳은 베트남의 2세를 연결해 줘도 그런 일 없다고 딱 잡아뗀다. 베트남 한인 2세와 관련된 이런저런 이야기를 들 으면서, 우리가 과연 일본 정신대 문제를 가지고 흥분할 자격이 있는 지 곰곰이 생각하며 혼자 머리를 흔들어 본다. 코베트는 베트남 한인 2세들의 어려움을 돕자는 취지의 모임이며, 이 글은 그 모임의 소식지 『베트남과 함께』(1996. 7)에 실렸었다.

베트남의 통일 전후 위와 같은 일들이 베트남 전역에서 전혀 없지는 않았겠지만, 그런 일들을 이 글에서 밝히려고 하는 것은 아니다.

아시는 분은 아시겠지만, 나는 70년대 초부터 80년대 후반까지 내 인생의 청년기를 순탄하게 보낼 수가 없었다. 좀더 구체적으로 이야기하면 나는 대학에서 제적과 복학을 거듭했고, 감옥과 유치장을 자주 드나들던 소위 운동권 학생, 반정부인사였던 것이다.

나의 첫번째 감옥행이었던 1974년의 민청학련사건. 연세대학교 스승이셨던 김동길, 김찬국 두 교수님과 몇몇 친구들과의 등산모임에서 박정희 유신체제에 대한 비판 몇 마디가 빌미가 되어 끔찍했던 고문과 함께 비상고등군법회의에서의 15년 징역선고로 귀결되었고, 1975년 2월 형집행정지로 감옥에서 나왔을 때는 이미 대학으로부터 추방되어 있었다.

이때부터 낭인생활이 시작되었다. 그해 4월 30일, 월남이 멸망하고 베트남이 통일되었는데, 박정희 유신독재정권은 월남의 멸망을 핑계로 긴급조치 9호를 선포하고 학생들과 민주인사들을 대대적으로 탄압했다. 이 강압통치는 79년 10월 박정희씨의 피살로 일단 끝났으니, 그의 죽음의 시발이 베트남의 통일에 있었다고 해도 그리 과장된 주장은 아닐 것이다.

그 해 6월 초였던 것으로 기억난다. 당시 나는 중랑교 근처에 살았는데, 어느날 아침 산보를 하려고 운동복 차림으로 대문을 열자마자 우람한 체구의 두 사나이가 나를 낚아챘다. 그들은 보안사에서 나왔다며 잠깐 확인할 것이 있으니 보안사로 가자는 것이었다. 옷도 갈아 입지 못하고 그들에게 잡혀 그 악명높은 '서빙고 호텔'로 끌려갔다.

그곳에 도착하자마자 지하의 조사실로 인계되었는데, 얼마 후 계급장이 없는 군복 차림의 사나이 둘이 들어서더니 다짜고짜 후

필자의 후원으로 결혼식을 올린 한국인 2세 신부와 베트남인 남편

려패는 것이었다. 나는 겁에 질려 왜 때리는지 항의 한번 제대로
하지 못했고, 그들 또한 온갖 욕지거리를 퍼부으며 무조건 짓밟
고 구타하는 것이었다.

나중에 안 사실이지만, 그것은 그곳 특유의 '신고식'이었던 것
이다. '신고식'이 끝난 후 '무엇 때문에 나를 잡아 왔을까?' 혼
자 곰곰이 생각해 보았지만 도저히 짐작 가는 것이 없었다.

기진맥진하여 앉아 있는데 30분쯤 지난 후 40대 전후의 한 수
사관이 들어왔다. 그는 의자에 앉자마자 "이놈들, 너무 심하게 대
했군. 어디 아프지 않아?" 하며 부드러운 목소리로 위로했다.

상투적인 수법이다. 한 놈은 죽도록 때리고 다른 놈은 위로하
는 척하고 …….

그가 물었다.

"너 며칠 전에 김영준, 최민화 하고 무슨 이야기했어? 그것만
제대로 이야기하고 나가! 네가 문제가 아니라 최민화 그놈이 문

제야!"

김영준과 최민화는 나의 연세대학 운동권 친구로, 셋은 함께 민청학련 사건으로 구속되었다가 출옥했기 때문에 당시 자주 만나는 처지였다.

"무슨 이야기 말입니까?"

"며칠 전에 너희 셋이 만나 월남 이야기 했지?"

그때서야 생각이 났다. 며칠 전 셋이 만나 여러 이야기 끝에 베트남 통일을 화제로 삼았었다. 특히 김영준은 군 시절 월남전에 참전했던 터라 월남 문제에 대해서는 많이 알고 있었다.

"네 맞습니다. 그러나 월남전 이야기를 좀 하긴 했지만 그냥 지나가는 이야기였습니다."

"너 아직 정신 못차렸군! 김영준이가 베트남이 통일이 되어 베트남 민족으로서는 자주적으로 살아갈 수 있으니 잘 되었다고 말하자, 네가 우리도 남한이든 북한이든간에 통일이 되어야 한다고 말했잖아?"

그는 셋이 만난 자리에서 내가 "북한에 의해 적화통일이 되더라도 통일은 좋은 것"이라고 말했다고 최민화가 진술했다는 것이다. 내가 계속 부인하자, 이후 몇 차례 때리는 자와 위로하는 자의 임무교대가 있었고, 나는 무진장 얻어맞는 끝에 "월남이 멸망하고 베트남이 통일된 것은 잘된 것"이라고 발언한 것으로 '타협'하고 밤 늦게서야 보안사에서 훈방조처될 수 있었다. 물론 '징역복(福)' 있는 최민화는 그때 구속되어 감옥으로 갔다.

그리고나서 20여년의 세월이 흘렀다. 나는 그 동안 여러가지 일로 바빠 통일된 베트남에 대해 관심을 돌리지 못했고, 따라서 "월남이 멸망하고 베트남이 통일된 것이 잘된 것"인지도 확인하지 못했다.

그러던차 지난 4월 19일 신영순 회장님을 비롯하여 코베트 회원 몇 분과 함께 베트남을 방문했다.

코베트와 베트남 적십자사가 공동 주관한 한인 2세 합동결혼식 등 공식행사를 마치고 호치민시에서 하노이까지 주마간산으로 베트남을 돌아보았다. 대체적으로 저개발에 경제적으로 찌든 모습이지만, 베트남 사회와 민중에게는 자긍심과 활력이 넘쳐 흐르는 것같았고, 경제적 지표와 사회과학적 분석에 근거한 판단은 아니지만 온 나라 전체가 건강한 것같았다.

비록 강요된 진술이었지만 "월남이 멸망하고 베트남이 통일된 것은 잘된 것"이라는 20여년 전 보안사에서의 나의 진술이 틀리지가 않은 것같았다.

이렇게 '옳은 말'만 하고도 매만 실컷 맞은 사람이 동방의 나라 한 구석에 있다는 것을 베트남 정부에서는 알고 있을까? 베트남 여행중 내내 나의 머리를 떠나지 않았던 엉뚱한 화두이다.

호위병 데리고 헌책 찾기

10여 년 전 신혼 초의 일이었다. 같은 아파트 단지에 사는 젊은 부인 한 분이 나의 집에 놀러온 적이 있었다. 그녀는 14평 시민 아파트 마루벽 사방에 가득한 나의 장서들을 둘러보고는 약간 놀라는 듯 하더니, 갑자기 엉뚱한 소리를 한 마디 내뱉었다.

"책은 많은데, 모두가 헌거군요."

내가 그녀의 말뜻을 정확히 알아차리기에는 좀 시간이 걸렸다.

이 글에 나오는 휘경동의 D서점 K씨는 경희대 앞 헌책방 '대학서림'의 주인 공진석씨를 말한다. 그는 유랑의 시절, 우연한 기회에 친하게 되어 자주 만나게 되었다. 학력은 별로 없지만 기본적으로 박학다식한데다 늘 새로운 지적 욕구에 목말라했던 그는 시국에 관한 관점 외에는 늘 나와 죽이 맞았다.

그후 대학서림은 전국의 많은 애서가들에게도 잘 알려지게 되어 사업도 잘 되었는데, 청계천을 거쳐 광화문에 대규모 고서점 '공씨책방'을 열었다. 그는 말끝마다 '헌 교보문고'를 읊조리며 꿈을 키워왔는데, 아깝게도 90년 7월 헌책을 사오다가 시내버스 안에서 심장마비로 타계하고 말았다. 나는 그의 죽음이 안타까워 나의 출판사에서 그의 유고들을 묶어 『옛책, 그 언저리에서』라는 제목으로 문집을 만들었다. 헌책방을 단골로 드나들던 고객이 그 헌책방 주인을 위해 유고집을 헌정한 것이다. 이 글의 앞부분은 공진석씨가 고서점을 운영하면서 냈던 소식지 『옛책사랑』에 실렸던 글이며, 뒷부분은 유고집의 간행사이다.

문학전집이나 그러저러한 3류 인생론 전집들이 꽂힌 '실내장식용 책장'만을 보아오고 생각해 온 사람에게 앵글과 널판지로 대충 짜놓은 책꽂이에 누렇게 바랜 채 무질서하게 꽂혀 있는 단행본들이 얼마나 너절하게 보였으랴. 그러나 그녀의 다음 질문은 그런대로 좀 나았다.

"이 책들을 모두 읽어보셨나요?"

질문인즉 그 많은 책들을 모두 읽었을 것같지는 않고, 또 읽기 위해 산 것이 아니라 어디서 얻은 것이 아니냐는 듯 했는데, 그 질문에 대한 대답만은 진전으로 나의 몫이므로 대답을 않은 채 그냥 웃고 말았었다.

각설하고. 아시는 분은 아시지만, 나는 70년대 초부터 80년대 중반까지 내 인생의 청년기를 비교적 순탄하게 보낼 수가 없었다. 더 구체적으로 이야기하면 나는 감옥과 유치장을 나의 집처럼 드나들던 소위 운동권 대학생의 제1 세대였던 것이다. 그러므로 나의 청년기는 고통과 암울, 고난의 연속으로 점철되었다고도 할 수 있다.

소위 민청학련사건. 나로서는 모교의 스승이셨던 김동길, 김찬국 두 교수님과의 등산모임에서의 유신체제에 대한 비판 몇 마디가 끔찍했던 고문과 함께 비상군법회의에서의 15년 징역으로 귀결된 것이었지만, 하여튼 그 사건으로 첫번째 징역을 살고 나오니 나는 대학으로부터 제적, 추방되어 있었다.

그뿐만이 아니라 나를 전담하는 정보부원과 정보과 형사는 나의 일거수 일투족을 매일 매시 감시하고 통제하고 있었다. 그들을 따돌리고 운동권의 집회나 친구들과의 모임에 가기는 쉽지 않았다. 매일매일이 그들과의 신경전, 때로는 육탄전으로 시작되기가 일쑤였다.

그러던 어느날 우연찮게 그들을 따돌리는 기묘한 방법을 발견했다. 대학에서 제적된 후에도 나는 대학 시절부터의 오랜 취미대로 시간이 나면 언제나 고서점을 찾곤 했다. 고서점은 나에게 있어 지식의 보고였으며, 의식화의 무한한 가능성이었고, 취미생활의 현장이자 투쟁 끝의 휴식이었다.

그들, 나의 '호위병'들은 시간이 가자 운동권의 집회 이외에는 나의 행동을 적극적으로 간섭하지는 않았지만, 매일매일 따라다니기는 마찬가지였다. 어느날부터인가, 나는 그들을 '대동하고' 매일 고서점에 갔다.

청계천에 가면 한 서점에서 5분간만 있더라도 무려 네 시간은 죽인다. 이 글을 읽는 독자들이여, 상상해 보시라! 매일 네 시간 이상을 책 고르고 구경하는 사람을 '구경' —— 아니 감시 —— 하는 사람은 어떠했을까?

나는 그때 중랑교 근처에 살았었다. 어느날은 갑자기 심각한 표정으로 55번 버스를 탄다. 호위병들 역시 긴장을 세우고 뒤따른다. 종로 지나, 용산 지나, 한강 건너 장승백이에서 내린다. 그들 역시 뒤따른다. 나는 불쑥 며칠 전에 보아둔 한 고서점 안으로 들어간다. 멍한 그들. 그리고 그 다음날은 아현동, 인사동, 모래내, 정릉, 혜화동 ······

지루함이 거듭되고 거듭되자 그들은 서서히 나에게서 조임을 풀어갔다.

그러나 고서점 사장님들이여, 오해마시라! 나는 진정으로 책을 사랑하여 그곳에 들렀던 것이지, 호위병들을 따돌리려고 그곳을 이용한 것은 아니다. 그것은 이 글 앞에서 그 젊은 부인이 보았던 3천여 권의 나의 애물단지들이 증명해 주리라.

다시 각설하고. 고서점을 즐겨 찾는 사람이라면 누구나 그러하겠지만, 사회과학 서적 행간에서만 은밀히 인용되던 이데올로기 원서, 독재정권에 의해 판매금지된 책들, 어렵사리 해방 공간에서 발행되었다가 절판되어 말로만 전해지던 마분지 책들……. 이러한 책들이 발견되었을 때의 그 기쁨이야말로 표현할 수 없을 것이다.

나 역시 그러한 순례 끝에 나만이 은밀하게 가끔 뒤져보며 희열을 느끼는 애물들을 구할 수 있었다. 해방 후에 나왔던 몇몇 경제학자의 『조선사회경제사』들, 정지용·이용악 등의 초판본 시집, 전석담 번역의 『자본론』 등등.

고서점 순례를 하다 보면 주머니 사정이 언제나 문제가 된다. 그때는 가정교사가 허용되고 있어 요즘 대학생들처럼 책값 마련이 어렵지는 않았으나, 그렇다고 풍족하지도 않았다. 그러니 무조건 싸게 사는 것이다. 자, 독자들이여, 가슴에 한번 손을 얹고 생각해 보시라. 이런 일은 없었나?

모래내에 위치한 한 고서점에 간다. 서가도 둘러보고 쌓여 있는 고서들도 뒤적거려 본다. 오래 전에 절판된 홍이섭 선생의 『조선과학사』가 보인다. 관심이 없는 척, 다른 책들을 다시 뒤적인다. 다른 책 두어 권과 『조선과학사』를 함께 들고 주인에게 묻는다. 크게 관심없는 듯이.

"이것늘 얼마요?"

"한 권에 천원씩 3천원만 내쇼!"

아아, 그때의 스릴, 서스펜스, 그 기쁨!

그러나,

"『조선과학사』는 2만원이고, 나머지 두 권은 합해 2천원입니다."

아아, 그때의 낭패감, 그 얼굴 뜨거움.

또다시 각설하고. 고서점에서는 책과의 만남 이외에 또다른 재미가 있었다. 몇몇 서점 주인과 고객들과의 만남이 그것이다. 특히 정릉 J서점의 Y씨와 휘경동 D서점의 K씨와의 교류는 여러가지 의미가 있었다.

정릉의 Y씨는 정치경제학과 철학에 남다른 생각을 가지고 있었고, 휘경동 K씨는 문학에 많은 관심을 가지고 있었다. 나는 그 두 분들과의 만남으로 내 의식의 새로운 지평을 여는데 많은 도움을 받았다.

특히 휘경동 D서점은 그곳을 드나들던 사람들의 사랑방이었다. 저녁 때 들려보면 언제나 낯익은 몇몇이 모여 앉아 소주잔을 기울이고 있었다. 비록 고서 — 헌책을 매개로 하여 이루어진 공동체였지만, 우리들의 생각과 주제, 얘기는 항상 새로왔다.

에피소드 하나. 나는 당시 D서점에 자주 들렸지만 징역까지 살고나온 나의 신분에 대해서는 전혀 내색하지 않았었다. K씨가 나의 신분을 알 경우, 나에게는 '문제' 서적을 팔지 않을까 해서였다. 그때나 지금이나 소위 불온서적 때문에 운동권 학생들이나 출판사 사장, 서점 주인들이 수없이 당하는 현실을 보면 당연한 일이 아니겠는가!

D서점을 드나든지 2, 3년 후 K씨와 정말로 정말로 막역해졌을 때 K씨가 어느날 나에게 불쑥 한마디 했다.

"김형, 나는 김형이 운동권 학생인 것을 처음부터 알고 있었소."

이제 처음으로 돌아가 내가 대답을 않고 웃고 말았던 그 젊은 부인의 질문에 대답할 차례가 온 것같다.

"이 책들을 모두 읽어보셨나요?"

"아주머니, 책을 웬만큼 모아 놓으면 감옥에 가게 되고, 또 웬만큼 모아 놓으면 또 감옥에 가게 되고 하여 '다행스럽게도' 이 책들을 대충 읽어볼 기회가 주어지더군요."

(다음의 글은 공진석씨의 유고집 『옛책, 그 언저리에서』에 부친 나의 간행사이다)

이 유고집은 '헌책이라는 낡은 것' 을 매개하면서도 항상 '진보와 문화 발전이라는 새로운 사고'를 간직하고 살아오다 불의에 타계한 한 귀중한 생활인의 삶의 기록입니다.

그는 바로 1년 전 우리 곁을 떠난 광화문 '공씨책방'의 주인 공진석 선생입니다.

고 공진석 신생은 1940년 경남 창녕의 가난한 집안의 10남매 중 넷째로 태어났습니다.

어려서부터 총명하여 주위의 칭송이 자자했으나, 여느 가난한 시골 수재처럼 등록금을 내지 못하여 대구 계성고등학교를 3학년 한 학기 남겨놓고 중퇴하게 됩니다.

1960년, 서울에 올라와 막노동판을 전전한 끝에 밤거리의 덤핑 책장수로 나서게 되고, 이것을 계기로 헌책 중상(나까마)을 거쳐 나중에 광화문 '공씨책방'의 기틀이 될 경희대 옆 대학서점을 차리게 됩니다.

온갖 고생 끝에 1977년 헌책방의 메카 청계천에 진출하게 되지만, 공진석 선생은 다양하고 원활한 고서 유통을 위해서는 도심지의 대형 공간이 필요함을 생각하게 됩니다.

이런 공선생의 각고의 노력이 결실을 맺은 것이 1985년 5월 지상 12평 지하 32평에 장서 3만 4천여 권으로 문을 연, '한번만 발을 들여 놓았다가는 헤어나지 못하는 광화문의 개미귀신 공씨책방'입니다.

공선생 스스로 광화문의 '헌 교보문고'라 일컬었던 '공씨책방'은 당시 출판문화계에 잔잔한 파문을 일으켰으며, 책을 사랑하는 사람들에 있어 '공씨책방'은 곧 지식의 보고였고, 의식의 가능성이었으며, 또한 편안한 안식처였습니다.

그러나 이 '공씨책방'이 공선생에게는 긍지 바로 그것이기도 했지만, 책임감의 중압 또는 적지 않았습니다. 마침 신문로 재개발로 책방을 옮겨야 하는 일에 골머리를 썩여야 했고, 매일매일 좋은 책을 채워넣는 일 또한 적지않은 부담이었습니다.

좋은 일 뒤에는 항상 마가 끼게 마련이라 하지만, 이러한 중압과 부담이 공진석 선생을 우리 곁에서 빼앗아가고 만 것입니다.

지난해 7월 26일 오후 1시, 공선생은 좋은 책이 있으니 가져가라는 연락을 받고 문화촌 헌책방에서 헌책 두 뭉치를 사들고 시내버스를 타고 오던 중 심장마비로 갑작스레 우리 곁을 떠나고만 것입니다.

그는 떠나갔지만 우리에게 무엇보다도 책을 사랑하고 아끼는 마음을 남기고 갔습니다. 그리고 관련서적이 없어 애태우는 연구자들에게는 어떻게 해서든지 필요한 책을 구해주는 애틋한 정성을 남기고 갔습니다.

그는 또한 사랑하는 아내와 초롱초롱한 세 딸, 그리고 지금은 처치가 곤란한 산더미같은 재고 헌책을 남기고 갔지만, 자신의 짧은 삶에 대한 진솔한 기록들도 남겼습니다.

이 책에 수록된 글들이 그것입니다. 「고서주변」은 『신동아』지 논픽션 공모 최우수작이고, 「옛책, 그 언저리에서」는 자신이 발행했던 『옛책사랑』에 틈틈이 기고한 글입니다. 그리고 그밖의 글들은 서점에 앉아 손님을 기다리는 사이에 대학노트에 깨알같이 적은 헌책에 얽힌 사연들입니다.

문학적 평가야 어떨지 모르겠지만, 우리는 '한 헌책방 주인의 삶과 죽음'을 그린 이 글들에서 혼돈의 시대에 이 땅을 지탱해 온 나름의 치열한 장인정신을 느낄 수 있으리라 믿습니다.

부족하나마 이 유고집을 삼가 고 공진석 선생의 영전에 바치면서, 유가족과 공선생을 아꼈던 모든 분들에게 작은 위로라도 되기를 빕니다.

김학민

황량한 겨울저녁이었다

여기저기 불 놓아

얼룩얼룩

불빛에 모여 기다렸다

서울 고척동

영등포교도소

거기에서 맨 처음으로

연세대학생 김학민이 나왔다

70, 80년대 화곡동 고은 선생 댁은 민주화와 민족문학에 대한 열띤 토론의 장이었으며, '역적 모의'의 현장이었으며, 민주인사의 연행에 항의하는 작은 농성장이었으며, 울분을 토하며 소주잔을 들이키는 편안한 휴식처였으며, 가끔은 갈곳없는 인생들의 잠자리였다.

고선생은 이런 수선들을 군말없이 모두 받아주셨다. 그리고 그때 고선생의 살림을 돌봐주던 '복순씨'가 있었는데, 지금은 어떻게 지내는지?

고선생의 통찰력은 거의 동물적이다. 선생의 시집 『만인보』에 실린 시들중 내가 아는 분들을 소재로 한 시를 읽다보면 나도 모르게 무릎을 치며 미소를 짓게 된다. 그 수선떨던 화곡동 시절, 어느 날 고선생께서는 나를 쳐다보다가 슬며시 이 시를 구상했던 것같다. 선생의 시집 『만인보』(창작과비평사) 13권에 이 시가 실려 있다. 전혀 보태지 않고 말씀드리노니 정말로 영광이다.

까까머리
애송이 학생이었다

나오자마자
붕 떠올랐다
무등태워

사형
무기
20년
10년
7년 따위가
기껏해서 10개월만에 나오다니

맨 처음 나온 까까머리
김학민
그는 하나의 열매였다
그 열매 속 매운 씨앗 기득한

서산에 지는 해······를 구슬프게 노래하며
그는 차츰 충동에서 조직으로 옮겨갔다
이 사람
저 사람 사이
반드시 그가 있었다
방금 추운 데서 돌아온 빨간 얼굴로

세배 이야기

1

요즈음 김현철씨의 국정개입 문제가 계속 폭로되고 있다. 김씨와 한 비뇨기과 의사 사이에서 벌어지는 형이하학적 이야기는 흥미진진함을 넘어 어쩌다 우리 사회가 이 지경에까지 이르렀는가 기가 막힘과 함께 분노가 치밀어 오른다.

'30대 아이'에게 국민, 국가 전체가 농락당한 기분이다. 또 국민들은 김영삼씨를 대통령으로 뽑았는데, 정작 대통령 노릇은 김현철씨가 한 꼴이니 땅을 칠 일이다.

"심신을 닦고 집안을 잘 다스린 후에야 나라를 통치할 수 있고, 천하를 편안하게 할 수 있다(修身齊家治國平天下)"는 유교적 처세윤리가 우리 사회의 저변을 지배함을 생각할 때 "김영삼 대통령이 가정교육을 잘못시켰다"는 세간의 빈정거림은 대통령에게는 치욕적인 일일 것이다.

기왕에 대통령의 (또는 대통령 집안의) 가정교육 문제가 나왔으니 하나 더 짚고 가자.

김영삼 대통령은 매년 1월 1일이면 그의 부친 김홍조 옹에게

상지대학교 총장을 역임하셨던 김찬국 선생님의 고희기념문집에 실린 글이다. 김찬국 선생님은 나의 스승이시다. 그분에 관해서라면 내가 더 이상 보탤 말이 없다.

세배를 드린다. 비록 아들이 대통령이라는 막중한 자리에 있지만, 가족적으로는 집안의 어른인 아버지에게 깍듯이 절하는 것은 너무나도 당연한 일이다.

그러나 문제는 대통령의 절하는 모습이다. 두 손을 어깨 너비를 쫙 벌려 바닥을 짚고 절하는 자세 하며, 엎드린 자세에서 엉거주춤 앉으며 윗사람에게 덕담을 하는 것 하며 참으로 어린이들이 배울까 민망하다.

장삼이사(張三李四)가 자기 집안 식구들끼리 그런 식으로 절을 주고 받는다면 별 문제가 없을 것이다. 또 대통령의 그러한 절하는 모습이 TV에 방영되지 않는다면 대통령의 세배 자세에 대해 찧고빻고 할 필요도 없을 것이다.

김영삼 대통령께서 혹 이 글을 읽을지도 몰라 '올바른 세배법'에 대해 간단히 적어 드린다.

1. 양복이라면 외투를 벗고, 한복이라면 두루마기를 입고,

2. 무릎을 꿇음과 동시에 오른 손을 왼 손에 약간 포개는 (상가에서는 반대로) 자세로 고개 숙여 절하고,

3. 반 정도 일어난 후 다시 앉는다.

4. 덕담은 윗사람이 먼저 하기를 기다린 후 아랫 사람이 적당히 응답을 한다.

2

김영삼 대통령 하면 항상 짝을 이뤄 떠오르는 분이 김대중 총재일 것이다. 매년 1월 1일 김대중 총재댁의 세배 모습도 독특한 풍경이다.

크리스마스가 지나고 한해가 저물어오면 몇몇 의원들이나 원외 위원장, 당직자들은 1월 1일 김대중 총재에 대한 '세배 임전태세'를 가다듬는다. 다른 사람들보다 먼저 총재댁에 도착하여 세

배객이 별로 없을 때 세배를 드림으로써 총재와의 대면시간을 최대한 늘리고자 함이다.

이렇게 서로 일찍 세배하려 경쟁하다보니, 새벽 5시 김대중 총재 내외분이 자리에서 일어나지도 않은 어둑어둑한 시간에 벌써 총재댁 응접실은 시끌벅적하다. 이 날 제일 먼저 총재께 세배한 사람은 그것이 무슨 충성경쟁에서의 승리라도 되는양 정초 며칠을 화제로 삼는다.

아침 일찍 온 사람들에 비해 오전 느즈막이 세배온 사람들은 '충성도 표시'에서 좀 어려움을 겪는다. 세배객이 몰려들다보니 '단독세배'가 아니라 '집단세배'가 될 수밖에 없고, 따라서 '○○○ 분명히 세배왔음'(유재증명이라고나 할까)을 총재에게 각인시키기가 쉽지 않다. 이때쯤이면 김대중 총재도 수많은 사람들을 대면하느라 피곤하여 주의가 흐트러지게 마련이다.

그리하여 총재와 '눈을 맞추지 못한'(총재가 자기가 세배하는 것을 보지 못했다고 생각하는) 사람은 슬그머니 다른 팀에 묻어 다시 한번 세배를 하기도 한다.

김대중 총재께서 혹 이 글을 읽으실지 몰라 한마디 말씀을 드린다.

1. 주인이 잠에서 깨어나기도 전 꼭두새벽에 세배오는 자는 기본 예의도 모르는 사람이니 공천이나 당직을 주지 말 것.

2. 두번 세배하는 사람은 아첨꾼이니 공천이나 당직을 주지 말 것.

3. 세배는 집안 식구들끼리만 하고, 당직자나 지지자들과는 신년하례식으로 할 것.

3

1970년대 후반, 박정희 유신정권의 억압과 탄압이 필설로 형용하기 어려울 정도로 혹독했지만, 매년 정초가 되면 우리들은 즐거웠다.

　대학에서 쫓겨나 오라는 데도 없고 갈 데도 없이 집안에서 눈 치밥이나 축내는 처지에 오랜만에 친구, 후배들과 자연스레 어울 릴 수 있는 기회가 정초 세배이기 때문이다.

　우리들도 크리스마스가 지나 한해가 저물어오면 치밀하게 세배 작전(?)을 짠다. 작전회의에서 논의되는 것은 대강 다음과 같은 사항들이다.

　1. 세배갈 팀(이하 세배자라 한다)을 확정하고, 세배드릴 분(이 하 피세배자라 한다)을 선정하는 일.

　2. 피세배자의 자택 지리를 확인하고, 합리적인 세배 코스를 정 하는 일.

　3. 각 코스별 집결지(첫 피세배자 댁)와 점심을 해결할 피세배 자 댁, 저녁의 대미를 장식할 피세배자 댁을 정하는 일(이것이 가장 중요하다).

　대체로 1월 1일은 김동길 교수 댁에서 시작하여 서남동 교수댁 을 거쳐 김찬국 교수 댁에서 점심을 해결하고, 성내운 선생 댁에 서 잘익은 모과주를 나누며 시를 읊고 노래를 부른다.

　둘째날 1월 2일은 이영희, 박현채, 송건호, 이호철 선생댁을 거 쳐 천관우 선생댁에서 쓰디쓴 소주를 입안에 털어 넣으며 시국을 논한다.

　그리고 마지막 1월 3일은 경제과 스승들을 찾아뵙는데, 한기춘, 정창영 교수댁을 거쳐 저녁에는 윤석범 교수댁 지하 서재에서 흘 러 넘치는 양주맛에 황홀해 하며 동서고금의 문화를 넘나든다.

　이렇게 치밀하게 세배계획을 세워 세배를 다닌 것이 10여년이 된다.

　세상은 어둠 그 자체, 암울하고 혹독했던 70년대였지만, 이렇듯

김찬국 선생님댁 세배는 이렇게 기념촬영으로 끝난다

우리들은 만나고, 이야기하고, 울고, 웃으면서 서로를 아끼고, 확인해주고, 격려해 주면서 어둠을 헤쳐나갔던 것이다.

악착스레(?) 세배드렸던 분들중 서남동, 성내운, 박현채, 천관우 선생 등이 이미 우리 곁을 떠나셨다. 어두운 시절, 목숨을 걸고 내세웠던 민주와 민족, 민중의 고결한 가치가 훼손을 넘어 조롱의 대상으로까지 전락한 요즈음, 더욱더 그분들의 빈자리가 허전하게 느껴진다.

4

우리들은 이렇게 계획을 세워 많은 분들을 찾아 뵙고 세배를 드렸는데, 그 중에서도 김찬국 선생 댁의 세배는 그때나 이제나 약간은 유별나다.

김찬국 선생댁 세배는 항시 '점심 코스'에 들어 있는데, 선생님과 사모님께 세배를 드리고 항상 편안한 그 댁 분위기에서 떡국을 먹는 정해진 절차와 함께 이어 '세배자 등록'이 시작된다.

곧 세배온 사람은 빠짐없이 노트에 주소, 성명 등을 자필로 적는 것이다.

세배온 사람 이름을 왜 적으라 하실까? 혹 누가 세배를 왔고, 누구는 오지 않았는가를 체크해 나중에 어떤 조치(?)를 취하시려는지? 그렇지 않으면 세배온 사람들의 남녀별, 지역별 통계라도 내시려는지?

그럴리야 없을 터이고, 아마 선생님께 졸업생부터 재학생까지 전공에 상관없이 하도 많은 제자들이 세배를 오므로 그들을 기억하기 위한 따뜻한 마음에서이리라.

그러나 세상사가 다 그렇듯, 가끔은 좋은 뜻으로 한 것이 끝까지 좋은 것으로 남지 않는 일이 있으니, 1974년 1월 1일의 사건이 그러하다.

그날 김찬국 선생님댁은 총학생회 간부들, 신과대학 제자들, 그리고 우리들과 같이 전공은 다르나 평소 따르던 타학과 연세대생 세배객으로 꽉 찼었다.

1973년 12월, 윤보선, 함석헌, 김재준 등 각계인사 50여 명은 박정희 1인독재의 영구집권을 목적으로 하는 유신헌법을 철폐시키기 위해 '개헌청원 백만인 서명운동'을 벌일 것이라고 성명하고, 그 실행방법으로 이 성명에 서명한 인사들 각자가 서명운동본부가 되어 시민 서명을 받기로 했다.

그때 연세대 교수로서는 김동길, 문상희, 김찬국 선생님께서 이 성명에 서명했었는데, 우리는 그날 김동길, 문상희 선생님 댁을 거쳐 오면서도 막상 서명은 김찬국 선생님 댁에서 했다.

지금 기억을 되살려 봐도 꼭 김찬국 선생님 댁에서 서명하기로 한 특별한 이유는 없었던 것같은데, 아마 '맡은 바 임무'에 항시 성실히 대하시는 선생님의 성품이 그러한 분위기를 만들었지 않았나 싶다. 그러나 화기애애한 분위기 속에서 가벼운 마음으로 한 이 서명이 몇달 후에는 우리들 모두가 치도곤을 당하는 화근 덩어리가 되었으니, 그해 4월의 일이다.

1974년 4월, 우리들은 꽁꽁 묶인 채 중앙정보부와 보안사 서빙고분실을 왔다갔다하며 작살나고 있었다. "국가를 전복하기 위해 전국민주청년학생총연맹(민청학련)을 조직, 시위를 주도했다"는 혐의였다.

김동길, 김찬국 두 교수님들도 우리들과의 만남에서 '정치현실에 대해 약간 개탄한 죄'로 이미 구속되어 있었다. 이름하여 민청학련 배후조종 혐의였다.

플래카드와 전단을 이용하여(그때는 시위대가 돌멩이와 화염병을 사용하지 않았다) 시민들을 선동, 경찰과 군대를 쳐부수고 국가를 전복, 김일성 정권과 비슷한 정부를 세우려 했다는 것이 20대 초반 우리들에게 들씌워진 혐의였지만, 우리들은 그외에 1월 1일 김찬국 교수댁에 모여 개헌운동에 서명하고 유신반대 투쟁을 본격적으로 벌이기로 결의했다는 '여죄'를 더 추궁받았다.

사실 그대로 세배를 간 경위와 서명을 하게 된 과정을 진술하였지만, 수사관들은 김동길, 문상희 교수 댁에서는 서명하지 않고 왜 김찬국 교수 댁에서 서명하였느냐는 거였다.

가만히 눈치를 보건대, 수사관들은 이미 대학사회에서 그 '불온함'이 널리 드러난 김동길 교수보다는 '뉴 페이스' 김찬국 교수에게서 새롭게 불온성을 적발한 것에 쾌재를 부르는 것같았다.

하여튼 우리들은 1월 1일의 김찬국 교수댁 '세배상황'을 지루하게 진술할 수밖에 없었고, 그때 세배자로 등록된 학생들의 이름을 아는대로 불 수밖에 없었다.

그후 얼추 수사가 끝나고 우리들은 감옥에 꿇어 앉아 세끼 어김없이 들어오는 콩밥이나 축내며 재판을 기다리고 있었는데, 간간이 들려오는 소식에 그때 '세배자 등록'을 한 학생들이 속속 잡혀와 우리들과 버금가게 고통을 당하고 나갔다 하니, 이것이 앞에서 말한 좋게 시작된 일이 끝까지 좋게 되지 않은 경우인 것이다.

민청학련사건에 대한 재판은 그 해 7월부터 군사법정에서 시작되었다. 보통군법회의가 열리기 며칠 전 교도관이 공소장이라며 철창 안으로 툭 던졌다. 공소장의 전문은 이렇게 시작되었다.

"피의자 김학민은 가정이 빈곤하여 항상 불만을 지녀왔던 바, 자신의 가난이 사회의 책임인양 오신망상하고 …… 1974년 1월 1일 오전 11시 경 서대문구 연희동 소재 김찬국 가에서 세배를 빙자 김영준 …… 등과 회합하여 유신헌법 개헌서명운동을 벌여 사회 혼란을 일으킬 것을 결의하고 ……"

1974년 김찬국 선생님과 우리들을 수사했던 중앙정보부원이 혹이 글을 읽을지 몰라 사실을 확인해 준다.

1. 세배를 빙자한 것이 아니라 사실 그대로 세배를 갔다.

2. 김영준 등과 회합한 것이 아니라 떡국을 먹었다.

3. 사회혼란을 일으킬 것을 결의한 것이 아니라 박정희 유신독재징권을 규탄했디.

선생님이 원주에 계시다는 것을 핑계로 최근 몇 년간은 세배도 드리지 못했다. 선생님, 멀리서 때늦게 지면으로 세배드립니다. 아무쪼록 건강하게 오래오래 사셔서서 우리 사회의 빛과 소금이 되소서.

현대판 '부관참시'

유신의 광기와 긴급조치의 망령이 우리 사회를 짓눌렀던 70년
대는 삶 자체가 곧 공포와 고통의 나날이었다.

대학은 정보부원과 사복형사가 활개치던 놀이판이었고, 시내
곳곳마다 전투경찰의 감시와 눈초리가 언제나 번뜩이었다. 어느
날 갑자기 옆자리에서 공부하던 학생이 끌려가 혹독한 고문을 당
하고 감옥에 보내지는가 하면, 퇴근후 동료들과의 술자리에서 무
심코 뱉은 말 한마디 때문에 평범한 시민이 말못할 고초를 당하
기도 한 시대였다.

그러나 이 공포와 광기의 시대도 박정희의 피살과 함께 일단
은 막이 내려졌다. 그리고 세월의 흐름은 20여년 전의 그 광기와
공포의 푸닥거리조차도 한낱 추억의 옛 이야기로 만들었다.

그런데 요즈음 참으로 해괴한 일이 벌어지고 있다. 이미 죽고
썩어 백골만 남았다고 생각했던 유신의 망령이 되살아나 한반도

나는 민청학련사건 관련자들의 모임인 민청학련운동계승사업회의
사무처장직을 맡고 있다. 그러나 요즘은 여러 사정으로 모임이 활성화
되지 못하여 여간 찜찜하게 아니다. 사건이 일어난지 20여년이 지나기
까지 정확한 평가가 이루어지지 않은 채 이제는 역사의 대상으로 넘어
가는 느낌이다. 1995년에 일어난 검찰의 웃기는 해프닝에 항의하여 「한
겨레신문」(1995. 5. 10)에 투고하였던 글이다.

민청학련사건 20주년을 맞아 20여년 전 사건 관련 구속자들을 위해
애쓰셨던 시노트 신부님을 초청했다(맨 왼쪽 필자)

의 한 구석에서 슬며시 시계바늘을 거꾸로 돌리고 있는 것이다.

지난 4월 9일 민청학련운동계승사업회는 경북대학교 교정에서
1974년 박정희 유신 폭압통치에 맞서 투쟁하였던 민청학련사건 21
주년을 기리고, 당시 이 사건의 배후로 몰려 억울하게 죽임을 당
했던 여덟 분을 추모하는 모임을 가졌다.

그런데 이 행사가 끝난 며칠 뒤 대구지검 공안부에서 이 모임
을 준비한 사람 4명에게 느닷없이 소환장을 보낸 것이다.

동시에 검찰은 출입기자들에게, 이들이 대법원에서 이적단체로
확정 판결된 전국민주청년학생총연맹의 활동을 찬양 고무하고,
이 단체의 배후로 지목되어 사형집행된 사람들을 민주열사로 지
칭, 추모비를 세워 국가보안법을 위반했으므로 수사 착수가 불가
피하다는 8쪽의 문건을 배포했다.

민청학련사건이란 무엇인가. 그것은 조국의 민주화를 위해 박
정희 폭압통치에 맞서 전국의 대학생들이 74년 4월 4일에 총궐기
했던 반유신 대투쟁이다.

이 사건으로 서울대, 연대, 서강대, 경북대, 전남대 등 전국의

1천여 대학생들이 연행되었고, 그중 3백여 명이 구속되어 군법회의에서 사형, 무기징역 등 중형을 선고받았다.

그리고 이 사건의 배후로 몰린 소위 '인혁당 재건위' 관련자들은 내란음모 등의 혐의로 기소된 뒤 6월 15일부터 10개월 동안 요식행위에 불과한 재판을 받았다.

심지어 재판에서 판단의 근거가 될 공판조서까지 조작되었고, 전기고문, 물고문을 비롯해 인간이 당할 수 있는 온갖 고문에 시달린 이들은 사형이 언도되고 집행이 이루어진 날까지 1년 동안 가족의 얼굴 한번 볼 수 없었다.

제네바에 본부를 둔 국제법학자회의는 이 사건의 최종판결이 난 75년 4월 8일을 '사법사상 암흑의 날'로 선포했으며, 지난 4월 25일 MBC가 사법제도 100년을 기념한 다큐멘타리를 만들기 위해 판사 351명에게 보낸 설문조사에서도 민청학련사건 재판이 우리나라 사법사상 가장 수치스러운 재판이었다고 응답하였다.

이 사건은 이후 관련자와 유가족들의 끊임없는 재심 노력에도 불구하고 진상이 제대로 밝혀지지 않은 채 사법적 판단의 영역을 벗어나 이제 역사의 평가의 단계에 접어들고 있다.

물론 올바른 역사적 평가를 내리기에는 20년이라는 기간이 충분치 않을 지도 모른다. 그러나 당시 야당총재로서 이 사건의 조작성을 규탄하고, 자기 이름으로 수감자들에게 영치금까지 넣어주었던 분이 문민시대의 현 대통령임을 기억한다면 이 사건의 정당한 자리매김에 더 이상 무슨 반증이 필요하단 말인가.

역사의 수레바퀴를 거꾸로 돌려 유신시대 최대의 민주화 운동을 '부관참시' 하려는 검찰의 시대착오적 현실인식과 역사의식 수준이 안타까울 뿐이다.

유월항쟁에 대한 추억

[문] 당시 선생님께서 참여하신 공간이나 일을 중심으로 기억에 남는 체험담을 이야기해 주십시오.

— 6월항쟁 당시 나는 민통련의 가맹단체인 민중문화운동협의회의 실행위원으로서 국민운동본부에 파견되어 상임집행위원으로 일하였다. 상임집행위원회는 전국적인 항의운동을 계획·집행하고, 그 상황에 대처하는 운동본부의 최고 지도부였기 때문에 항쟁 당시는 내가 속한 민문협의 활동에는 직접 참여하지 않았다.

그러나 한편으로는 민문협을 꾸려나가는 일을 피할 수가 없었다. 그것은 민문협을 실질적으로 지도해 왔던 김종철 대표실행위

1997년 민예총 기관지 『민중예술』의 서면 인터뷰에 답한 내용이다. 유월항쟁 하면 제일 먼저 떠오르는 것. 연합뉴스 김종철 사장, 기획시대 유인택 사장, 영화감독 장선우, 그리고 나에게는 '개고기집 프로젝트'일 것으로 짐작된다. 얼마전 오랫만에 80년대 민중문화운동협의회에서 활동하던 문화 일꾼들이 모인 자리에서 김종철 사장이 이 문제에 관해 중요한 '교시'를 내렸다. 지금은 밝힐 수 없지만, 언젠가는 한번 글로 쓰겠다고.

그래서 이 '프로젝트'건에 대해서는 김종철 사장의 몫으로 남겨두겠다. 그러나 돈을 쓸어담고 있던 화곡동 한 개고기집의 주방장을 불법 스카우트하여 노동시장을 교란한 일 등 이와 관련된 모든 진상이 백일하에 밝혀져야 할 것이다.

원(현 연합뉴스 사장)이 항쟁 몇달 전부터 지명 수배되어 도피하고 있었는데, 6·10 대회 1주일 전에 검거되었기 때문이다. 그리하여 매일매일 김종철 대표가 구속되어 있는 동대문경찰서 유치장에 가서 항쟁 상황을 간단히 브리핑하고 민문협의 활동 방향을 함께 논의하였다.

그리고 당시 민문협에는 '운동자금'을 충당하기 위한 '비밀 기업'이 있었다. 장선우 감독의 동생을 지배인으로 위임시켜 운영하던 당산역 근처의 보신탕집이다. 생각만큼 '운동자금'이 이 보신탕집으로부터 나오지는 않았지만, 지금은 영화사 사장이 된 유인택씨와 나는 항쟁의 그 바쁜 와중에서도 가끔 들려 개고기를 얼마나 팔았나 그 매상을 점검해 보곤 했다.

[문] 6월항쟁의 성과와 한계를 지금 어떻게 보고 계십니까?
— 6월항쟁의 성과는 한 마디로 이 땅에 권위주의적 군부통치의 사슬을 끊고 문민정치의 단초를 연 것이다. 그러나 운동 직후부터의 운동세력 사이의 노선싸움, 야권 정치인들의 분열로 항쟁의 최대성과였던 민주화의 기반이 지금까지 확고히 자리잡지 못한 것이 아쉬움으로 남는다.

[문] 선생님께서 속해 있는 예술 장르(예술인이 아니라면 속한 공간)에서의 유월정신 형상화 작업은 어느 정도 진척되어 있다고 평가하십니까?
— 내가 속해 있는 주공간은 출판이고, 부공간은 정치이다. '출판의 자유'라는 면에서는 일정한 진전이 있다. 그러나 건전한 민족문화 발전이라는 측면에서 보면 출판의 발전적 형상화에는 많은 문제점이 있다. 정치는 말할 필요도 없고.

[문] 6월항쟁의 정신을 계승, 발전시키기 위해서는 어떠한 일들이 필요하다고 보십니까?

— 원론적인 이야기 외는 할말이 없다. 그러나 그간의 작은 노선 차이를 빌미로 벌어진 각자의 '과도한 정치행위'를 다시 생각해 보고 반성하는 것이 필요하다고 본다.

한국 사회의 엘리트 구조

우리나라에 있어 엘리트 사회가 계급사회적 내용을 갖고 있는 가를 검증하기 위해서는, 첫째 계급사회에 대한 정확한 의미규정이 있어야 하고, 둘째 엘리트 및 엘리트 사회에 대한 보편적 의미를 밝혀야 하며, 셋째 두번째의 엘리트 사회 규정에 상응하는 우리나라 엘리트 사회의 특성과 내용을 첫번째 의미규정에 조응해 보아야 할 것이다.

첫째, 계급사회란 무엇인가? 계급사회라는 용어 자체가 자본주의쪽보다는 마르크시즘의 생성과 발전과정에서 정착된 용어이므로 마르크시즘쪽의 의미 규정을 먼저 살펴본다.

"역사적으로 규정된 생산제도 속에서 차지하고 있는 위치, 생산수단에 대한 관계, 노동의 사회적 조직에 있어서의 역할이라는 점에서, 따라서 그가 자유롭게 처분할 수 있는 사회적 부(富)의 몫을 받는 방법과 그 몫의 크기라는 점에서 다른 것과는 구별되는 집단"이며, "사회경제의 일정한 제도 속에서 차지하는 지위가 서로 다른 탓으로, 그 한편이 다른 한편의 노동을 자기의 것으로

75년인가, 감옥에서 나와 빌빌거릴 때 어느 여학생이 써달라고 하여 써준 리포트인데, 웬일인지 그 애가 리포트를 찾아가지 않아 나의 노트 갈피에 넣어둔 것을 최근 발견했다. 25년 전에 급조한 글이지만, 그런대로 말은 통하는 것같다.

할 수 있는 사람들의 집단"(레닌)을 계급이라 한다면, 계급사회란 결국 그러한 집단의 총체적 삶의 내용과 과정을 말하는 것이다.

또한 계급사회를 오늘날의 포괄적 의미규정으로 말한다면, 경제적 능력을 주내용으로 하는 우리 사회의 단층별 집단의식과 그 집단을 말한다고 할 수 있다.

그리고 경제적으로 지배적인 계급은 정치적으로 지배적인 계급이 되고, 정신적으로도 그 영향력을 발휘할 수 있는 압도적인 수단을 장악한다는 점에서 엘리트 사회와 계급사회의 접점이 생길 수 있다.

둘째, 엘리트란 무엇인가? 엘리트의 충원과정은 각 사회마다, 그리고 각 역사과정에서 다를 수 있으나, 엘리트는 대중과는 대칭되는 개념으로써 '정수분자' '선발된 자' '지배자'의 의미를 갖고 있다. 이런 의미규정은 엘리트를 '고등교육을 받은 자'라는 좁은 뜻으로만 해석하는 우리 사회의 '통속적 해석'과는 차이가 있다.

그러므로 현대 기술문명의 급격한 발전과 사회의 조직화, 대중홍보수단의 발전으로 대중이 평균화되고 수동적 존재가 된 현대 자본주의 단계, 곧 사회의 규모가 커지고 정치·경제적 기구의 다양화·전문화·복잡화가 이루어지는 조건에서는 엘리트만이 통일성과 신속성, 정밀성을 보장한 기술적 우월성을 발휘할 수 있다는 견지에서 엘리트 사회론의 입지가 선다.

결론적으로, 우리나라의 엘리트 사회는 계급사회인가?

첫째, 산업화 사회 이전의 엘리트 사회는 철저하게 계급사회였다. 양반사회는, 과거제도나 세습 등의 충원과정을 살펴보면 이론의 여지없이 당시대의 엘리트의 충원과정이었으며, 양반이라는 신분 자체가 부와 명예를 동시에 갖게 하였고, 대중들에 대한 사적 징벌권을 가진 지배적 계급이었다.

둘째, 일제 식민통치를 거친 후 본격적으로 산업사회에 접어들면서 우리 사회는 신분으로서의 양반계급은 없어졌지만, 관료·군부·기업가층이 형성되면서 그들 상호간의 이산과 결합을 행하면서 하나의 '계층'을 이루고 있다. 이는 일제 잔재의 미청산, 분단체제의 고착, 천민자본주의의 팽배로 파생된 비합리·반역사적 사회현상이지만, '지배자'라는 의미에서 그들을 엘리트의 범주에 넣는다면 당연히 우리 사회의 엘리트 사회를 계급사회라고 규정할 수 있다.

셋째, '선발된 자'라는 의미로 우리 사회의 엘리트를 생각한다면 '고등교육을 받은 자', 곧 지식인이라는 의미의 엘리트 사회론을 상정할 수 있다. 보다 과학적인 논거가 필요하지만, 현재 우리 사회의 일반적 통론으로 말한다면, 초등학교·중학교·고등학교·대학교 순으로 고등교육을 받은 사람일수록 경제적인 부와 사회적 위치가 보장되어 있다.

그러나 그 역순으로 교육을 받지 못하면 사회의 맨 밑바닥층을 이루게 된다. 이러한 좁은 의미에서 보더라도, 엘리트 사회가 곧 계급사회라는 논리의 단초가 설명된다.

엘리트, 엘리트 사회는 '수동적 대중'을 미끼로 부와 사회의 지도적 위치를 독점·세습하는 것에 관심을 둘 것이 아니라, 당면하고 있는 우리 사회의 민족적·사회적 과제에 대한 적극적 해결책의 모색과, 거기에 필연적으로 따르는 역사적 소명의식, 도덕적 리더쉽의 구축에 목표를 두어야 한다.

이러한 의미를 충족하지 못하기 때문에 우리의 엘리트 사회는 단순히 계급사회일 따름이다.

일주일의 가사노동에 무너진 사나이

가사노동의 범위를 어디까지 잡아야 할까?

'가사'에 중심을 두게 되면 하나의 가정을 꾸려 나가면서 발생하는 제반 사태들에 대한 정신적·육체적 대응과 노력들을 가사노동이라 할 수 있을 것이며, 이는 보다 광의의 의미를 갖게 되어 남편과 아내 그 모두가 담당자가 될 것이다.

그러나 '노동'에 강조점을 두게 되면, 가사노동은 일반적으로 가정에서 주부의 임무로 간주되고 있는 밥짓기, 설거지, 세탁, 청

나는 아내가 좋다. 78년에 결혼하여 20여년 동안 가끔은 투닥투닥하며 살아왔지만, 기본적으로 그녀는 나와 잘 맞는다. 겉궁합 속궁합 모두.

그녀를 만난 것은 예의 그 빌빌하던 시절이었다. 아내는 그때 기독교장로회 사업국에 근무하고 있었고, 나는 실업자였다. 그래서 매일 퇴근 무렵이면 사업국이 위치한 서대문 근처 다방에 가서 죽치고 앉아 그녀를 기다렸다. 그녀는 가끔 일이 끝나지 않아 약속시간에 맞출 수가 없으면 다방으로 와 나에게 미안해 하며 양해를 구했다.

나는 그때마다 호쾌하게 염려말고 일 끝내고 오라고 했다. 그리고는 무작정 그녀가 올 때까지 기다렸다. 그녀는 나의 그러한 '충정'을 높이 산 것같고, 그래서 결혼에 골인했다.

그러나 사실 그때 나로서는 그럴 수밖에 없었다. 왜냐하면 시간은 많고 할일은 없었던 백수 신세였으니까.

여기에도 작은 교훈이 있다. 사랑을 위해서라면 무엇이든지 최대한 많이 투자하라는.

소 등을 연상하게 된다.

나는 평소 그러한 '자질구레한 집안 일'들이, 그 알량한 남편들이 목에 핏대를 세우며 강조하는 '식구들 밥먹이기 위해 밖에서 하는 돈벌이 일'보다 결코 무가치하다거나 쉽다고 생각하지는 않았다. 그러나 나 역시 속으로는 집안 일이 뭐 그리 어려우냐, 밥짓고 설거지하고 빨래·청소 척척 해대고, 남는 시간 책도 보고 사회적 관심사에 참여해야 하지 않느냐는, 제법 합리적이고 여유스러운 생각을 하고 있었다.

매일매일의 집안 일 때문에 통 시간이 나지 않아 하고 싶은 일도 제대로 못한다는 아내의 푸념을 들으면서도 은연중 그것은 그녀의 게으름과 비합리적 생활태도 때문이라고 치부했다.

그런데 어느날 갑자기 '식구들 밥벌어 먹이기 위해 밖에서 돈벌이' 하는 거창한 나의 임무 외에 잠시 가사 '노동' 까지 전담하게 될 일이 생겼다. 아내가 수술을 받기 위해 10여일 병원에 입원하게 된 것이다.

십 수년 결혼생활을 해오면서 집안 일에 전혀 나 몰라라 하고 지내왔던 것은 아니지만, 퇴원후 아내의 회복기까지 포함하면 최소한 보름 정도는 내가 가사 '노동'에 종사하게 될 사정이었다.

나는 가사 '노동'에 대한 평소의 나의 소신(?)대로 두 딸에게 때맞춰 끼니도 잘 챙겨주고, 설거지, 빨래, 집안청소도 깨끗이 한 후 남는(?) 시간에는 아이들 공부도 봐주고, 그래도 남는(?) 시간에는 집에서 원고정리도 하여 밖에서 못한 밥벌이 작업을 벌충하기로 단단히 결심했다.

첫날은 그런대로 잘 지나갔다. 계획이 잡혀 있었던 수술이었기 때문에 아내는 병원에 가기 전에 아이들 옷도 깨끗이 갈아 입혔고, 남은 식구들을 위해 밑반찬도 제법 만들어 놓았기 때문에 나는 세끼 밥만 지어 먹이고 대충 설거지만 하면 되었다.

아내와 나. 97년 결혼 20주년을 맞아 그간의 '노고'를 위로하기 위해 태국여행을 갔다

　그러나 하루 이틀이 지나자 나의 계획대로 가사 '노동'이 이루어지지가 않았다. 왜 그렇게 끼니 때는 자주 오는지? 아침 해먹고 설거지하고 나면 점심 때였다. 또 점심 먹고 어영부영하다 보면 어느새 저녁이 되었다.

　세 식구 먹는 밥상의 그릇들은 왜 그렇게 많은지? 밥그릇, 국그릇, 김치그릇, 멸치볶음그릇 …… 설거지 하기가 점점 괴로워져서(?) 어떻게든 그릇 수를 줄여 보려 했으나, 싱크대에 쏟아놓으면 언제나 하나 가득했다.

　어느 때인가 아이들이 물을 마실 때마다 생각없이 새 컵을 들고 나서기에 "얘들아, 그 컵들도 계속 씻어야 한단 말이야!" 하고 소리를 버럭 질렀더니, 얘들이 영문을 몰라하며 깜짝 놀라는 것이 아닌가?

　집안 청소는 첫날은 대충 했다. 그러나 곧 그 만만치 않은 청소 '노동'을 실감하게 되었다. 그래서 '겨울에는 눈이 와서 먼지가 별로 끼지 않을 것'이라고 판단(?)하고 1주일간 전혀 청소를 하지 않았다.

입원 4, 5일이 지나는 동안 나와 아이들의 속옷과 수건 등 간단한 빨래들을 했으나 세탁기 돌리는 법을 몰라 앉아서 손으로 빨자니 힘이 들었다. 그래서 아이들에게 "야, 너희들 빨래감 없지!" 하고 재빨리 대충 지나가고는 "너희들도 컸으니 이제 속옷, 양말은 너희들이 빨아라"고 떠넘겼다.

드디어 밑반찬이 떨어지기 시작했다. 어찌해야 할지 몰라 아이들에게 아침에 "얘들아, 오늘은 아침 먹지 말고 조금 있다가 외출하여 점심겸 돼지갈비 사먹자"고 꼬셨다. 물론 대찬성이었다. 한끼 짓고 설거지하는 것은 벌었다.

돼지갈비로 아침겸 점심을 때우고 아이들과 시장엘 갔다. 고등어 1마리, 무 1개, 상추, 묵, 파, 달래 등을 샀다. 서너살짜리 애라도 능히 들 수 있을 정도의 부피인데 '세종대왕님' 두 장이 사라져 버렸다. 술값만 아니라 물가도 비싸다는 것을 그제서야 (?) 느꼈다.

드디어 아내가 퇴원을 했다. 나는 아내가 좋아하는 만두를 만들어 먹이기 위해 김치와 돼지고기를 다지고 두부를 으깨어 정성껏 만두를 빚었다.

이윽고 만두를 삶아 갖은 양념을 한 간장에 찍어 먹으면서 우리 네 식구는 오랫만에 함께 모여 회포를 풀었으나, 나는 그때 이미 가사 '노동'에 지쳐 있었다.

마침 신정 연휴라 재미있는 TV 영화도 있었건만, 나는 만두 삶아먹은 뒤치닥거리를 대강 하고는 그냥 이불 위에 쓰러져 버렸다.

"여보, 나 이제 더 이상 못하겠어!"

이튿날 밖에서 돌아와보니 집에는 시골에서 장모님이 와 계셨다.

민족설화와 현대회화의 지평

예술작품을 포함한 인간의 모든 정신활동이 근본적으로 사회적인 성격을 띠고 있지만, 예술이라는 인간행위는 그 복잡성과 독자성 때문에 항상 존중과 논란의 대상이 되어 왔다.

그러나 인간의 정신활동에 대한 고찰 —— 존중과 논란 —— 은 그 자체의 성격 탓으로 자칫 현학적 이론전개나 무의미한 사실들의 나열로써 민중의 건강한 역사의식을 해치기조차 하는 것이다.

전통예술, 민중예술의 기준에서 볼 때 난해함을 지나 불건강한 면까지도 보여주는 이른바 퇴폐 내지 데카당스 예술, 예술 외적인 상황이 가하는 일반적인 예술에 대한 규제행위, 또는 대중 누구나 똑같은 정도로 즐기고 이해하는 도리는 없다고 하지만, 근대 자본주의의 성립·발전(독점화)과 함께 야기된 소수에 의한

70년대 후반 당치도 않게 한 미술잡지의 기자로 몇개월 근무한 적이 있었다. 『미술과생활』이라는 잡지인데, 경원대 윤범모 교수, 민예총 김용태 사무총장 등이 나와 함께 기자였고, 황명걸 시인이 편집장, 임영방, 성완경 교수 등이 편집위원이었다. 미술의 '미'자도 잘 모르던 내가 미술잡지 기자를 하려니 참으로 죽을 지경이었는데, 베끼고 배워가며 그런대로 미술에 관한 글 몇 편도 썼다. 이 글은 지금은 대가가 되신 이만익 화백이 30대일 때 함께 대담한 것인데, 몇해 전 어떤 미술평론가의 '이만익론'에 이 글의 일부가 인용되고 있어 실소를 금치 못했다.

예술독점 등 제반 문제는 오늘의 예술인이 극복해야 할 과제라 생각되고 있다.

30대 작가와의 대화. 얼핏 머리에 들어오는 것은 막 프로페셔날한 세계에 들어선 신진들의 느낌, 포부, 계획들을 묻고 듣는 장면이 떠오른다.

그러나 솔직하고 진실한 작가의 목소리를 독자들에게 옮겨준다는 전제 하에서라면 도식적인 세대 나눔은 별 의미가 없을 것이다.

이만익(李滿益) 화백. 그는 황해도 해주에서 출생하여 금년으로 만 39세에 이른다. 몰가치적 미술, 무국적 미술, 반민중적 미술이 판치는 오늘의 척박한 풍토에서 그는 적어도 그 자신의 독특한 목소리와 작품세계를 가지려고 노력하고 있다.

미술평론가 김윤수씨는 이만익 화백에 대해 이렇게 평하고 있다.

그림은 단순히 그림이어야 하지 그밖에 다른 무엇이어서는 안된다는 생각이 언제부터인가 화가들의 통념이 되어버렸다. 이 통념은 이제 하나의 교리(敎理)요 우상(偶像)으로써 오늘의 창작을 근원적으로 구속하고 있다. 그리하여 그림이기 위해서는 창조적이어야 한다고 다짐하며, 창조를 다름아닌 조형(造形)에서, 다시 반조형(反造形)에로 줄달음치며 찾는 동안에 그림은 사람들로부터 멀리 떠나갔다. 창조를 지상목표로 하는 현대회화가 실은 얼마나 비인간적이며 반대중적인가를 굳이 설명할 필요가 있는가.

그런데 이 흐름에 맞서, 그림을 사람이 사람에게 하는 이야기, 되도록 많은 사람이 함께 나누어 가지는 삶의 이야기라는 본래의 뜻에서 그림을 그리고 있는 화가가 이만익씨일 것이다. 그는 오늘날 우리 화단에서 물처럼 흔한 현대 회화의 온갖 흐름과 미신과 유혹을 단연코 거부하면서 자기의 시각과 감수성을 회복하는 피나는 싸움을 해왔고, 마침내 '극단의 자기화(自己化)가 총체적 인간의 공약수(公約數)와 연결될 때 예술가의 진정한 삶은 탄생한다고 나는 믿는다' 라고 서슴없이 말하게끔 되었다.

혜화동 로터리, 지극히 '비미술적·비건축적' 으로 지어진 우중충한 건물 3층에 위치한 그의 화실은 온통 강렬한 원색의 인상적인 그림들로 가득차 있다.

— 좀 실례되는 질문같습니다만, 선생님의 작품은 이중섭의 민중적 소재, 고갱의 강렬한 원색, 루오의 굵은 텃치가 모두 가미된, 그러니까 이중섭＋고갱＋루오 하여 적당한 비율로 나눈 것 같습니다. 특별히 원색을 많이 쓰시는 이유라도 있습니까?

"네 자주 듣는 질문입니다만, 저는 본래 추상보다는 구상편을 더 좋아합니다. 그러나 구상이라도 단순한 묘사 위주의 그림보다는 구성을 압축 단순화시키려고 노력하고 있습니다. 그러한 경향은 현대 회화의 일반적 경향입니다만…… 구성을 단순화하게 되면 자연히 색이 강해지게 되지요. 쉽게 말해 쓰다보니 색이 강해졌다는 것이지요."

— 요즈음, 특히 70년대에 들어와서 대학가에서 처음 시작되었습니다만, 우리를 찾는, 우리를 발견해 보려고 노력하는 작업들이 상당히 활발한 것같습니다. 그래서인지 탈춤, 국악, 판소리 등 우리 고유의 민속예술에 대한 관심, 공연이 활발해졌고, 어느 정도 양적인 확대는 되었다고 생각합니다. 물론 진실한 전승의 의미가 어느 정도까지 전달되었는가는 차치하고 말입니다. 또한 일부에서는 그러한 분위기를 현실의 문화 외적인 상황에서의 좌절로도 이해하고 있습니다. 그런데 선생님의 작품을 보니 상당 부분이

우리 민족의 설화, 향가, 판소리 등에서 소재를 찾고 있는데, 그러한 소재들을 캔버스에 조형화하는 작업이 제가 말씀드린 70년대에 들어와 활발해진 그러한 경향들과 관련이 있지 않나 생각이 드는군요.

"애당초 고등학교, 대학에서는 별 관심이 없었습니다. 그런데 프랑스에 유학 가서 상당히 많이 느꼈습니다. '우리는 서양인과는 체질, 생활, 전통, 성격이 다르다. 그런데도 그들의 그림만을 흉내낸다면 우리의 민중들은 그 그림들을 어떻게 받아들일 것인가' 하는 등의 고민이 그곳에서 생겼던 것입니다. 물론 한국을 소재로 하여 그렸다고 해서 그것이 한국 그림은 아닙니다만, 찬란했던 과거의 전통문화를 밑바탕에 깔고 서양적인 조형을 이루어 보자는 것이었지요. 서양 사람들에게서 조형적인 면은 배울 수 있지만 우리의 발상, 전통을 모르면 곤란하지 않습니까?"

— 전통문화를 현대적인 조형이론에 입각해 재구성, 재조명하는 작업들은 아까 말씀드린 바와 같이 현재 문학, 연극쪽에서는 어느 정도 진척이 되어 가고 있는 것같습니다만, 현대 중국, 멕시코 등지에서는 미술에서도 활발하여 어느 정도 성공을 거두고 있는 것같은데요. 우리나라에서는 좀 지지부진합니다만……

"사실 한국적인 것의 정립이라는 문제는 무척 어려운 작업이지요. 어디까지가 한국적이냐를 파악하는 것조차도 어려운 문제일 것입니다. 멕시코의 경우에는 오르즈코, 리베라, C. K. 로즈 등의 화가에 의해서 그들의 전통적 미술을 현대적인 조형작업에 토착화시키는데 성공했지요. 그들의 경우도 서양적 조형작업에서 거의 완벽감을 보여 주었답니다. 그런 의미에서 서양에 유학을 가는 의미도 있지요. 한국의 경우는 우선 양적으로 사람이 없다는 것이 큰 약점이지요. 그러나 언젠가는 그러한 작업을 이해하는, 또 참여하는 분이 많아지리라 생각됩니다만…… 서양에 동화될 것이 아니라 그들의 방법을 자기가 주체가 되어 자기의 것들을, 또 선조들의 유산들을 승화시키는데 원용한다면 그러한 전통의 현대에의 토착화 문제는 쉽게 해결이 될 수도 있으리라 생각합니다."

— 오늘날 문학분야에 있어서는 그간의 리얼리즘을 둘러싼 참여와 순수의 변증법적 논쟁 ── 일정 정도 질서가 잡힌 결과를 놓고 하는 이야기입니다만 ── 의 과정에서 어느 정도 민중적·민족적 문학이 정립되어 가고 있는 것같기도 한데, 미술에 있어서 리얼리즘의 문제, 보이는 현상을 현상대로 묘사할 뿐만 아니라 지향되어야 할 바까지도 표현하는 적극적 의미의 리얼리즘에 대해서는 어떻게 생각하시는지요?

"한마디로 그림은 정치적 구호가 아닙니다. 물론 자기의 생각을 담을 수는 있지만 말입니다. 또 저는 진실한 예술이란 영원성과 보편성이 뿌리박혀야 된다고 생각하는데, 자칫 현실의 작은 일들에 너무 신경을 쏟다보면 시류를 타게 되지요. 저는 인생을 낙관적으로 봅니다. 세상에는 나쁜 일, 좋은 일이 교차하여 많이 있는데 미워하는, 나쁜 일만 파헤쳐 그리기보다는 좋은 쪽을 그리고 싶습니다."

— 그러나 피카소의 경우 〈게르니카〉를 비롯한 여러 작품에서 독재에 시달리는 그의 조국 스페인의 모습과 전체주의화 물질문명화되어가는 현대의 병폐를 진실하게 그린 것들이 훨씬 영원한 예술성을 갖고 애호되고 있지 않습니까.

"네. 사실 피카소나 루오는 불행한 사람들의 모습을 많이 그렸지요. 그들의 그림은 일종의 분노에서 우러나온 게 아닙니까? 그러나 오늘의 경우는 서민이 어디까지인지도 잘 모르겠고, 보편적인 휴머니티를 가져야지 편역을 드는 휴머니티는 예술가가 가질 태도가 아니라 믿습니다."

— 미술의 민주화·평등화에 대한 구체적 방안은 없으신지요?

"옛날에는 화가가 캔버스에 그림을 그리기보다는 성당에다 벽화, 조각을 만들어 여러 사람들이 볼 수 있었습니다만, 오늘날에는 개인이 구입하여 혼자만 소유, 향유하고 있으니 문제입니다. 따라서 그 질도 떨어지고 있지 않습니까? 계산에 넣은 창작이란 이미 창작이 될 수 없으니까요. 미술관을 많이 지어 정부가 구입해 전시하는 방법이 가장 쉬운 방법이겠지요. 서구 제국에서는 벌써 오래 전부터 하는 일 아닙니까?"

미술평론가 김윤수씨의 평대로 그의 그림은 이제 현대 회화의 어느 흐름이나 주장, 누구의 냄새도 나지 않는 그 자신의 것으로서 우리 앞에 나타났다.

〈정읍사〉라고 이름붙인, 두 여인이 달을 보고 앉아 있는 그림 아래에 아무렇게나 꽂혀 있는 『삼국유사』, 판소리집, 향가집 등 몇 권의 서적이 그 동안 이 작가의 작품의 지향을 보여주고 있다.

전통예술의 현대에의 전승, 토착화, 무척이나 어렵고 외로운 작업일 것이다. 그러나 이만익씨는 그 모든 어려움을 무릅쓰고 나아갈 것이다. '비미술적·비건축적'으로 지어진 우중충한 건물안 그의 화실에서 ……

〈『미술과생활』 77. 11〉

민청학련세대
— 실천 앞세운 거대한 '변화추구' 집단

1974년 4월의 봄은 봄이 아니었다. '유신독재' 정부와 이에 항거하는 학생운동권 사이에 극도의 긴장이 흐르고 있었다.

"어떤 강압과 폭력으로도 노도와 같이 소용돌이쳐 흐르는 이 도도한 물결을 결코 막지 못하리라."

을씨년스런 봄바람을 타고 대학가에 은밀히 뿌려진 전국민주청년학생총연맹(민청학련) 유인물 '민중·민족·민주 선언'은 이렇게 외치고 있었다. 봄이 가기 전 민청학련 관련자들은 '북괴의 통일전선 전략에 영합'했다는 혐의를 쓰고 유신시대 최대 조직사건의 주인공이 됐다. 무려 1천 24명이 조사받고 203명이 구속됐다.

그로부터 25년. 이들 민청학련 세대는 '집단 아닌 집단'으로 우리 사회 곳곳에서 자신의 뜻을 펼치고 있다. 이들은 지금 다방면에 흩어져 각자의 길을 걷고 있다.

그럼에도 '민청학련 세대'라는 이름으로 묶일 수 있는 것은 이

同志. 뜻이 같은 사람들끼리 만나는 것은 즐겁다. 그러나 지나쳐서 자기들의 '같은 뜻' 이외의 다른 사람들의 '다른 뜻'을 용납하지 않는다면 파당에 다름아닐 것이다. 비록 자주 만나지는 못하지만, 25년전 독재 타도, 민주화 실현이라는 같은 지향, 같은 목표를 갖고 토론하고, 투쟁하고, 고민한 민청학련 동지들. 그들과 함께 하는 내가 자랑스럽다. 1999년 3월 23일자 문석 기자가 쓴 「중앙일보」 기사이다.

들이 비록 공간은 다르지만 서로 비슷한 생각을 하며 당시의 이상을 현실 속에 구현하려 노력 중이기 때문.

사회운동에 참여하는 경우는 물론 학계·언론계·출판계 등에서 활동중인 당사자들 역시 한국 사회의 현실을 독자적으로 설명하기 위한 패러다임을 개발하고, 왜곡된 역사를 바로잡기 위해 노력중이다. 한마디로 이들은 우리 사회에 거대한 '변화지향적' 지식집단으로 부상하고 있다.

대개 67~72학번으로 구성된 이들은 한국 지성계에 큰 영향을 끼쳐왔다. 우선 '민중'이라는 개념을 대중적으로 확산시킨 점이 두드러진다.

"물론 이전에도 가끔씩 사용됐던 단어지만 민청학련 선언문에서도 드러나듯 '민중생존권'이라는 개념을 사용한 것은 우리가 처음이라 할 수 있어요. 이때부터 막연한 민주주의가 아닌 민중지향적인 민주주의가 본격 논의됩니다."

당시 서울대 국사학과 복학생이던 서중석 교수(51·성균관대·사학)의 말이다.

이러한 사고의 전환에는 70년 11월 전태일의 분신이 꼭지점 역할을 한다. 백영서 교수(46·연세대·사학)는 "실로 엄청난 충격이었다"며 "이후로 광주대단지 사건 등 고도성장 신화에 가려졌던 온갖 부작용들이 속속 드러나기 시작했다"고 말한다.

지성계에 대한 민청학련 세대의 보다 직접적인 공헌은 사회과학 출판의 본격화를 들 수 있다.

당시 연세대 제적생이던 김학민 학민사 대표(51·경기문화재단 문예진흥실장 겸임)를 비롯, 서울대 사회학과 제적생으로 돌베개 출판사를 운영하던 이해찬 현 교육부장관(45), 풀빛출판사 나병식 대표(50·민주개혁국민연합 상임집행위원장 겸임) 등이 출판운동의 대표적 인물이다.

김학민씨의 이야기.

"75년 형무소에서 나왔지만 학교로 돌아가는 길은 봉쇄됐어요. 당시 출판사들에 흘러들어간 것은 자연스런 현상이었지요. 제 경우는 한길사에 들어가 『해방전후사의 인식』 등을 기획했어요. 이후 사회과학 서적들이 봇물 터지듯 나오기 시작했지요."

이러한 출판운동은 이후 80년대의 학술·서점운동으로 이어지며, 미국 중심의 학문만이 판치던 우리 지성계에 대전환을 가져다 준다.

『한국현대민족운동사』 등의 저서를 통해 근·현대사를 새로운 관점에서 정리한 서중석 교수, 민중들의 삶의 체취와 흔적을 통해 우리 미술사를 정리하고 있는 유홍준 교수(50·영남대·미술사학), 제주 4·3 사건 등을 발굴해온 강창일 교수(47·배재대·사학), 중국 학생운동을 연구해 한국 운동사에 접목하는 백영서 교수 등이 대표적. 역사 전공자가 많다는 것도 특징이지만, 이들의 공통점은 외래 이론이 아니라 우리 현실로부터 출발하는 토착적 학문을 추구한다는 점.

"집 밖에 발만 내놓아도 감시 경찰들의 눈이 번득이는 터에 외국에 나가 공부한다는 것은 생각두 할 수 없는 상황인데다 한국 현실을 해명하고 변화시키는 것이 첫째 목표였으니 자연 우리의 뿌리라 할 수 있는 근·현대사 쪽을 주목하게 된 거죠. 책상머리에 앉아 공부하면서도 늘 현실운동을 펼치는 친구들을 의식했던 점도 어떤 지향성같은 것을 갖게 된 원인이 아닌가 생각합니다."

서중석 교수의 이야기다. 유학을 다녀왔다 하더라도 대개 80년대 중반 이후 자신의 학문의 방향이 형성된 뒤 이뤄진 것이므로 외래 사상의 영향권을 벗어날 수 있었다는 것.

이러한 특성은 사회운동과 정계로도 이어져 민청학련 세대들은 기존의 정치구도에 휩쓸리지 않는 독자적인 활동을 펼쳐왔다. 광주항쟁의 배후인물로 몰려 81년 도미, 93년에야 고국을 찾을 수밖에 없었던 윤한봉(52)씨는 대표적 인물.

광주에서 기존 정치권을 극복하기 위한 진보정당운동을 벌이고 있는 그는 "당연히 지역정서와는 어울리지 않는다"며 고충을 털어놓지만 "이 길이 올바르다고 생각하기 때문에 남들이 뭐라 하건 밀고 나가려 한다"며 의지를 내보인다.

또 전국연합 상임집행위원장으로 일하다 현재 미국 유학중인 황인성(47)씨, 서울지하철노조위원장 등을 거친 정윤광(52) 민주노총 정치위원장이나 전교조 이동진(47) 부위원장, KNCC에서 일했던 김경남(50) 무주 푸른꿈학교 교장 등이 사회운동계의 대표적 인물들.

고(故) 제정구 의원을 비롯, 이철(51), 유인태(51) 전의원 등 역시 기존 정치권에 '이의제기'로 소문난 인물들이다. 유인태 전의원(국민회의)은 "현재의 정치를 결정짓는 유일한 잣대인 '지역정서'를 극복하는 것이 우리 세대에 주어진 과제라고 생각한다"고 말한다.

민청학련 세대들이 이처럼 20여년 동안이나 지속적으로 자신의 이상을 굽히지 않고 각계에서 자기 몫을 할 수 있었던 까닭은 무엇일까. 정윤광씨는 다음과 같이 이야기한다.

"당시 박정권에 항거하는 운동을 벌인다는 것은 목숨을 내놓은 것이나 다름없었죠. 그만한 결단을 내릴 수 있었던 것은 평생을 바칠 각오가 돼 있었다는 얘기죠. 또 주류사회에서도 잘 받아주지 않아 계속 운동적인 삶을 살 수밖에 없었던 상황논리도 작용한 것이고요."

이제 50세 전후로, 기성 세대의 한 축으로 끼어든 이들의 이상이 어떤 모습으로 현실화될지 궁금하다.

정계 입문,
그리고 정계 조퇴

비지? 콩비지가 아니다. 1987년 대통령선거에서 당시 김대중 평민당 대통령후보를 비판적으로 지지했던 재야 민주화운동그룹 내지 그 노선을 일컬어 '비지'라 하는 것이다.

비판하면서 지지한다? '싸우면서 건설한다'는 향토예비군의 슬로건처럼 어딘가 형용모순의 냄새를 풍기는 어색함이 있지만, 그 시절 '비지' 노선을 결정하기까지는 그럴만한 사정이 있었다.

당시 문익환 목사가 이끌던 민통련은 김대중·김영삼 두 후보를 초청하여 민주화와 사회개혁, 그리고 통일문제와 민중 생존권 보장에 가장 전향적인 정책을 보이는 사람으로 후보를 단일화시키기로 결정했다. 그리하여 오전, 오후 김영삼, 김대중 두 후보를 따로 초청하여 정책토론을 벌였는데, 김영삼 후보는 '예상대로' 동문서답으로 일관하였고, 김대중 후보는 자기의 정책을 설득력있게 피력했다.

이 양김 초청 토론회가 끝난 후, 김대중 후보의 정책도 운동권의 요구 수준까지는 미치지 못하지만, 김영삼 후보에 비해 상대적으로 진보적이라 하여 결국 '비판하면서 지지한다'는 '비지' 노선이 채택된 것이다.

그리고나서 '비지'한 김대중 선생으로 후보를 단일화시키기 위해 김대중 선생 단일후보 추진위원회가 결성되었는데(줄여서 '김추'라 했다. 또 백기완씨 후보 추대위원회는 '백추', 그냥 야권후보 단일화 추진위원회는 '단추'라 했다), 이 단체는 나를 포함하여 이해찬 전 교육부장관, 임채정 의원, 장영달 의원 등이 이끌었다.

그러나 김대중 후보로의 단일화는 이루어지지 못했고, 또 대선에서 낙선하여 김대중 선생과 평민당은 야권 분열의 책임을 뒤집어쓰고 절대절명의 위기에 몰렸다.

우리 비지 그룹으로서도 충격이 컸다. 운동권 내에서 일방적으로 쏟아지는 비판도 감내하기 힘들었지만, 대중성이 있으면서도 가장 개혁적인 지도자, 그리고 그 지지 대중의 좌절은 운동사적으로 보아 엄청난 후퇴를 의미하기 때문이었다. 그리하여 수없는 곡절 끝에 비지 그룹 98명은 김대중 선생을 '살리고자' 문동환 목사를 대표로 하여 평민당에 입당했는데, 나도 그중의 하나였다.

그 조상에 그 후손

　지난 7월 17일자 「일요신문」에는 실소를 금치 못하게 하는 한 편의 기사가 실려 있었다. 번갈아 오는 장마와 불볕더위로 불쾌지수가 나날이 높아가는 요즈음, 우리 「평민신문」 독자들에게 독재정권이 만든 이 어이없는 한편의 코미디를 소개해 본다.

　경남 창녕군 영산면 소재 남산 호국공원에는 지난 82년에 소위 '전재(全齋) 장군 충절사적비'가 세워졌다고 한다. 이 비는 "전재 장군은 …… 1591년에 영산현감에 부임, 임진왜란이 일어나자 배대유, 이도자와 함께 박진과 의령의 정암싸움에서 큰 공을 세웠으며 ……" 운운하며 전재 장군의 공을 높이 기리고(?) 있다.

　또한 이 공원 안에 있는 임진왜란 호국충혼탑은 왜란시 영산, 창녕 일대에서 싸운 곽재우 의병장을 비롯한 의병들을 추모하기 위해 세운 것인데, 이 탑 전면에는 느닷없이 "의병을 일으켜 선봉에 나섰던 전재 장군과 더불어 큰 공을 세우고"라고 되어 있어 곽재우 장군을 비롯한 여러 의병장들이 전재 장군 휘하에 있

　지금은 정치판에 '젊은피'들이 많이 있지만, 88년 당시 평민당에는 '젊은피'가 그리 많지 않았다. 나는 그런대로 기획력을 인정받아 지구당위원장을 겸하여 당 기획조정실의 기획위원으로 당의 기획업무 전반에 관여하는 한편, 당 기관지인 「평민신문」의 부위원장으로서 신문 편집과 논설, 기사를 썼다. 그때의 기사들이다.

었던 것처럼 보이게 했다.

이러고 보면 독자들은 임진왜란에 대한 새로운 사실이 발견된 것이나 아닌지 생각할 것이다. 그러나 불행히도 아무리 사료를 뒤져봐도 임진왜란에 대한 새로운 역사 사실도, 영산·창녕싸움에서 곽재우 장군보다 더 처절하게 싸운 의병장은 없는 것같다.

단지 전재 장군이 전두환의 14대 선조라는 이유만으로 독재정권의 아첨배들이 전재 장군의 행적을 날조했을 뿐이라는 것이다. 『영산문화지』에 '전재'라는 이름이 한번 나오기는 하지만, 정사(正史)인 『정유재란록』에는, 전재 장군은 영산현감에 재직해 있다가 임진왜란이 나자 합천으로 도망갔으며, 정유재란 시는 곽재우 휘하에서 조전장으로 있었던 밀양·합천·창녕·영산현감 중 유독 전재 장군만이 도망치다가 독찰관(현재의 헌병 역할) 이사종의 칼에 맞아 죽은 '역신'으로 기록되어 있다 하니, 이쯤 되면 역사의 날조도 수준 이하다.

수년전 일부 어용 사학자들이 전두환과 전봉준 장군을 어떻게 연결시켜 보려고 공작하고 있다는 소문이 학계에 파다한 적이 있었다. 결국 그것은 성공하지 못하고 허술한 시골에 가서 '한건' 올린 셈이었으나 그것도 들통나고 말았다. 아무튼 후손이 자기 조상 욕보이는 것도 가지가지다.　　　　〈「평민신문」 88. 7. 26〉

공화국론 시비

　'제5공화국'의 비리조사를 해야 하느니, '제6공화국'은 전정권과 단절해야 하느니, 노태우 정권은 '5.5공화국'이라느니, 요즘 '공화국'이라는 말이 신문지상을 많이 장식한다.

　이희승 『국어대사전』을 찾아보면 '공화국'이란 "공화정치를 하는 나라"라고 풀이되어 있고, '공화정치'를 다시 찾아보면 "주권이 한 사람의 의사에서가 아니고 합의체의 기관에서 나오는 정치"라고 되어 있으니 '공화국'이란 "주권이 한 사람의 의사에서가 아니고 합의체에서 나오는 정치를 하는 나라"라고 풀이해도 사전적으로는 무난할 듯하다.

　그러나 그러한 원론적 해석만으로는, 군주국가만 아니면 과두정치 국가, 귀족정치 국가도 '공화국'에 포함될 수 있겠으나, 근세에 와서는 오직 민주정치 체제를 갖춘 국가만을 '공화국'으로 분류하려는 것이 정치학계의 일반적 동향이라 할 수 있다.

　우리나라를 보면 정부수립 40년이라는 그리 길지 않은 기간에 언필칭 6개의 '공화국'이 명멸하며 정권의 맥을 이어온 것으로 되어 있지만, 프랑스의 경우는 프랑스 대혁명으로 1792년에 제1공화국이 성립한 이래, 제3공화국의 경우는 1870년부터 1946년까지 무려 12명의 대통령이 재임하였지만 그대로 '제3공화국'으로 유지되고 있었다.

　그 사이에도 여러 번의 헌법 개정이 있었지만, 그것보다는 민주적 정치질서의 일관된 관철을 그 정통성의 분류기준으로 삼고 있는 것이다.

그러나 우리나라의 경우는, 제2공화국을 제외하고는, 공화국의 기본정의와 철학에 걸맞는 정치보다는 그에 극단적으로 배치되는 1인독재 봉건왕조와 비슷한 정치를 해온 것이 그들 '공화국'들인 것이다.

또한 '4'라는 글자 때문에 '제4공화국'이라고 불리기를 회피했던 유신독재정권을 빼고는, 제 몇 공화국이라는 것을 독재자가 폭압적 수단으로 정권을 탈취하고 난 후 그것을 호도하여 정통성을 부여받으려는 기만적 수법으로 악용하고 있는 것이 우리 현실이다.

이러저러한 점들을 고려할 때 몇 공화국이니 하여 독재정권의 폭압성을 얼버무리는 것보다는 각 독재정권의 본질을 극명하게 규정하고 드러내주는 이름, 곧 제4공화국은 박정희 유신독재정권, 제5공화국은 전두환 광주학살정권, 제6공화국은 노태우 군사독재정권으로 하든지, 공식적으로도 이승만정권, 박정희정권, 유신정권, 전두환정권, 노태우정권으로 표현·표기하는 것이 타당하지 않을까 생각한다.　　　　　　　　　　　〈「평민신문」 88. 6. 10〉

역사의 가정

　역사의 가정, 그것은 허무하고 부질없는 짓일 것이다. 그러나 인간은 가끔 자기가 처한 현실이 미몽을 헤맬 때 역사의 가정을 한번쯤은 생각하게 된다. 우리 현대사의 전개과정에도 가정을 해 볼 수 있는 숱한 사건들이 있지만, 그중 가장 아쉬운 하나만 들어 보자.

　"제헌의회에 설치되었던 빈민특위가 1년만 더 버틸 수 있었더라면 ……"

　잘 알려진 바와 같이 제헌의회에 설치된 이 특위는 일제에 빌붙어 민족을 탄압하고 사리사욕을 채워 온 친일분자들을 응징하기 위해 '구인' 정도가 아니라 특위 경찰을 따로 배속시켜 과감히 친일분자들을 '체포'해와 특위 심문대에 세웠고, 그 준엄한 조사활동은 흐트러진 민족정기를 바로잡는 바로 그 애국의 과정으로 평가되고 있었다.

　그러나 특위 활동에 위협을 느낀 친일분자들이 '반공'이라는 허울 아래 이승만 주위에 결속, 이 특위를 공격, 무력화시킴으로써 민족정기를 바로잡을 수 있는 절호의, 또한 유일한 기회가 사라져 버리고 말았다.

　돌이켜 보건대 해방 이후 오늘에 이르기까지 우리 민족, 우리 사회 전체를 관통하고 있는 이 숱한 사회적 질곡, 이 척박한 민족적 모순은 어디에서 연원되는 것일까? 그것은 두말할 것없이 반민특위의 실패와 좌절이다. 다시 말해 반민특위의 실패와 좌절로 인한 일제 유산의 오늘날까지의 존속·확대 때문인 것이다.

이제 한마디로 특정인, 곧 전두환을 비호하여 조사대상에서 제외시키려는 의도 하에서 행해진 노태우 대통령의 거부권 행사 끝에 「국정감사 및 조사법」과 「국회에서의 증언감정에 관한 법률」 개정안에 대한 수정법안이 여야간에 완전 타결되었다.

구인제가 동행명령제로 바뀌었고, 국정조사권을 발의하여 행사할 수 있는 절차 사항이 약간 바뀌었지만, 이 법들이 제대로 시행될 수 있을지 여부는 전적으로 노태우 정권의 의지에 달려 있다. 이는 작게는 현 집권세력이 광주민중항쟁 문제와 5공화국 부정문제에 대처하여 단호히 조사·척결하여 자기 정권의 정통성을 확보할 수 있는가 하는 문제이지만, 크게는 친일문제와는 다른 차원에서 흐트러진 민심과 민족정기를 바로 세울 수 있는가 하는 민족적 문제가 되는 것이다.

수천 명의 무고한 민주시민을 무참히 살상하고, 이루 셀 수 없을 정도의 천문학적 부정을 일삼은 자들이 대낮에 버젓이 거리를 활보할 수 있다면, 과연 이 사회가 건강한 사회이며, 이 민족이 기강이 제대로 선 민족인가?

조사에는 성역이 없다. 전두환이고 누구이고 시민 학살, 부정부패의 혐의가 있다면 특위에 나와야 한다. 그리고 결과에 따라 응분의 댓가를 치뤄야 된다. 이것만이 현 집권세력이 그토록 원하는 정권적 정통성을 부여받는 길이며, 이것만이 흐트러진 민족정기를 세울 수 있는 유일한 길이다.

민주화의 대로에 노정권이 취할 일은 국회의 특위가 활발히 소기의 목적을 달성할 수 있도록 돕는 일이다.

진정 잘못된 과거, 부정했던 5공화국과의 관계를 청산하고 새로운 장을 열 수 있는 기회가 바야흐로 노정권에 부여되어 있다는 역사적 사실을 망각하지 말기를 바란다.

　3개 조사특위의 본격 가동에 즈음하여 이제 더 이상 우리의 후손들이 "1988년에 국회 특위가 전두환을 불러 세웠더라면 ……" 하는 부질없는 역사의 가정을 되뇌이지 않도록 노태우 정권에 권고하고, 경고하는 바이다.　　　　　　　〈「평민신문」 88. 7. 26〉

김근태 동지 옥중 탐방기

지난 5월 4일 오후 7시. 서울 명동성당내 가톨릭센터 7층 강당에서는 김근태·인재근 부부에 대한 로버트 케네디 인권상 수상식이 열리고 있었다. 식이 진행되는 동안 김근태·인재근 부부의 대형 사진 아래의 빈 의자에 많은 사람들의 눈길이 모아지고 있었다. 그 빈 의자에는 '김근태'라고 씌어진 명패와 장미꽃 두 송이만이 덩그러니 놓여져 있었다.

빈 의자의 주인공 김근태 동지!

필자는 중앙당 인권위원회의 양심수 면회계획에 따라 박상천 의원, 이해찬 의원과 함께 5월 14일 김천교도소를 방문해 그를 만날 수 있었다. 가는 날이 장날인 듯, 민방위 훈련으로 어수선

88년 5월, 4·26 선거가 끝나고 나는 박상천 의원(현 민주당 의원), 이해찬 의원(전 교육부장관)과 함께 김천교도소로 김근태형을 면회갔다. 하도 여러번 구속되어 그때 김근태형이 무슨 사건으로 몇 번째 징역을 살고 있는지 지금은 잘 기억이 나지 않는다.

지난 97년 송진섭 안산시장이 억울하게 구속되어 수원교도소에 수감되어 있을 때, 의원으로 신분이 바뀐 김근태형과 함께 면회를 갔었는데, 교도소 건물에 들어서자마자 사방에서 교도관들이 김근태 의원에게 "김천교도소에서 모셨습니다", "홍성교도소에서 모셨습니다", "안양교도소에서 모셨습니다" 하고는 다투어 인사를 청하였다.

모셨다? 징역 살리는 것도 모시는 건가?

한 교도소 정문을 들어서니 어디서인가 "어이, 학민이!"하고 부르는 소리가 난다.

김근태 동지다. 정문 왼쪽 사동 2층 철창에서 푸른 수의의 그가 빼꼼히 내다보며 우리 일행을 향해 손을 흔들고 서 있었다. 지난 85년 가을 잔혹한 고문으로 몸과 마음이 망가진 채 포승줄에 꽁꽁 묶인 그를 재판정에서 보고나서 2년 반이나 지나 그를 만나게 된 것이다.

"고생들 했어. 모두 잘 해냈어. 학민이도 그 정도면 잘 싸운 것이니 너무 섭섭하게 생각하지는 말어."

밖에 있을 때도 유난히 후배들을 아껴주고 챙겨주던 그였지만, 자신의 처지도 잊은 채 시시콜콜 밖의 동지들 걱정만 하는 그가 무척 안스러웠다.

― 단식중이란 얘길 들었는데요. 얼굴이 별로 좋질 않군요.

"지난 8일부터 '양심수 전원 즉각석방'을 내걸고 단식을 해오다 오늘 아침부터 다시 밥을 먹고 있지. 남영동에서 당한 후유증 때문인지 조금만 무리하면 몸이 안좋아."

이해찬 의원이 슬쩍 덧붙였다.

"형님은 지난 대통령선거 때 김대중 선생을 지지했기 때문에 석방되지 못했다는 이야기가 많아요. 왜 지지는 해가지고 ……"

오랫만에 서로들 낄낄 웃었다. 우연의 일치인지 모르지만, 김근태·장기표 동지, 장영달·오대영·김봉우 동지 등 대통령선거 당시 김대중 후보를 지지한 양심수들이 석방과 사면, 복권 대상에서 계속 제외되어온 것도 사실이다.

"나의 석방문제에 대해서는 너무 신경쓰지 말어. 밖에서 할일이 무척 많을 거야. 특히 재야 입당자들의 역할과 기대가 크단 말이야."

― 인권상 수상식 소식은 들었나요?

"한다는 것은 들었는데……"

"아아, 성황리에 했지요. 김수환 추기경, 김대중 총재, 김영삼 총재, 릴리 대사도 참석했고, 뷔페로 음식도 많이 차려 그날 흥청망청 잘 먹고 놀았습니다. 형님 덕분에."

할말은 끝이 없었다. 박상천 의원이 김근태 동지에게 적용된 국가보안법 관계를 상세히 조사했다. 김현장·안재구씨 등 다른 양심수를 만나러 가야 하는 우리의 일정을 알고는 서둘러 일어섰다.

"열심히들 노력해. 그리고 병준 엄마 다음 주일에 시간나면 한번 면회오라고 해."

총선에서 국민들의 단호한 심판을 받았으면서도 노태우 정권은 가증스럽게 아직도 양심수 석방에 미온적이다.

김근태 동지! 그를 감옥 속에 남겨두고 떠나오는 우리 일행의 발걸음은 무겁기 짝이 없었다.　　　　〈「평민신문」 88. 6. 10〉

이성에의 초대
―『평화를 위하여』편집자의 말

   편집자는 김대중 선생의 연설문집과는 특별한 인연을 갖고 있
다. 1980년 2월이든가, 나는 당시 도서출판 한길사의 편집 책임자
로서 김대중 선생의 동의를 얻어 연설문집 출간 작업을 준비하고
있었다. 그 해 2, 3월 거의 매일 동교동에 출퇴근하면서 연설 테
이프를 풀고 재녹음하고 하는 작업을 했다.

   따라서 편집자로서는 편집작업에 참고하기 위해 『분노의 메아
리』『내가 걷는 70년대』『대중경제론』 등 6,70년대에 출간된 선생
의 저서들을 구해 보관하고 있었다.

   아시는 분은 아시지만, 전두환 일당에 의한 5·17사태가 벌어지
자 나는 나의 부친(김윤식)과 함께 합동수사본부에 연행되어 소

   나는 당 활동을 하면서 한편으로는 김대중 총재의 글, 연설 등을
정리하여 책자로 엮는 작업을 같이 했다. 그것은 용공음해로 덧칠해진
김총재의 왜곡된 이미지를 보다 이성적으로 접근할 수 있는 활자매체
로 바꿔 이해시키도록 하자는 의도와, 한국정치사의 한 거목의 사상과
행동을 바로바로 정리해 놓는 것이 후대를 위해 필요할 것이라는 생각
에서였다.

   그리하여 『평화를 위하여』『공화국연합제』『1980년의 진실』『그래도
역사는 전진한다』『절망이 희망에게』 등의 책자를 펴냈는데, 모두가 무
거운 내용들이라 상업적으로는 별 재미를 보지는 못하였고, 정작 김총재
의 책을 만들어 돈을 번 사람들은 따로 있으니, 참 한심하다, 김학민!

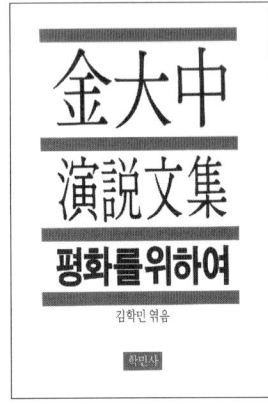

위 김대중내란음모사건에 부자(父子)가 같이 묶이게 되었다.

그런데 가당찮게도 부자를 같은 법정에 세우기가 뭐하다는 전두환 일당의 인도주의적 배려(?)에 따라 온갖 알짜배기 고문은 모두 받고나서 근 3개월만에 나는 기소유예로 석방되게 되었고, 나의 부친은 김대중 선생과 함께 실형을 살게 되었다.

이때 나는 합동수사본부에서 온갖 고문 세례 끝에 소위 김대중 일당의 연세대 책임자로 강제 임명(?)되었고, 서울대 심재권형으로부터 김선생이 전해주는 5만원을 받아 연대생들을 선동, 폭력 시위케 했으며, 나의 집에서 압수해 온 앞서 말한 김선생의 여러 저서들과 테이프들이 그 증거로 제시되었었다.

물론 그후 그 연설문집 출간작업은 더 이상 진행되지 못하였고, 이제 80년의 그 악몽같은 고문과 폭압의 원흉, 하수인들이 대부분 국민의 힘에 의해 역사의 장에서 사라진 이 시점에서 다시 그 작업이 진행되게 되었던 것이다.

말의 문화, 영상문화와 비교하여 활자문화는 우리에게 근본적으로 다른 모습으로 다가온다. 말의 문화, 영상문화가 대중파급력에 있어 아무리 강하고 넓다 하더라도 그 최대 약점은 일회성과 통과성이다. 물론 전자기술의 발달에 따라 온갖 전자기재로 녹음·녹화된 것을 쉽게 재생하여 볼 수 있으나, 그것에 담겨 있는 말하는, 행동하는 사람의 철학과 사상, 입장 등을 두고두고 깊게 음미·반추해 보기에는 결코 쉬운 매체형식이 아니다. 그러하기 때문에 한마디로 활자문화가 필요한 것이다.

　이 책도 그러한 취지에서 편집·발간하게 된 것이고, 김대중 선생의 연설 한마디 한마디에 웃고 울고 열광한 모든 분들은 이 책을 통해 선생의 일관되고 올바른 정치철학, 동서고금을 종횡하는 풍부한 교양, 너무나도 인간적이면서도 자기절제에 철저한 개인 김대중의 삶의 모습을 생생하게 다시 확인할 수 있을 것이다.

　편집자의 입장에서 연설문집을 엮어낸다는 것은 쉬운 일이 아니다. 더구나 김대중 선생과 같이, 기왕에 작성된 원고를 읽어내려가는 형식보다는 간단한 메모만 가지고 즉석에서 살을 붙여 논리를 만들어가는 경우는 더욱 그렇다. 즉 녹음된 여러 테이프를 일일이 풀어야 하기 때문에 기술적으로 시간과 노력이 많이 드는 것이다. 더구나 오늘에 이르기까지 최근 20여년의 선생의 고난에 찬 정치역정을 생각한다면, 주요 연설을 녹음하여 보존하는 것조차 쉬운 일이 아니었을 것이다.

　그러므로 김대중 선생의 주요 연설들을 빼놓지 않고 녹음하여 테이프로 만들어 보관·보급하고, 또 이를 풀어 정리한 분들에게 고마움을 표하지 않을 수 없다.

　김진근, 신현호, 김현미, 김창호, 김소영 선생 등이 그들이다. 김진근, 신현호 두 분은 김대중 선생의 최근 주요 연설을 거의 빠뜨리지 않고 녹음해 두었고, 김현미, 김창호, 김소영 이 세 분은 이 테이프들을 풀어 정리하는 지난한 작업을 도왔다. 또한 이두엽 선생은 이 책의 편집 전 과정에 조언을 아끼지 않았으며, 학민사 편집실 양기원 양은 복잡한 편집 실무를 시원스레 해내었다. 이 분들이 아니었던들 이 책은 전혀 불가능하였거나 적어도 훨씬 늦어졌을 것이다. 김대중 선생의 이름을 빌어 이들에게 고 마음을 표해도 선생께서 전혀 책하지 않으리라 믿는다.

　이 책에 수록된 연설문들은 김대중 선생의 모든 연설문들이 아니다. 1987년 7월 이후, 독재정권으로부터의 몇 차례의 죽음의 구렁텅이, 숱한 투옥과 연금의 굴레를 뚫고 부활한 선생이 한 연설중 한국정치사에 중요한 획을 그은 대표적 연설문만을 고른 것이다. 그중 민통련 정책질의나 양평 세미나 특강 등 몇 편은 대중을 상대로 한 연설 형식은 아니나, 그것들이 갖는 역사적 의의와, 그를 통해 선생의 정치적 입장, 철학, 사상이 극명하게 정리되어 있어 같이 엮어도 무난하리라 생각되어 포함하였다.

　또한 각 연설문은 특별한 원칙없이 시기순으로 배열하였고, 편집자가 각 연설문의 제목과 소제목, 또 길지 않게 각 연설문마다 해제를 붙였다. 또한 연설문이기에 어쩔 수 없는 구어체 처리에 고심하였으나 김대중 선생의 연설이 갖는 특유의 '맛'을 살리기 위해 크게 다듬지는 않았다.

　누가 뭐라고 해도 우리 정치사에, 아니 세계정치사에 우뚝 선 한 위대한 정치가의 족적 일부를 정리하는 이 작업을 통해서 편집자는 무한한 기쁨과 엄정한 책임을 느꼈다. 다만 이러한 작업 외에 김대중이라는 한 거봉에 대한 내면적 탐사작업은 전혀 나의 몫이 아니라는 점이 새삼 확인되었을 뿐이다.

어떻게 통일할 것인가
― 남북의 화해와 민족의 평화통일을 위하여

김학민 위원장 총재님께서는 1971년 대통령 선거에 출마하셨을 때 우리나라 정치인으로서는 최초로 구체적인 통일방안을 제시하신 바가 있습니다. 그때 주창하신 공화국연방제를 기조로 하는 '3단계 평화통일방안'은 그 체계성이나 현실접합성으로 보아 국내외 전문가들로부터 남북이 모두 받아들일 수 있는 합리적 통일방안으로 평가받은 바 있습니다.

그러나 박정희 유신독재정권 이래 전두환 폭압정권에 이르기까지 역대 독재정권은 이를 수용하기는커녕, '연방제'라는 단어 하나만을 가지고 북한의 '고려연방제'와 유사하다거나 북한안을 지지하는 방안이라고 매도, 용공혐의를 날조하여 총재님을 극악하게 탄압해 왔던 것이 그간의 비극적 현실입니다. 그러나 1989년 2월 24일 국회 외무통일위원회에서 이홍구 통일원장관이 현안보고에서 밝힌 바 있듯이, 이제 정부조차도 '공화국연방제'의 실질

이 글은 평화민주당의 새로운 발전된 통일방안(민족의 단결과 자주적 발전을 위한 평화민주통일방안)의 이해를 돕기 위해 1989년 6월 20일 동교동 김대중 총재 서재에서 가졌던 김대중 총재와 나와의 대담을 정리한 것이다. 나는 이 글을 포함, 6대 국회 이래 김총재의 남북관계, 민족주의 관계, 통일관계 글, 연설들을 모두 찾아내어 『공화국연합제』라는 책으로 묶어 '김대중 통일론'의 이론체계를 세웠다.

적 내용을 인정, 수용할 수밖에 없음을 토로하고 있습니다.

요즈음 정부쪽에서 만들고 있다는 소위 '체제연합안'이나 민정당의 '민족공동체통일방안', 민주당의 '한민족연합체안' 등 이러저러한 통일방안들이 난무하지만, 이러한 것들이 모두 체계나 내용상 총재님의 '공화국연방제 통일방안'의 범주를 벗어나지 못하고 있음을 볼 때, 온갖 탄압과 오해 속에서도 20여년간 일관되게 '3단계 평화통일방안'을 주창해 오신 총재님의 탁견과 예시력에 누가나 외경의 마음을 보내지 않을 수 없습니다.

그러나 3단계 통일방안이 주창된지 20여년이 지난 이 시점에서, 그 안은 통일 후의 체제문제, 또 단계론이라는 기능주의적 접근의 문제점, 구체적으로 주한미군의 철수문제로 상정되는 외세의 문제, 분단된 두개의 국가를 영구화시키는 안이 아니냐는 비판 등 일부 문제점과 오해가 제기되기도 한 것이 오늘의 현실입니다. 한반도를 둘러싼 국제질서와 남북한 내부의 변화에서 초래되는 이러한 문제점들을 보완, 보다 그 구체성을 확실히 하고 합리화시키자는 의도에서 나온 것이 이번에 저희 당에서 마련한 '민족의 단결과 자주적 발전을 위한 평화민주통일방안 — 공화국연방제'가 아닌가 합니다.

오늘 이 자리는 저희 평화민주당의 발전된 이 통일방안에 대해 특별히 총재님의 말씀을 통해 그 의의와 실천의 과제를 알아보고자 마련되었습니다. 우선, 분단상황이 40여년 지속된 이래 현재 남북한 양 체제의 이질성은 매우 심화돼온 것이 현실입니다. 이를 어떻게 극복하여 민족의 동질성을 다시 회복하고, 통일이 가능한 지 총재님의 통일방안에 대해 말씀해 주십시오.

김대중 총재 나는 우리 민족이 수천년 동안 수많은 험난한 고난의 길을 헤치고 이어왔다고 볼 때, 이런 정도의 어려움은 극복할 수 있다고 봅니다. 원래 우리 민족은 단일인종이 아닙니다.

토착인종과 외래인종이 같이 합쳐진 복합인종인데, 하나의 민족으로 현성되어 단일민족을 구성하고 있습니다. 그런 힘을 가진 민족이 불과 40여년 동안의 분단 상태로 민족의 동질성을 상실한다고 보지는 않습니다. 우리 민족의 뿌리를 과소평가해서는 안됩니다.

우리 고유종교인 샤머니즘이 불교나 유교 등 외래종교나 권력으로부터 많은 박해를 받았지만, 샤머니즘은 때로는 불교 속으로, 때로는 유교 속으로 들어가기도 하고, 요즘은 기독교 속으로까지 들어가는 끈질긴 생명력을 보여주고 있습니다. 그렇기 때문에 우리 민족의 동질성도 올바른 방향으로 풀기만 한다면 어렵지 않다고 봅니다. 그 예로 1985년 이산가족들이 만났을 때 사상과 종교를 초월해서 한 형제임을 확인했었습니다.

우리 민족의 역량이 충분히 이를 극복할 수 있습니다. 40여년간 지속된 남북한 양 체제의 이질성은 성의있는 남북교류가 전면적으로 실시되어서——권력자의 결정과 통제에 의한 교류가 아니라——민중 상호간의 마음을 열 교류가 행해질 때 동질성은 더 빨리 회복될 수 있다고 생각합니다. 그리고 동시에 교류뿐 아니라 전쟁을 종식시킬 수 있는 '평화조약'을 수립해서 동족간에 평화적으로 공존하고 아무 두려움없이 대화를 할 수 있는 여건을 마련하는 것이 필요합니다. 우리가 이런 과정을 실행하면서, 유엔에 한 나라로 가입하면 동질성 회복에 큰 도움을 줄 것이라 생각합니다.

민주화없이 통일없다

김학민 위원장　남한에 있어 통일을 저해해온 요인 하나로, 남한사회에 있어 독재정권의 지속을 들 수가 있겠습니다. 총재님께서는 민주화와 통일의 상호관계에 대해 어떻게 생각하시는지요?

김대중 총재　민주진영 내에서 '선민주 후통일'이냐, '후민주

선통일'이냐, '병행론'이냐 하는 말이 많은데, 나는 일관된 생각을 가지고 있습니다. 민주화없는 통일이 있을 수 없고, 통일이 없을 뿐아니라 민주화없이는 통일 추진도 없습니다. 이 점을 분명히 해야 합니다. 문익환 목사가 이북에 갔다온 후의 일만 보더라도, 민주화없이는 남북간의 왕래 하나 제대로 하지 못하는 실정입니다. 또한 전대협 학생들이 전면적으로 정부 요구를 수렴한다고 해도 가지 못하게 만들고 있습니다. 민주정부가 수립되지 않으면 통일은 커녕 교류도 하지 못하는 것이 현재의 실정입니다. 그리고 독재정권이 통일을 얼마나 악용했느냐는 박정희씨가 유신을 선포할 때, 만일 유신을 인정하지 않으면 통일을 원치 않는 것으로 인정하겠다고 했으면서도 유신이 실행되고 난 뒤에 전혀 통일 논의를 하지 않았습니다.

전두환, 노태우 역시 마찬가지입니다. 독재정권은, 첫째 남한 내에서도 남과 어울리지 않고 자기네 소수끼리만 어울리고, 부귀영화를 누리고, 모든 권력을 독점하고 배타적으로 사는 사람인데, 하물며 체제와 사상이 다른 공산주의자와 공존하면서 같이 통일로 가겠다는 것은 전혀 기대할 수 없습니다. 둘째, 독재정권은 통일을 추진할 역량이 없습니다. 왜냐하면 국민이 지지하지 않기 때문입니다. 독재정권 하에서는 통일은 커녕 통일추진도 없고 통일논의의 자유도 없습니다. 최근 북한 관계 서적을 출판하였다 하여 구속된 경우를 보더라도 쉽게 알 수 있으며, 북한관계 서적을 가진 것만으로도 구속되는 실정입니다.

그렇다고해서 민주화가 될 때까지 통일에 관련된 노력을 하지 않겠다는 의미는 아닙니다. 남한 내에서 민주화를 하면서 교류를 추진해야 합니다. 민주화가 추진된만큼 교류가 추진되지, 민주화는 되지 않는데 교류만 추진되지는 않습니다. 또한 교류를 추진하면 민주화에 도움이 되기도 하지만 민주화가 된만큼 교류가 허용됩니다. 우리는 민주화와 교류, 평화추진을 병행해 나가되 민주화를 실현키 위해 더욱 노력해야 할 것입니다.

김학민 위원장 북한이 항상 주장해오던 남한 내의 외세문제, 구체적으로 미군철수 문제에 대해 최근 총재님께서 1만명 감축설에 긍정적인 평가를 하셨는데, 이 문제에 대해 말씀해 주십시오.

김대중 총재 최근 미군감축설에 대해서 미 상원의원들이 구체적인 이야기를 하고 있으며, 솔로먼 차관보가 상원에서 어떠한 전제가 충족되면 감군 내지 철군을 할 수 있음을 시사하는 발언을 하였습니다. 또한 「뉴욕다임즈」지도 2,3년 내에 한국에서 감군이 시작될 것이라고 국방성 고위 당국자의 말을 인용해 보도하였습니다. 스칼라피노 교수도 누차에 걸쳐 한국은 90년대 초가 되면 자립국방을 할 수 있다고 말하고 있습니다. 현정부도 간혹 90년대 초가 되면 자립국방을 할 수 있다고 하고 있습니다.

그런데 감군 문제는 남북간의 평화체제와 병행해서 이루어져야 한다는 것이 나의 입장입니다. 평화체제가 안되었는데 일방적으로 감군한다는 이야기는 아닙니다. 그 대신 평화체제만 되면 감군을 할 수 있다는 것, 이것은 북한과의 평화체제를 추진하는데 지렛대가 될 수 있습니다. 북한하고 평화체제를 형성코자 하면서 감군을 하지 않는다는 것은 —— 궁극적으로는 철군이겠지만 —— 평화체제를 성공적으로 형성할 수 없다고 봅니다. 일부에서 미군이 있어도 통일을 할 수 있다는 식의 발언은 사실상 무책임한 것이라 생각합니다.

현재 상당히 신중하게 감군 얘기를 하였는데, 정부·여당에서 또 비난하고 나서고 있습니다. 이것은 20년이나 되풀이된 것으로 1971년 대통령 후보로 출마하여 '3단계 통일론', '4대국 한반도 평화협력', '공산권과의 교역', 선거 후의 '공화국연방제' 등 통일에 관련된 발언이나 제안을 할 때마다 용공이다, 공산당을 도와준다고 하였으며, 재판할 때마다 ──80년도의 사형선고를 비롯해서 ── 유죄증거가 되었습니다. 그러나 현재 네가지 제안에 대해 정부가 수용하고 있습니다. 결국 20년 전에 이야기한 것을 따라오는 것입니다. 미군에 관련된 문제 역시 수년 내에 제안될 것이므로 지금부터 준비하고 대처해 나가야 합니다.

또한 한국군의 작전권 문제인데, 이 조약과 같이 비자주적인 것은 없습니다. 북대서양조약기구도 미군 장군이 총사령관이지만, 작전지휘권은 가지고 있지 않습니다. 각기 주권국가가 작전지휘권을 가지고 있으며, 전시에 작전상 필요에 의해 지휘권이 양도되는 것입니다. 유독 우리나라에서만 작전지휘권을 미군이 가지고 있다는 사실은 얼마나 비자주적인 것입니까? 국방부가 '자주국방'이라고 간판을 써서 걸어놓은 지가 오래되었는데, 비자주적인 협정, 조약이 폐기되고 있지 않다는 것은 굉장히 부끄러운 일입니다.

대북한 안보체제도 우리 국군에 의해서 되어야 하고, 우리는 그러한 영향력과 힘이 있습니다. 우리는 어떠한 경우에도 북한정권을 뒤집어 놓아서도, 북한이 우리를 그렇게 해서도 안됩니다. 평화적으로 해 나가려면 시기상의 문제가 있더라도 외국군이 한반도에서 철수되어야 할 것이고, 우리는 남북간의 대화를 통해서 평화통일을 이룩해야 합니다. 미군 감군 ─ 철수 ─ 문제 제기는 2, 3년 내에 임박할 통일문제에 미리 대비하고, 남한의 정치세력들이 모두 외세에 의존해 있지 않다는 것을 북한에 알림으로써 북한의 남한에 대한 인식을 올바르게 하는 계기가 될 것입니다.

공화국연방제의 새로운 이해

김학민 위원장 총재님께서 주창해 오신 '공화국연방제 통일방안'에서 제시된 '평화교류' '평화공존' '평화통일'의 3단계론은 우선순위에 따른 단계론인지, 병행 추진되는 것으로 이해될 수 있는지에 대해 설명해 주십시오.

김대중 총재 이는 순위의 문제가 아니고, '평화공존, 평화교류, 평화통일'은 병행 또는 포괄적인 것입니다. 그 이전에 이야기할 때는 전쟁의 위기라는 긴장감이 강조될 때여서 그러한 문제부터 해소하고 교류를 실행, 민족의 동질성을 회복한 다음 통일로 간다는 단계론적인 사고를 많이 했습니다. 1972년, 7·4 남북공동성명 발표 이후 적십자회담 등의 교류가 평화공존보다 앞서갔습니다. '평화교류, 공존, 통일' 세가지가 동시적으로 추진되는 것이 옳다고 봅니다. 제1단계인 '공화국연방제'를 만들어 그 속에서 평화공존을 하면서 빈번한 교류로 제2단계 통일로 들어가는 것입니다. 공화국연방제 수립 이전이나 이후 다같이 평화공존, 평화교류를 병행해서 수행해야 합니다.

김학민 위원장 최근 각 정파의 통일 방안들이 연방제식의 통일방안을 마련하고 있는 것으로 보입니다. 특히 북한의 고려민주연방공화국안과 공화국연방제와는 특징적 차이가 무엇인지요? 공화국연방제 안에 들어있는 남북 쌍방의 군사·외교권을 존속시키자는 내용은 자칫 2개 국가의 존속을 인정할 수 있는 것으로 북한측 조국평화통일위원회의 전금철 부위원장이 지적하고 있습니다.

김대중 총재 북한의 고려민주연방공화국은 미국, 캐나다, 호주, 서독같이 중앙정부가 외교·군사권을 가지고 있고, 내정에서만 자치정부에 위임하는 체제입니다. 그러나 공화국연방제는 양쪽 공화국이 현재대로 외교·군사권을 가지고 있으면서 각기 동수 대표로 연방정부의 의회를 구성하는 것입니다. 처음에는 권한의 상당한 제한성과 상징성을 갖는 정부입니다.

연방정부의 역할로는 유엔에 단일 국호로 가입하고, 여기서 통

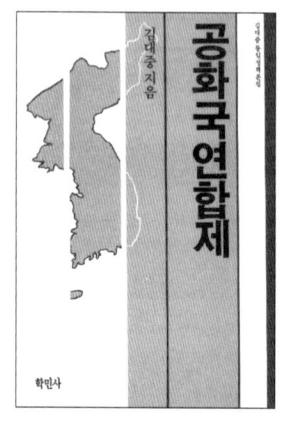

일에 관한 모든 문제를 협의하고 결정하여 남북간의 교류, 국제행사, 스포츠 행사시 단일팀 파견, 남북간의 국어·역사·문화 등 공동연구를 취급하면서 완전통일로 가기 위한 과도적인 정부입니다. 이는 40여년간 체제와 사상이 다른 적대적 관계였기 때문에 갑자기 모든 문제를 해결할 수 없음을 반증하는 것입니다. 실제, 통일을 저해하는 세력은 이러한 것조차도 받아들일 수 없습니다.

북한에서 주장하는 것과 같이 일거에 군사권과 외교권을 중앙 연방정부에 넘기라는 것은 실현가능성이 약합니다. 작년에 미국 카네기재단의 델리콥스씨가 북한에 가서 "김대중씨의 공화국연방 제안이 합리적이지 않느냐. 현단계에서 북한의 통일방안은 무리다. 우리가 볼 때는 북한의 안은 김대중씨의 통일방안 이후의 단계이다"라고 밝혔으며, 북한의 외상이 "김대중씨 안을 알고 있으며, 우리는 분단을 항구화하자는 것이 아니라 통일을 하자는 안이면 어떠한 것이든 논의하겠다"고 밝힌 것으로 알고 있습니다.

지난 문익환 목사 평양 방문시 김일성 주석과의 만남에서 김 주석이 북한의 연방제통일안만을 고집하지 않겠다고 밝힌 것으로 알고 있습니다. 문익환목사 통일방안은 나의 통일방안과 비슷합니다. 어떻게 하든 통일을 앞당기기 위한 방안부터 시작해야지 너무 욕심을 많이 부리면 오히려 일이 되지 않습니다. 남북 어느 쪽에서 누구도 불만없는 절대다수가 지지하는 안을 가지고 출발해야 합니다. 그러나 일단 통일로 출발한 것이니까 다시는 후퇴란 있을 수 없다는 합의 하에서 통일을 전진시켜 나가야 합니다.

공화국연방제 하의 통일노력 —— 상호신뢰와 합의 —— 역시 상당한 시간이 걸릴 것입니다. 우리들이 정계에서 은퇴하고 김학민 위원장같은 분들이 주체가 되었을 때 북한에서 말하는 연방제공화국도 고려될 것입니다. 이후 완전통일로 나아갈 수 있습니다.

그런 의미에서 공화국연방제가 현재의 시점에서는 최선의 안이고, 정부도 자신들의 통일안 마련시 받아들이는 부분이 많이 있으며, 구미에서 통일문제에 대해 진지하게 고민하는 석학들도 이 방안이 실현가능한 안이라고 지적하고 있습니다. 공화국연방제 통일안은 통일로 들어갔다는 상징적 의미가 대단히 큰 것입니다. 그리고 7천만 국민에게 주는 정신적 영향 또한 대단히 큰 것입니다. 우리는 미흡하다고 해서 가능한 안을 버리고 현실적으로 불가능한 안을 가지고 집착하면 세월만 버리게 되는 결과를 초래할 것입니다. 어쨌든 세계 어느 나라에서도 남북한처럼 적대적인 관계에 놓여있는 국가는 없습니다. 군대 인원이 예비군까지 합쳐 5, 6백만으로 대치하고 있는데, 이를 당장 하나로 묶어 누가 통솔할 것이며, 그에 따른 위험부담을 어떻게 감당할 것입니까?

외교문제 역시 세계가 미·소 양대 진영을 벗어나지 못하고 있고, 한반도는 미·소 냉전구조의 와중에서 제일 중심권에 위치하고 있는데, 외교문제를 실질적으로 하나로 통일시키기는 힘든 상황이라고 봅니다. 문제의 중심은 어느만큼 타당하느냐가 아니라 얼마만큼 가능하냐로부터 출발해야 한다고 봅니다. 쉬운 것부터 시작해서 연방정부가 군사권에 대해 남북한 양쪽의 군비축소를 협의하고, 내부의 단결과 평화에 영향을 줄 수 있도록 해야 합니다. 중앙 연방이 통일에 관한 모든 문제를 논의할 수 있는 것이니까 합의된 만큼 실행하면 된다고 봅니다.

7·4 남북공동성명에서 쌍방이 합의된 부분이 있음에도 불구하고 17년 동안 이룩한 것이 별로 없지 않습니까? 제1단계 공화국

연방제에서는 각 공화국이 전적으로 외교·군사권(내치권)을 갖고, 제2단계에 가서 외교·군사권을 연방 관할로 하며 각 공화국은 자치기구로 남고, 제3단계에서는 완전통일로 나아가는 것입니다.

북한의 변화

김학민 위원장 문익환 목사의 방북시 문익환·허담 공동성명에서 북한쪽의 획기적 변화가 보였지만, 그간 남북대화에 있어 가장 큰 이견으로 되어온 긴장완화를 위한 정치·군사문제의 선행 해결은 어떻게 보십니까?

김대중 총재 정치·군사문제의 선행해결은, 문익환 목사의 북한 방문에서 남북교류를 동시 추진으로 해도 좋다는 공동선언은 문목사님 방북의 성과물이라고 생각합니다. 이것은 통일원장관도 인정한 부분입니다. 나는 이 점에 있어서는 북한이 올바른 태도를 취했다고 봅니다. 또한 남북간의 긴장해결을 위해서는 평화협정을 체결해야 된다고 봅니다. 한국전쟁에 참여했던 남한·북한·중국·미국 등 4개국 —— 북한은 당시 남한이 휴전협정에 서명하지 않았음을 들어 남한을 제외시키려 하고 있지만, 당시 미군사령관이 유엔군사령관으로 휴전협정에 조인하였으며, 남한측은 유엔군에 포함되어 전쟁에 참전하였으므로 평화협정 체결 당사자는 4개국으로 해야 합니다. 이 문제가 해결되면 남북간의 불가침선언을 해야 합니다. 이를 한반도를 둘러싸고 있는 4대국이 지지선언하고, 유엔도 이를 지지하여 전세계적인 인정 속에서 평화체제를 이룩하여야 합니다.

김학민 위원장 남북 경제·문화교류를 포함한 다양한 민간차원의 교류는 사실상 창구단일화를 주장해온 정부측에 의해 막혀 왔습니다. 이를 해결할 수 있는 방안은 무엇이라고 생각하십니까?

김대중 총재 창구단일화 주장 때문에 막혀 있다는 점은 구실입니다. 이는 전대협이 정부측의 창구단일화 주장을 전면적으로 인정한다는 데도 허용하지 않는 점을 보아도 쉽게 알 수 있습니다. 문제는 이 정권이 교류할 의지가 있느냐 없느냐입니다. 나는 연락조차 정부를 배제하고 수행하는 것은 현실적으로 불가능하다고 생각합니다. 연락은 정부에 의존하고, 실제 교류는 민간 차원에서 수행하는 것이 원칙이라 생각합니다. 연락조차 정부를 배제시킨다면 국민 또한 납득하지 못할 것이며, 이는 현정권에게 통일을 방해하는 구실을 줄 뿐입니다.

김학민 위원장 총재님의 3단계 통일방안중 남북한 유엔 동시가입이라는 내용은 결과적으로 분단을 지속시킬지도 모른다는 문제점이 있다는 우려가 많습니다. 이에 대한 견해는 어떠신지요?

김대중 총재 결론적으로 말해서 남북한이 단일 회원국으로 가입하는 것이 옳다고 생각합니다. 그것만이 가능하다고 봅니다. 그러므로 동시가입은 불가능합니다. 북한이 이를 거부하기 때문입니다. 북한이 거부할 경우 소련·중국에서도 반대할 것입니다. 그렇지만 북한에서 주장하는 것처럼 동시가입이 영구분단이라고 보는 것은 논리적으로 타당하지 않습니다. 왜냐하면 유엔 가입 자체가 우리의 분단, 통일과 관련이 없기 때문입니다. 소련의 경우 유엔에 처음 참여할 때 15개 회원국으로 참여하였으며, 지금은 3개 회원국 —— 소비에트 연방, 백러시아, 우크라이나 —— 으로 참여하고 있는데, 그렇다고 소련이 3개의 국가로 나뉘어진 것은 아닙니다. 남북한이 동시가입했다가 통일되어 하나로 되면 되지 않겠습니까? 1950년대 초 소련측에서 남북한의 동시가입을 주장했었는데, 당시 미국과 남한측에서 영구분단이라고 반대하였습니다. 그때 그 안이 수용되었다면 유엔에 벌써 가입되었을 것입니다.

남북 교차승인 문제에 있어서도 현재 남북한을 동시에 승인한

김대중선생 초청 동교동 가정모임에서(95. 1. 7)

국가가 80여국에 달합니다. 그런데 왜 미·소·일·중 4대국이 교차승인하면 영구분단인가라는 점도 논리가 서지 않습니다. 우리는 유엔 가입이 동시적으로 수행된다고 해서 그것 자체가 분단이라고 보지 않습니다. 하지만 북한측에서 원치 않는 일을 강요할 수는 없습니다. 통일이 점진적으로 이뤄진다면 연방정부의 이름으로 가입하고, 합의된 부분에 한해서 입장을 천명하면 된다고 봅니다. 나는 이 문제를 가지고 싸우고 다툴 필요는 없다고 생각합니다.

김학민 위원장　남한 내에서는 아직 국민의 의사가 총화된 통일방안이 없이 각 정파 나름대로의 통일안만이 무성합니다. 이를 총화된 통일방안으로 묶을 수 있는 노력과 방안에 대해 말씀해 주십시오.

김대중 총재　우리 당은 '민족통일범국민협의회' 구성을 제안하고 있습니다. 이 협의회에서는 정부, 각 정당, 사회단체, 민간인이 참여하여 자신의 통일방안을 제출하고 함께 협의하여 범국민적인 통일방안을 마련토록 하는 것입니다. 여기서 논의하여 통일안이 단수로 나올 수 있지만 복수안이 제출될 가능성도 있습니다. 그렇지만 중요한 것은 국민이 결정할 사항입니다. 단수안일 경우 과반수 승인, 복수인 경우 그중에서 어느 것을 지지하느냐에 따라 제일 지지가 많은 안을 택하는 방법으로 해야 할 것입니다. 이때 과반수가 되지 않을 경우 재투표를 실시해서라도 국민투표로 결정해야 합니다.

폐지되어야 할 반(反)통일 악법

김학민 위원장 통일논의 활성화와 통일추진에 장애가 되는 국내의 법률적 요소는 무엇이며, 이것을 어떻게 극복할 수 있겠습니까?

김대중 총재 국내에서 통일을 막는 법률은 국가보안법과 안전기획부법입니다. 국가보안법은 한마디로 반통일법이며 용공조작법입니다. 그렇기 때문에 폐지해야 합니다. 이 법이 존재하는 한 통일을 위한 어떠한 일도 할 수 없습니다. 현정부는 북한을 적으로 간주하지 않고, 평화공존을 위해 국내외적으로 라이벌로 생각하기보다는 7·4 선언 발표 이후 동반자로 규정하고 있습니다. 그런데 국가보안법은 두가지 모두, 즉 북한을 라이벌, 동반자로 간주할 경우 국가보안법 위반이 되는 것입니다. 국가보안법 6조 2항에 의하면 북한을 '반국가단체'로 규정하고 있습니다. 북한하고의 어떠한 접촉도 법률에 위배되는 것입니다. 정부가 승인했으면 정부 역시 저촉 대상에 걸리는 것입니다. 김영삼씨, 정주영씨도 국가보안법을 위반한 것입니다. 문목사님만 실정법 위반이 아닙니다. 문목사님의 경우 위의 사항에 비교해 볼 때 여권법 위반에 해당되는 것입니다. 현재 4당중 국가보안법 폐지를 주장하는 정당은 평민당, 민주당뿐이기 때문에 협의가 안되고 있습니다. 안전기획부법은 국내 정치 간여 배제, 즉 대외정보 관계에만 치중하

도록 개정해야 합니다. 북방외교가 활성화되면서 업무량이 많아
질 것에 대비해야 합니다.

김학민 위원장 이것은 통일 후의 체제문제하고도 관련이 됩
니다만, 최근 주장하셨던 한반도 주변 4대국 보장 하의 오스트리
아식 중립화 통일방안이 현실적으로 어떻게 가능할 수 있는지 설
명해 주십시오.

김대중 총재 통일 후의 체제는 1단계에서는 북은 공산주의,
남은 민주주의 제도로 두 체제가 공존하는 것입니다. 제2단계에
서는 외교와 국방을 연방에 넘기면서 양 공화국은 자치단체로 변
화하는 것입니다. 그때 각자의 이념을 어떻게 할지 논의해야 합
니다. 두 체제 중 하나를 수용하느냐, 두 체제를 조화하여 수용
하느냐, 아니면 선거를 통해서 하느냐를 결정토록 해야 합니다.
지금과 같이 1당독재가 아니라 상대방이 정권을 잡더라도 야당으
로 인정하는 방식으로 해야 합니다. 마지막에 완전 통일단계로
정착되는 것입니다.

오스트리아식 중립화론은 완전 통일단계, 적어도 2단계 통일이
이루어져 외교·군사분야가 중앙정부 관할하로 되었을 때 고려될
수 있는 방안입니다.

우리 역사를 통해 살펴보면 조선 왕조 말년에 4대국은 우리나
라를 서로 지배하려 했습니다. 일·청이 싸워 청국이 졌고, 러시
아와 일본이 싸웠고, 여기서 영향력을 행사한 나라가 영국·미국
이었습니다. 이렇게 4대국이 우리나라를 관리했습니다. 이 단계에
있어서 일·청전쟁 전부터 우리나라의 중립화론은 독일공사를 중
심으로 상당히 활발하게 지지되었었는데, 우리 정부가 반대했습
니다. 정부측에서 상국인 중국을 놔두고 어떻게 독립하느냐며 반
대를 표명했습니다.

우리 역사를 볼 때 제일 취약한 부분이 외교라 생각합니다. 종

교·문화분야 등에서는 뛰어난 인물이 많은데, 외교만은 제대로 수행하지 못했습니다. 그 이유는 흑백논리, 예-아니오밖에 모르고 중간에 대해 생각하지 못하는데 기인한다고 봅니다. 이러한 문제를 시정하지 않는다면 강대국 사이에서의 어떤 불행을 볼지 모릅니다. 강대국은 조선 말엽과 같이 우리나라를 식민지로 하려고는 않지만, 영향권 안에 두거나 최악의 경우라도 상대방 영향권에는 안두겠다는 입장입니다. 그러니까 우리는 절대로 외교적 관계가 필요합니다.

세계에서 미·일·중·소 4대국에 둘러싸여 있는 나라는 한반도밖에 없습니다. 우리가 스스로의 역량이나 지정학적 위치로 인해 발생하는 문제에 대해 고려치 않고 남의 나라를 적대시하거나 미워하면 문제가 풀리기보다 어려워진다고 봅니다. 우리는 고도의 외교역량이 필요합니다. 이러한 관계에 기초해서 우리는 오스트리아식 영세중립화를 해야 합니다. 오스트리아의 경우 4대국 분할통치를 막아내었습니다. 당시 소련은 오스트리아가 중립을 유지하지 못한다고 보았으나, 국민들이 투표로 선택하였기에 소련에서도 인정하였습니다. 우리나라도 미·일·중·소 어느 나라도 적대하지 않는 방향으로 갈 때, 우리의 평화와 독립을 4대국이 보장하는 방향으로 갈 수 있다고 봅니다.

중립화 통일론의 제의

김학민 위원장　현재 젊은이들은 통일을 가로막고 있는 최대 장애요인을 현 군사정권과 미국이라 생각합니다. 미국이라는 엄청난 외세를 극복하고 4대국 승인 하의 중립화 통일이 실질적으로 가능한 것입니까?

김대중 총재　통일이나 남북문제는 자주적인 협력과 주변국과의 협력이 병행되었을 때 가능하리라 봅니다. 오스트리아의 경우 역시 힘의 역학관계를 통해서 이룩한 것이지 자체의 힘만으로 된 것은 아닙니다. 만약 주변관계를 이용하지 않고 자체의 힘만으로 할 경우 강대국은 우리 내부에 있는 외세 추종주의자와 결탁하여 통일을 가로막습니다. 그렇기 때문에 우리가 통일을 신명풀이 차원으로 할려면 모르지만, 진정 통일을 성취하려면 대단한 인내심이 필요합니다. 외교사를 보면 "외교는 인내다"라는 말이 있습니다.

현재 젊은층에서 우리에게 자주의식이 부족하다고 말하지만 저는 오히려 젊은이들이 자신감이 부족하다고 느낍니다. 왜 우리가 미국을 다룰 수 없다고 봅니까? 미국이 통일을 할 수 없다고 해서 못하는 것이 아니지 않습니까? 우리는 민주정부를 수립하고 북한과는 대화를 유지하면서 주변 4대국의 이익과 충돌하지 않는 선에서 우리의 이익을 지킬 수 있습니다. 이러한 노력 속에서 상대방을 설득시켜 가면서 통일을 앞당기는 것입니다. 만약 상대방이 이를 지지하지 않는다면 7천만 민족으로부터 증오를 받고 국제적으로 고립되기 때문에 할 수 없이 받아들여야 합니다. 이 점에 있어서 양자가 서로 이해할 수 있는 타협점이 모색되어야 합니다. 문제의 핵심은 우리 민족이고, 자주이며, 우리의 이익입니다. 중요한 것은 자주와 고립은 같은 것이 아닙니다. 우리의 이익을 위해서는 누구와도 대화할 수 있고 협력할 수 있다는 자신감이 진정한 자주라 생각합니다.

김학민 위원장 끝으로, 통일 노력을 위해 오늘의 야당이 주도적으로 해야 할 사명에 대해 말씀해 주십시오.

김대중 총재 나는 1971년 대통령선거 이후부터 통일을 위해 노력해 왔습니다. 그때 남북교류와 3단계 통일방안을 주장했을 때 여당에서 용공세력으로 몰아가지고, 김일성이 북을 치면 김대중이가 장단을 맞추고, 김일성이가 피리를 불면 김대중이 춤을

춘다고 하면서 기회만 있으면 용공으로 몰아 사형언도까지 내렸습니다. 그러나 나는 이 민족에 대한 책임, 이 민족 일원으로서 내가 해야 할 사명감에 입각해서 통일에 대한 방안을 제시하였습니다. 3단계 통일방안, 4대국과 한반도의 협력, 공산권과의 교류, 공화국연방제 등 제안했던 통일방안이 지금 실행되고 있습니다.

나의 비원은 두가지가 있습니다. 첫째, 민주주의가 실현되어 ── 자유와 정의가 진정으로 구현되는 ── 국민에게 단순히 정치적 자유뿐만 아니라, 경제적·사회적 자유를 향유토록 하여, 진정 국민이 주인되어 참여하여 국민의 힘에 의해 이뤄질 수 있도록 하는 것입니다. 둘째, 민족의 분단을 종식하여 평화통일을 이룩하는 것입니다. 전쟁 종식과 평화적 교류, 동질성 회복을 통해 통일로 가는 1단계 공화국연방제로 통일의 대로를 열어놓는 것입니다. 이는 내가 꼭 집권을 해야 한다는 것이 아니라 어느 위치에 있건 통일을 위한 노력을 할 것입니다. 20년 동안 일관된 나의 주장이 일정하게 방향을 잡아냈다는 것은 ── 정부측에서 인정했다는 ── 나름대로의 공헌이라 할 수 있습니다.

통일문제는 서두른다고 되는 것이 아닙니다. 통일만큼은 불같은 정열과 얼음같은 이성이 필요합니다. 왜냐하면 통일을 지원하는 세력도 많지만, 우리 내부 또는 외부에서 통일을 방해하는 세력이 많기 때문입니다. 그러나 우리가 올바른 정책을 취한다면 주인으로서 주인의 역할을 할 수 있습니다. 방해요인은 슬기롭게 극복해서 분쇄시켜 나가야 합니다. 이것이 내가 배운 교훈입니다. 때로는 젊은 세대들에게 미온적이라는 인상을 주지만, 나는 내가 믿는 것과 내가 아니라고 생각하는 것을 인기영합을 위해 입장의 변동을 취할 수는 없습니다.

나는 정말로 젊은 세대들을 사랑하고, 젊은이들을 위해 모든 것을 ──목숨까지도 ── 바치려고 노력하고 있으며, 바쳐왔다고 생각합니다. 내가 80년 당시 사형언도를 받고, 정권에 협력하면 살려주고 안하면 죽이겠다고 했을 때 국민을 배신할 수 없어 협력하지 않겠다고 하였습니다. 나는 이런 점에서 내가 목숨이 다하는 날까지 일관된 방향으로 나아갈 것입니다.

나의 삶의 방향이 옳다면 그 교훈을 잘 이용할 수 있도록 하였으면 합니다. 그렇다고 내가 하는 일을 다 하라는 말은 아닙니다. 그건 어림도 없는 소리며, 그런 교만도 없습니다. 다만 우리 세대가 할 수 있는 일과 한계를 넘어 여러분들이 할 수 있는 일이 있다고 봅니다. 이런 의미에서 때로는 신중하게 혹은 과감하게 할 수 있는 것입니다.

우리가 배운 교훈을 여러분이 참고가 되면 잘 활용해 주길 바랍니다. 통일에 있어서 근본적인 문제는, 통일운동을 추진하는 모든 세력들은 —— 정치권이든 재야든 —— 국민과 같이 해야 합니다. 국민을 놓친 통일운동은 절대로 성공하지 못합니다. 통일문제에서 많은 장애요인이 있지만 —— 반대요소도 있지만 —— 국민이 이해하지 못하는 요인도 큽니다. 이러한 문제를 극복하기 위해서는 국민들에게 왜 통일을 해야 하며, 장애요인이 무엇인가를 알려나가는 노력을 끊임없이 수행해야 합니다.

또한 국민들이 갖고 있는 지혜를 배우는 자세로부터 출발해야 합니다. 문제는 국민들보다 반 발 정도 앞서 국민들의 손목을 꼭 잡고 나가야 합니다. 어디까지나 통일의 주체는 우리가 아니라 국민입니다. 마지막에 한반도의 통일안을 확정짓는 것 또한 국민이기 때문입니다. 즉 북한과 어떤 방향으로 통일된 나라를 끌고 갈 것이냐도 국민의 자유의사에 의하여, 여론과 투표에 의해 결정되기 때문입니다. 국민을 믿으면서, 민주주의에 대한 훈련과, 스스로 생각하게 하고 배우게 하는 실천적 노력을 끈기있게 수행해야 합니다.

앞서 언급하였듯이 통일은 어느 지도자나 엘리트가 천재적인 생각이나 안을 내놓고 국민이 따라와야 한다고 되는 문제는 절대적으로 아닙니다. 그것이 아무리 좋은 뜻에서 제안되었다치더라도 통일에는 도움이 되지 않으며, 올바른 통일의 길도 아닙니다. 모든 것은 국민의 힘에 의해서 이뤄지며, 우리는 절대적으로 국민과 함께 가야 합니다.

김학민 위원장 총재님의 말씀 한마디 한마디가 40여년간 끌어온 남북한의 적대와 불신, 오해를 씻을 수 있는 진정한 민족화해적인 통일방안을 만들고, 또 이를 구체화시키고 실천하는데 큰 도움이 되리라 믿습니다. 장시간 감사합니다.

'정계조퇴' 성명

권의원님께

국회 일과 당 일에 무척 바쁘시리라 믿습니다. 직접 찾아뵙고 말씀드리는 것이 도리인 줄 압니다만, 당내 제반 사정에 비추어 볼 때 이렇게 글로 대신하는 것이 오히려 의원님께 부담을 덜 드리는 것이 아닌가 판단이 됩니다.

권의원님

저는 요즘 우리 당의 조직책 결정에 관한 신문보도와 당 주변에서 흘러나오는 이야기를 들으면서 참으로 착잡한 생각이 듭니다.

김대중 선생을 비난하고 모함하던 사람들이 입이 닳도록 떠들어댔던 말 중의 하나는 총재님의 '사람 관리' 문제임을 저는 알고 있습니다.

14대 총선이 다가오자 당에서는 92년 대선 구도를 고려하여 소위 당선가능성을 명분으로 원외위원장들을 교체했다. 나에게도 같은 압력이 왔다. 도저히 어찌 해볼 도리가 없었다. 궁리 끝에 동교동계의 실세 권노갑씨에게 편지 한 장을 띄웠다. 무엇이라도 한 자리 한 사람이라면 정계은퇴겠지만, 원외위원장 외엔 아무 것도 한 것이 없으니 정계조퇴다.

"김대중씨는 필요할 때는 갖은 감언으로 사람을 끌어모으지만 이용가치가 떨어지면 가차없이 버린다. ×××, ○○○를 봐라. 그 밑에 오래 붙어 있는 사람 보았는가?"

이것이 그들의 주장입니다. 그때마다 저는 나름의 논리와 투지로 그들에 맞서, 한편으로는 설득·이해시키고, 그렇지 못할 경우는 인간적인 관계까지 깨질 정도로 싸움도 했습니다.

그런데 요즘 저 자신이 바로 그들의 말대로 '버리는 카드'로 전락하게 된 것이 아닌가 하는 착잡한 심정이 들게 되었습니다.

"김윤식씨, 그리고 그 아들 심학민 봐! 부자가 그렇게 열심이더니만, 결국 버림받지 않아?"

권의원님

제가 이렇게 글을 드리는 것은 무슨 국회의원 자리, 지구당 위원장 자리가 멀어져서 원통하고, 억울하고, 아쉽기 때문만은 아닙니다.

유신, 5공독재 모두 겪어오면서 나름대로 투철하게 학생운동, 재야운동에 투신하였고, 그리고 13대 대선을 거쳐 어려웠던 평민당에 입당하여 당에 봉사해오면서 한번도 변함없었던 김대중 선생의 사상, 철학, 정책에 대한 지지와 확신, 그리고 인간 김대중에 대한 존경의 기반이 송두리째 무너져내리는 느낌 때문입니다.

암울했던 시절, 김대중 선생은 최소한 저에게는 꿈과 희망이었고, 미래였습니다. 그러기에 1987년 대통령 선거에서 당시 재야운동권으로서는 결코 쉽지 않았던 김선생에 대한 지지운동에 앞장서게 된 것입니다.

김대중 후보에 대한 재야 지지세력의 총집결체인 김대중선생단일후보추진위원회(김추) 사무처장을 맡아 전국 89개 전 종합대학 학생회의 지지를 받아내 학생들을 운동원으로 확보하고, 목사, 신부, 스님, 문학인, 미술인, 교수, 소장학자 등 전국의 진보적 유명 지성인의 서명을 받은 일, 또 타후보측에서도 감탄할 정도의 멋들어진 홍보물 등이 제가 사무처장으로 활동한 '김추'의 자랑스러운 성과였다고 자부합니다.

그러나 보람도 없이 대통령선거에서 패배하자, 아무리 생각해도 이에 승복할 수가 없어서 저는 용강동 저의 집에서 장순식 전 평택군위원장 등 연세대 후배 세 명과 합숙하며 컴퓨터 부정 사례를 한달간이나 조사하여 정의구현사제단에 넘겨주었던 것입니다.

그리고는 김추 때 사용하고 남은 선거자금 1천여 만원을 김총재에게 갖다 드렸습니다. 제 얘기를 해서 뭣합니다만, 선거자금 쓰고 남은 돈을 도로 반환하였으니, 지금 생각해 보아도 제가 참으로 순진했던 것같습니다.

선거가 끝나자 김대중 총재를 지지했던 사람들은 운동권에서 말할 수 없는 비판과 비난을 받았습니다. 최소한 운동권에서는 모든 악의 화신이 김대중 비판적 지지자들이었고, 제가 정초에 세배를 다니며 평민당 입당의사를 밝히자 사람들은 저를 멍청하다 못해 미친놈 취급을 하였습니다.

모든 사람들이 손가락질하고, 많은 사람이 평민당을 떠날 때 거기에 들어가겠다고 했으니 말입니다. 바로 그런 사람들의 집결체가 평민연입니다.

너무나 분하였고, 또 김총재가 재기하기 위해서는 평민당에 입당하여 우리가 또 한번 희생 노력해 보자는 다짐을 했습니다만, 저 스스로는 그리 자신이 없었습니다.

정치를 할 생각도 없었고, 더구나 출마란 꿈에도 생각하지 않았습니다. 그러나 평민당과 김총재를 살리기 위해서는 우리가 바닥에서 뛰어야 한다는 각오 아래 서대문에서 서투른 선거운동을 시작한 것입니다.

　서대문에 김학민(연대)과 김상현, 동대문에 고광진(고대)과 송원영, 관악에 이해찬(서울대)과 김수한, 이것이 그때 평민당의 서울바람 일으키기의 한 구도였고, 당이나 저희들 당사자나 당선보다는 구정치의 표본들과 함께 비장하게 죽은 후 새롭게 태어나자는 것이 서로간의 묵언의 약속이었고 결의가 아니었는가 생각됩니다.

　지금 당이나 총재님 주변에는 김상현씨에 관해 여러 생각이 있는 모양입니다만, 김상현씨가 평민당에 있있다면 왜 제가 서대문에 나갔겠습니까?

　저는 바보가 아닙니다. 서대문에서 3선을 하고, 돈도 있고, 당시로서는 평민당보다 유리한 민주당 공천을 받은 '거물' 김상현씨와 싸워 이길 수 있다고 판단하여 서대문에 나갔겠습니까? 그것은 그때 저 이외에는 서대문갑구에 별다른 공천 신청자가 없었던 것으로 보아도 증명이 됩니다.

　저는 마음속으로 "주여, 하실 수 있다면 제 앞의 술잔을 거두이 주십시오."라고 여러 번 기도하였고, 총선 직전에 있었던 통합협상이 진심으로 이루어지기를 바랬습니다. 그것은 통합이 되면 제가 출마하지 않아도 되기 때문에서입니다.

　저의 집안 가족회의에서도 제가 자신없어 하자, 아버님께서는 김대중씨를 위해서 이번 선거만을 보지 말고 14대를 생각하고 한번 해보라고 용기를 주셨습니다.

　4·26 총선은 악몽과 같았습니다. 전혀 정치의 문외한이, 지역주민에게도 알려지지 않은 채, 돈도 없고, 조직도 없고, 시간도 약 20일 정도밖에 못가지고 나갔습니다. 그러나 당과 총재님의 도움으로, 비록 낙선은 했지만 결코 절망적은 아니었습니다. 정말로 '돈밖에 없는' 여당 후보가 3만 5천표, 관록의 김상현씨가 3만표

를 얻은 것에 비하면 저의 2만 5천표는 결코 적은 것이 아니었습니다.

저는 선거에서는 졌지만 정치적으로는 이겼다고 생각했습니다.

원외지구당 위원장 4년은 참으로 어려웠습니다. 저 자신의 여러 부족함 탓도 있지만, 지역감정, 공안정국, 수서비리, 3당야합 등의 구조적 문제들로 인하여 국민들로 하여금 정치불신, 정치허무주의에 물들게 한 것도 더욱 원외생활을 어렵게 만든 조건들이었습니다.

그러나 절치부심, 어려운 중에도 지난 광역선거에서는 1명 당선 2명 분패라는 서울 지역에서는 비교적 양호한 성과를 얻었고, 13대 대선 지지율 32%, 13대 총선 지지율 24%는 이번 광역 선거에서는 39%로 뛰어올라 서울 전 지구당중 5, 6위를 다투었습니다.

이제 14대 총선의 경우 누가 나오더라도 당선은 가능하지 않는가 하는 생각이 듭니다. 4·26 총선시 여당 3만 5천표 야당 5만 5천표, 광역선거 여당 3만표 야당 3만 9천표를 얻은 것으로 보아 서대문갑지역에서 통합야당 후보이면 누구든 당선될 것이 확실합니다.

그리고 4년 전과는 달리, 마음과 실질적인 준비가 되어 있고, 많이 알려져 있고, 유권자의 70% 정도가 40대 이하이고, 저와 처 모두가 관내에서 중·고·대를 마치고 지역활동을 열심히 하여 저의 당선가능성 또한 거의 확정적이라고 봅니다.

저는 원외 4년을 지내면서 나름대로 당과 총재님을 위해서도 열심히 일했다고 생각합니다. 비호남 출신이었기 때문에 김총재의 지지 확대에 명분을 가지고 있었고, 연세대 운동권의 대부로서 교수 및 소장학자, 후배들을 우리 당 및 김총재 지지세력으로 다수 끌어들였으며, 출판문화활동에서의 기반으로 많은 학자, 지식인들을 우리 세력으로 만들기 위해 노력했습니다.

예를 들면 우리 당에 많은 이론적 논거를 풍부하게 해주었던 한신대 김광식같은 소장학자는 바로 저의 직계 후배입니다.

또 수많은 총재님의 발언·연설문들을 정리하고 편집하는 과정을 통해 김총재의 사상, 철학, 정책에 대해 달달 외울 정도로 누구보다도 훤히 이해하게 되어, 다음 대선에서는 정말로 멋지게 일해보자는 생각을 가다듬어오고 있었습니다.

권의원님

한가하게 지나간 과거나 들추고, 희뿌연 미래나 이야기한다고 생각하지나 않으시는지요? 그러나 과거는 오늘의 우리를 있게 하는 소중한 역사입니다. 그리고 김총재님을 비롯한 모든 분들은 다 과거의 역사를 통해 형성된 인물들입니다. 또 미래는 아직 먼 훗날의 이야기가 아닙니다. 현재와 바로 연결되는 미래입니다.

생각컨대, 정치적 조직이나 사업(예를 들면 대통령 선거)에 있어 어떤 사람이 필요한가는 전적으로 두가지 기준으로 판단해야 한다고 생각합니다.

첫째는 그 사람을 확보함으로써 얼마만힌 세가 추가로 모아질 수 있는가이며, 둘째는 그 조직이나 사업에 그 사람이 얼마나 실력과 기능을 가지고 있는가입니다.

감히 말씀드리건대, 김상현씨가 모아 올 수 있는 세력(또는 표)은 누구라도 모아올 수 있습니다. 기왕에 김총재님을 지지하는 전라도 출신 유권자나 구정치인 몇몇이라면 굳이 김상현씨가 아니더라도 오는 것입니다. 그의 실력과 기능에 관해서는 말하지 않겠습니다.

단지 말씀드릴 수 있는 것은, 아버님과 제가 이제껏 행동하고 보여왔던 것처럼 언제 어느 상황에서도 총재님을 위하여 앞장 설

각오에는 변함이 없으며, 앞으로 14대 선거에서 이겨 의회활동을 통해, 또 저의 개인적 능력을 총동원해 대선에서 김총재님이 이기시도록 돕겠다는 것입니다. 또 그런 일을 할 수 있는 능력면에서 조금도 제가 김상현씨에게 떨어지지 않는다고 생각합니다.

똑같은 햇살같지만 지는 해와 떠오르는 해는 구별되어야 합니다.

굴러온 돌이 박힌 돌 빼내버리고, 배신했던 부담스러운 인물 받아들이기 위해 선대 이래 투옥 등 온갖 어려움을 무릅쓰고 견마지로를 다 해왔던 순진한 사람을 가차없이 차 버리는 일, 이렇게 해서 김총재께 무엇이 남으며, 얼마나 도움이 되겠습니까?

그리고는 "그것이 정치다"라고 얼버무려도 되는 것입니까?

권의원님

이제껏 조강특위 위원 누구 한 분 찾아가 부탁 한번 제대로 못하는 저의 성격이지만, 일부 사람들의 행태처럼 탈락했다고 하여 당사나 총재댁에 찾아가 난동을 피우거나 출마를 위해 이 당 저 당 기웃거릴 추태를 부릴 저는 아닙니다.

선거운동에서야 당연히 악착같아져야 하지만, 나름대로 순수함과 양식을 갖고 드리는 이 글이 조롱과 멸시의 대상이 된다면, 김대중 선생에 대한 순정과 열정으로 몸바쳐 뛰었던 4년, 미련없이 떨쳐버리고 깨끗이 사라지겠습니다.

그리고 나의 새로운 임무가 무엇인가 골똘히 모색해 보겠습니다.

1991년 11월

김 학 민

역사는 무엇에 쓰는 것인가

"아빠! 역사란 무엇에 쓰는 것인지 설명해 주세요."

포악한 나치 권력에 짓밟힌 조국 프랑스를 구하기 위해 항독 레지스탕스 운동에 나섰다가 끝내 나치에 의해 총살당한 프랑스 역사가 마르크 블로흐의 저서 『역사를 위한 변명』은 위와 같은 한 어린이의 소박한 질문으로 출발하고 있다. 마르크 블로흐는 이 책에 그의 역사에 대한 정직한 회의와 반성을 담고 있지만, 그의 최후가 극적으로 말하듯 그는 끝까지 역사의 정당성에 대한 확신을 버리지 않았다.

요즈음 갑작스레 우리 사회에 '역사'라는 단어가 회자한다. 자기에 대한 모든 평가를 '역사'에 맡기고 조용한 시민생활로 들어가겠다는 김대중씨의 정계은퇴 성명을 두고, 평소 비판·비난의 경지를 넘어 그를 매도하는 데 앞장섰던 한 조간신문조차 그의

92년 대통령선거가 끝나고 김대중 총재가 정계를 은퇴하기로 하자 각 언론매체는 느닷없이 한국정치사의 거목이니, 민주화 투사니 하며 낯뜨겁게 김대중 총재 영웅 만들기에 돌입했다. 보수 기득권을 유지하기 위해 개혁적인 김대중 총재의 집권을 필사적으로 막아왔던 그들이 아닌가? 망국적 용공음해, 지역감정 조장을 통해서 말이다. 또 이들의 '영웅 만들기'는 김대중 총재를 무덤에 가두고 밀봉하려는 가증스러운 획책이었다. 하도 구역질이 나 「한겨레신문」에 기고했다.

40년 정치 '역사'를 찬양하고, 앞으로 그의 일생이 '역사'에 길이 남을 것이라고 떠들어댄다.

'역사'는 이렇게 편리한 것인가. 기회주의자들의 도피처가 역사일 수 있다면, 역사는 과연 무엇에 쓰이는 것인가? 지고의 가치와 지선의 진실이 내동댕이쳐지고, 과거의 오류와 모순이 현실에 거침없이 되풀이되는 상황에서 역사는 과연 무엇을 의미하는가?

"독립운동가는 도배장이를 낳고, 도배장이는 미장이를 낳고, 미장이는 ……. 친일파는 의사를 낳고, 의사는 사업가를 낳고, 사업가는 ……"

조국 광복을 위해 풍찬노숙 만주 벌판에서 고난의 삶을 이끌었던 독립운동가 집안과, 매국매족의 대가로 대대로 호의호식을 누려온 집안의 가족사를 통해 굴절의 한국 현대사를 조명한 박완서씨의 소설 「오만과 몽상」의 한 구절이다.

흔히들 우리 현대사를 '고난의 역사'라고 한다. 그러나 그 '고난'은 항상 누구의 몫이었던가? 나라를 빼앗긴 일제의 '암흑의 역사'에서 '고난'은 독립운동가의 몫이었고, 조국 광복이 이룩된 '영광의 역사'에서 '고난'은 도배장이, 미장이의 몫이었던 것이다.

이탈리아의 재통일을 위해 일생을 바친 마치니, 영국 식민통치를 이겨내고 미국을 세운 워싱턴, 볼리비아 건국의 아버지 볼리바로부터 마르코스 독재정권에 온몸을 던져 투쟁했던 아키노 상원의원, 폴란드 노동자의 권익을 위해 투쟁한 바웬사, 남아프리카 공화국 흑인민권운동의 기수 만델라에 이르기까지 조국의 독립, 민주화, 인권의 보장을 위해 싸워온 지도자들은 동서고금의 역사에 수없이 등장한다.

그들은 또한 온갖 역경 속에서도 "무엇이 되기 위해 산 것이 아니라 어떻게 사는 것이 옳은 길인가"를 놓고 고뇌하면서 살아온 사람들이다.

우리는 지금 조국의 민주화를 위해 목숨을 걸고 노력했던 한 인간을 현실에서 처참하게 패퇴시키고 '역사'의 장으로 몰아내고 있다. 그의 아들이 도배장이가 안된 것이 그나마 '축복'이라는 말을 한다면 지나친 자조일까?

이제 김대중씨는 정계은퇴를 하면서 스스로의 평가를 '역사'에 맡겼다. 그것은 현실에서 못 이룬 꿈을 역사를 통해 평가받고 싶다는 그 나름의 절실한 소망이고, 또 피할 수 없는 선택일 것이다.

그러나 오류와 모순의 현실까지도 진실한 반성과 참회없이 역사의 장으로 밀어넣어 얼버무리려는 오늘의 우리 세태를 접하면서 역사에 한마디 질문을 던지지 않을 수 없다.

"역사는 과연 무엇에 쓰는 것입니까?"

〈「한겨레신문」 92. 12. 22〉

김상현으로 엉켜버린 나의 정치인생

가만히 더듬어 보면 김상현 선생과의 인연은 참 길기도 하며 질기기도 한 것같다. 따지고 보면 서대문에서 살게 된 중학교 시절부터 선생과의 인연은 시작된 셈이다. 당시 김상현 선생은 서대문구를 지역구로 한 국회의원이었고, 나의 아버지는, 그때는 정계에서 은퇴하셨지만, 민주당의 신파 출신으로 김대중, 김상현 선생과 친밀했던 관계로 나는 김상현이라는 이름을 어린 나이부터 쉽게 접하게 되었다.

이름을 접하게 되는 것만으로 인연이랄 수는 없겠지만, 정치 일선에서 물러난 아버지의 행보를 생각한다면, 그것은 분명 이름만으로 내게 다가오는 인연이었다. 아버지는 국회의원 선거 때마다 민주당 신파의 정치노선을 함께 걸었던 김상현 선생의 선거대책본부장이 되었던 것인데, 몇 년 후 아버지가 그랬던 것처럼 나

2002년 김상현 선생이 광주 북구 보궐선거에 출마할 즈음, 그의 공천과 선거에 도움이 되고자 전국의 많은 사람들이 '나와 김상현'이라는 주제로 글을 써 한 권의 책으로 펴냈는 바, 그 책이 바로 『김상현 거꾸로 읽기』이다. 이 글은 그 책에 실린 글이다. 이번 17대 총선에 김상현 선생은 민주당을 택해 광주 북구로 출마하려 하고 있고, 나는 열린우리당 후보로 용인을구에 출마하려 하니, 또 선생과 정치인생이 엉켜버린다. 모두에게 행운이 있기를 빌 뿐.

도 김상현 선생의 선거대책본부장으로 활동했다는 것을 생각해 보면 인연 가운데서도 묘한 인연이었던 것이다.

그렇다고 내가 처음부터 김상현 선생과 함께 뜻을 모아 정치의 길로 들어선 것은 아니다. 정치란 분명 내게 독약이었다. 이제 돌아보건대 정치에 발을 들여놓은 내 자신이 어처구니 없고 한스럽기까지 하다.

아버지가 김상현 선생의 선거대책본부장이셨던 시절, 대학생이었던 나는 유신체제에 반내하는 당시의 많은 대학생 가운데 하나일 뿐이었다. 학생운동을 주도하던 나는 정치에 대해 관심이 없었고, 솔직히 말해 경멸할 정도로 정치인들을 거부하기도 했었다.

그러던 1974년, 민청학련 사건으로 구속 수감되고서야 나는 정치와 정치인들에 대해서 다시 생각하게 되었다. 그것은 김상현 선생을 비롯한 몇몇 야당 정치인들이 학생운동을 하던 우리와 같이 유신에 대해 상당히 비판적이었다는 것, 그 때문에 박정희에 의해 탄압받고 결국에는 억울하게도 부패혐의를 뒤집어쓰고 수감되었다는 사실 때문이었다.

재미있게도 이름만의 인연을 너며 김상현 선생과 나와의 첫 만남은 가슴에 수인번호를 달고 이루어졌다. 서대문구치소에서 안양교도소로 이감되고 얼마 지나지 않아, 교도서 안이었지만 학생들보다는 상대적으로 자유스런 김상현 선생이 나의 감방으로 찾아왔다.

"김동지. 그래, 참 고생이 많구만."

서로간에 이름만 아는 그렇고 그런 사이일 뿐이라 여겨왔던 나의 생각들이 무안할 만큼 선생은 오랜 벗처럼 나를 대해주었던 것으로 기억한다. 그리도 마주 잡은 두 손에 흐르는 따뜻한 전류를 나는 30년이 지난 지금까지도 또렷이 기억하고 있다.

그 날 이후로 김상현 선생과 나는 또 오래도록 서로의 소식만을 먼발치에서 접하며 각자의 길을 걸어가고 있었다. 야당 정치인으로서 당시 김상현 선생과 가족들은 자못 어려운 모양이었다. 독재의 칼날이 푸르게 살아 있던 시절, 그 독재에 맞서 싸운 용사에게 돌아가는 핍박과 억압의 생활이야 굳이 글로 표현할 필요가 없이 이미 잘 알고 있을 것이다. 선생의 부인은 어쩔 수 없이 어려운 생활을 꾸리기 위해 닥치는 대로 일을 하였고, 그 즈음 선생의 부인이 경영하는 문구점에 내 동생이 아르바이트 일을 하기도 했으니, 우리 가족과 선생의 가족과의 인연 또한 남다르다고 할 수 있을 것이다.

영어의 몸에서 해방되어 재야의 일꾼으로 내가 활동하는 동안 선생은 박정희 정권과 전두환 정권에 의해 핍박받고 억압받는 정치인들의 목소리를 하나로 모으는 일에 온힘을 쏟았던 것으로 기억한다. 서로 노선과 이해관계가 다른 정치세력들을 규합한다는 것은 분명 쉽지 않은 일이었을 것이다. 그런데도 선생은 그것이 군사독재를 물리치고 참다운 민주주의로 나아가는 길이라고 믿었으며, 그 일에 혼신의 노력을 기울였었다.

그런 노력들은 분명 필요한 것이었고, 필요한 일을 하는 사람에게 성원을 보내는 것은 너무나 당연할 터였다. 그러나 당시만 해도 재야 민주화운동의 순수성을 지키려던 나는 멀리에서 마음속으로만 박수를 보낼 뿐, 그 노력에 동참한다거나 하는 생각을 하지는 않았다.

김상현 선생의 노력과 판단 가운데서 가장 빛나는 것은 누가 뭐래도 85년 2·12총선이라고 할 수 있을 것이다. 정치적 안목과 식견이 탁월하다는 김대중, 김영삼 두 전 대통령 모두 2·12총선의 참여에 반대하는 입장을 취하고 있었다. 전두환 정권의 극악성이 하늘에 닿을 그 무렵, 국민의 눈과 귀를 속이기 위해 야당 정치인을 들러리로 세울 뿐이라고 많은 사람들이 2·12총선 참여 반대 의사를 밝혔던 것으로 기억한다.

그때 선생은 비록 들러리를 설지언정 그런 기회를 통해 악재를 호재로 만들어야 한다고 주장했다. 선명하고 바르고 깨끗한 사람들을 앞세운다면 충분히 승산이 있으며, 그 기회를 통해 민주주의로의 도약을 다져야 한다고 선생은 주장하였다.

선거가 있기 며칠 전까지만 해도 선생의 이런 주장과 노력, 그리고 실천에 대해서 자신감을 나타내고 믿는 사람은 거의 보이지 않았다. 실패에 대한 두려움보다는 군사독재에 의해 놀아나고 있다는 그런 생각들이 정치인들을 더 힘들게 했을 것이다.

그러나 사람들의 염려와는 달리 결과는 민주주의의 희망에 새로운 불씨를 지피기에 충분했다. 학생운동 세력 및 재야인사, 양심적 정치인 등 젊고 깨끗한 인물들의 승리를 통해서 국민들은 새로운 시대에 대한 희망을 품게 되었던 것이다.

따지고 보면 전두환 정권의 몰락과 6월항쟁의 승리까지 그 시발점은 바로 2·12총선이었으며, 그 승리의 주역은 다름 아닌 김상현이라는 이름이었던 것이다.

그 뒤 김상현 선생과 나와의 관계는 묘하게 꼬여버린 애증의 관계로 발전한다.

1987년 양김의 분열로 인해 군사정권에 맞설 구심점이 흔들릴 때 나를 비롯한 재야인사들은 양김의 단합을 강력하게 추진하게 된다. 그것은 물론, 밀실에서의 야합이 아닌 국민들에 의해서 이루어진 열린 광장에서의 단일화였다. 민족의 미래에 대해 보다 명확하고 밝은 생각을 가지고 있는 사람이어야 했고, 민주화 투쟁에서도 많은 노력을 기울인 사람이어야 했다. 그런 까닭에 재야에서는 은연중에 김대중을 통한 후보 단일화를 추진하게 된다.

엇갈림은 여기서부터 시작되었다. 김상현 선생은 무엇보다도 중요한 것은 군사 독재정권을 무너뜨리는 것이라 생각했으며, 그러기 위해서는 양김의 단합이 필요하다고 강조했다.

안타깝게도 단일화 노력은 실패했고, 김대중 선생의 최측근 출신이었던 김상현 선생은 김영삼 진영을 선택한다. 그때부터 김대중 진영에서는 김상현 선생을 배신자 취급하기 시작했다. 선거에서 양김은 모두 쓴잔을 마셨고, 3등으로 떨어진 김대중의 잔이 더욱 쓰디썼을 것이다. 2등이 아닌 3등은 분열의 모든 책임을 떠맡아야 했기 때문이다.

그 책임은 자칫 평민당의 몰락까지 이어질 수 있는 것이었는데, 재야에서는 그것을 두고 볼 수만 없었다. 그것이 바로 김대중이라는 민주화의 불씨를 꺼지게 하는 결과라고 생각했기 때문이었다. 그 불씨를 보존하기 위해 재야에서는 그 동안 지켜왔던 정치 불참 자세를 깨고 나를 비롯한 많은 인사들이 평민당에 입당하게 된다. 그것은 그 뒤에 있을 13대 총선을 위한 비장의 카드였던 것이다.

그리고 또 하나의 카드가 바로 '배신자 김상현'을 낙선시키기 위해 투입된 나 '김학민'이라는 카드였다. 동교동 사람들은 '김상현을 떨어뜨리는 것이 국가와 민족을 위하는 일'이라고 했고, 어찌 되었든 나와 김상현은 모두 낙선했다. 낙선한 후보자가 당으로부터 그렇게 열렬하게 환영을 받았던 것은 아마도 김상현에 대한 당의 분노 때문이었으리라.

그런데 92년 총선에서 나는 '김상현에게 자리를 양보하는 것이 국가와 민족을 위하는 일'이라는 동교동 사람들의 목소리를 들어야 했다. 3당합당으로 한나라당이 꾸려지고, 결코 그곳으로는 갈 수 없다는 김상현 선생이 다시 김대중 진영으로 돌아왔으며, 또

한번 대권에 도전해야 했던 김대중 선생은 나의 자리를 김상현에게 양보할 것을 종용했던 것이다.

그 일은 내게 정치에 대한 환멸을 품게 했다. 도무지 내가 왜 정치를 시작했는지, 무엇을 위해 이렇게 험한 길을 걸어왔는지 나는 후회하고 또 후회했다. 그런 환멸로 나는 한 번도 맛보지 못한 '정치'라는 술잔을 내려놓았다.

그렇게 김상현 선생으로 인해 꼬여버린 내 정치 인생은 거기에서 멈추지를 않았다.

유비는 제갈량을 얻기 위해 삼고초려를 한다. 제갈량의 뛰어난 학식과 계략, 그리고 하늘을 읽을 줄 아는 지혜가 나에게도 있었던가? 김상현 선생은 삼고가 아닌 육고, 칠고를 치루며 나에게 자신을 도와달라 했다. 결국 나는 내 아버지가 그랬던 것처럼 선생의 선거대책본부장이 되었으며, 그것은 당시로서는 '적과의 동침'이기도 했다.

적과의 동침이라니, 아, 분명 나의 정치 인생은 김상현 때문에 꼬여버린 것이다. 그러나 꼬여버린 것이 어찌 비단 나쁜만일 것인가? 생각해보면 김상현 선생도 김대중 선생 때문에 꼬여버린 정치 인생인 듯하다.

1997년 대선. 여론조사도 그랬고, 분위기도 그랬고, 김대중이 대통령이 되는 것은 불가능해 보였다. 그때, 김상현 선생이 주장한 것이 노무현 대통령 후보를 가능하게 했던 국민경선제였는데, 선생은 그것을 통해 새로운 바람을 일으킬 수 있을 것이라고 했다.

그러나 무조건 김대중을 지지하는 사람에게는 그것은 비주류의 무책임한 행동이며, 또 다른 배신행위로 보였던 모양이다. 선생은 다시 한 번 배신자가 되었고, 김대중 대통령 당선 뒤 16대 총선에서 공천도 받지 못하는 신세가 되어버렸다. 나 또한 용인을 지역구에 공천을 신청하였지만, 후보 자리는 엉뚱한 사람에게 돌아갔다. 확신하건대 비주류 김상현 추종자라는 이유로 낙천되었던 것이니, 참으로 '약주고 병주고'이다.

　이것이 지금까지 나와 김상현 선생과의 관계에 대한 이야기이다. 솔직히 말해 나는 가끔 선생이 밉다. 그런데도 자꾸만 선생을 믿고 싶은 것 무슨 까닭일까?

대한민국 최장기 근속 대학생

정계를 '조퇴'하고 나서 곰곰이 나를 다시 되돌아 보았다. 민주화 운동이니 정치니 하며 거리를 뛰어다니거나, 원외위원장 생활하며 생판 얼굴도 모르는 집 초상집에나 들려 매일 소주잔에 얼굴이 불콰하게 지내다 보니 어떤 면으로 보면 나 자신에 대해서는 참으로 소모적으로 살아온 것같았다.

이제는 박정희, 전두환처럼 극악스러운 군사 독재정권이 출현할 가능성도 별로 없어 보였고, 나도 자신에 대한 재충전과 그간 다른 일 때문에 못다한 일들을 정리할 필요가 있다고 생각했다.

학교도 마치고, 책도 읽고, 해외여행도 하고, 가정생활에도 충실히 하면서, 사업이 아니라 '취미생활' 수준으로 전락했던 출판사도 활성화시키자고 마음먹었다.

그중에서 가장 먼저 시작한 것이 대학 졸업이었다. 그간 학위가 없어 불편한 것은 없었고, 또 새삼스레 학위를 받아 그 자격증으로 새로운 분야에 진출할 생각을 한 것은 아니었으나, 어정쩡하게 중간에 멈춰서 있는 내 대학생활이 찜찜하여 이 기회에 졸업문제를 정리하기로 한 것이다.

이것은 입학 → 휴학 → 복학 → 제적 → 복학 → 제적 → 복학 → 제적으로 이어졌던 나의 대학생활의 악순환의 고리를 끊는 것을 의미한다.

결국 나는 우여곡절 끝에 1994년 27년간이라는 대한민국 최장기 근속 대학생활을 마감하고 아들같은 후배들과 함께 학사모를 썼다. 하면 된다? 최초로 나도 되는 일이 있었다.

늙은 제적생의 노래

제적—그 길고도 먼 여로

······ 이상과 현실의 괴리에서 오는 좌절감, 주위의 따가운 눈초리 속에서 캠퍼스를 떠난 학생들은 공사판에서 막노동으로, 월부책장사 등으로 나날을 보내며 방황하고 괴로워했다. 5·17 사태 이후 제적된 학생은 모두 1,363명(정부 발표). 이들 중 복역중이거나 재판에 계류중인 2백여 명을 제외한 1천 1백여 명은 높은 의식수준에 비해 사회에서는 '문제아'로 낙인찍

1984년, 전두환 정권은 유화 제스처로 수천 명에 이르는 제적 대학생들의 복교를 허용한다고 발표했다. 한쪽에서는 아직도 대학생, 민주인사, 노동자, 농민들이 투쟁하다가 목숨을 잃거나 감옥에 가고 있는데, 전두환은 이를 왜곡, 국민을 기만하는 복교조치를 내린 것이다. 이에 나는 그 기만성을 『연세』지에 발표하게 되었는데, 이 글로 인해 『연세』지는 발간되지 못했다. 당시 「중앙일보」는 '연대 교지 배포 지연, 제적생 투고에 문제'라는 제하에 아래와 같이 보도했다.

"연세대 학도호국단이 발행하는 교지 『연세』 제19호의 배포가 늦어지고 있다. 『연세』지는 지난 2월에 발행될 예정이었으나 복교문제에 관해 자신의 입장을 밝힌 제적생 김학민군(36, 경제학과 4년 제적)의 「늙은 제적생의 노래」라는 글을 실었다가 학교 당국으로부터 발행금지 조치를 받았었다. 학교측은 이에 대해 '김군의 글 내용이 불건전한 것이 많아 싣지 말도록 지시했다'고 밝혔다."(1984년 3월 9일자)

혀 이른바 '창 밖의 학생'으로 좌절하고 방랑했다.

— 「중앙일보」 1983년 12월 22일자 기사

'제적학생 현주소'에서

제도언론이여 그대 이름은 창녀이니, 가랑이를 벌리는 대로 얻으리라.

— 한 독자의 생각

유난히도 길고 혹독했던 겨울의 추위에서 벗어난 1980년의 봄은 무척이나 따사롭고 희망찼지만, 곧 찌는 듯한 무더위가 치덮고 말았다. 1980년 7월 26일, 나는 그 찌는 듯한 무더위와 함께 일그러진 몸으로 나의 열 평 아파트로 다시 돌아왔다.

5월 어느 날 갑자기 사라져버린 남편과 시아버지를 찾아 이곳 저곳을 헤매기만 했던 나의 아내와 한살박이 어린 딸년이 묘한 표정으로 나를 맞았다.

땀을 식히고 마악 마루에 앉아 내가 겪었던 그간의 '새로웠던' 체험들과 '정의로운' 정부로부터 베풀어받은 '은전'들에 대해 이야기를 시작하려는 순간 벨이 울렸다.

"등기우편입니다. 도장가지고 오십시오!"

우편배달부가 건네준 편지는 연세대학교 교무처로부터 온 것이었다.

…… 귀 학생은 금년 5월 본대학 반정부학생운동에 관련하여 여러 학생을 배후 조종 …… 사회를 혼란시켜, 제적처분을 내리니 양지하시기 바랍니다.

1980년 7월 일 교무처장 ×××

아 제적! 다시 제적이다. 정확히 말해 세번째 제적이었던 것이다.

제적당하기 위하여 대학을 다닌 것처럼 보이는 것이 나의 학창생활이지만(곧 철창생활로 이어진다), 17년전 봄 갓 고교생티를 벗어난 가냘픈 체구로 백양로 진흙길에 첫발을 떼어놓았을 때에는 나에게도 꿈과 낭만, 그리고 많은 계획이 있었다.

그러나 치열한 입시경쟁을 이기고 경제학과에 입학하였다는 다소 치기어린 우쭐함이 슬슬 사라지고 본관 담쟁이잎이 매일매일 파래져가던 시절, 우린 대학생이 된 댓가를 톡톡히 맛보아야만 했다. 장기 독재체제의 시발점이 되었던 6·8 부정선거에 대한 규탄시위가 전국의 대학을 휩쓸었던 것이다.

철모르고 시위대열의 말미를 채웠던 나는 점차 철을 알게 되었으며, 그에 따라 나의 행동 또한 앞서 나아갔다. 이때 처음으로 '정부기관'에 나의 이름을 등록하게 되었고, 양자택일 앞에서 나는 국가에 대한 '봉사'를 택하게 되었다. 제적이 두려웠던 시절이었다.

최전방에서 3년 여의 군대생활을 해야 했다. 남북을 가르는 철조망, 그 양편에서 총구를 맞세우고 대치하는 동족의 운명, 북으로 끊어진 기차길은 나의 가슴을 헤집고 또 헤집었다. 그러는 동안에 3선개헌안이 제안되어 국민투표에서 '압도적인' 지지를 받았고, 대통령 선거도 마지막으로 치러져 그분의 열광적인 '인기'를 과시하기도 했다.

1972년 제대를 하고 복교를 했다. 이것이 이후 그토록 나의 뒤를 따라다니는 궤적 〈복교(1972) → 제적(1974) → 복교(1975) → 제적(1975) → 복교(1980) → 제적(1980) → 복교(1984) → ?〉의 첫 시발점이 되는 셈이다.

그러나 복학을 환영해 준 것은 교수님들과 학우들의 따뜻한

정만이 아니었다. 소위 10월유신이라는 것이 우리의 뒷덜미를 후려쳤던 것이다. 노력하면 그래도 이 땅에 자유민주주의를 심을 수 있지 않을까, 또 참다운 민족 통일을 이룩할 수도 있지 않을까 했던 이제까지의 소박한 희망이 일시에 확 무너져버렸다. 소주가 많이 팔리던 시절이었다.

감옥 — 젖과 꿀이 흐르는 땅

본인은 대통령긴급조치 4호 위반, 내란음모 등의 죄명으로 1974년 8월 12일 비상보통군법회의 검찰관으로부터 징역 20년의 구형을, 동월 14일 동 군법회의 재판장으로부터 징역 15년의 선고를 받은 사실이 있는데, "김동길·김찬국 두 교수와 내란을 음모하였다"는 등의 검찰관의 공소 사실은 일체 강요에 의해 조작되었으며, 따라서 이러한 공소사실에 근거하여 유죄를 선고한 1심판결은 지극히 부당하다고 생각하여 ……

— 민청학련사건 「항소이유서」

1974년 봄, 우리들은 매일 굴비 엮이듯이 꽁꽁 묶여다녔다. '전국민의 전과자화' '전국토의 감옥화'의 제1차 추진년도이기도 했다.

73년 10월 경제학과와 사학과 학생 몇몇은 김동길 교수와 함께 천마산엘 등산하였다. 자연 화제는 10월 2일 유신체제하 최초의 시위인 서울대 10·2 시위에 쏠리게 되었고, 한 학생이 구해 온 그 선언문도 돌려 읽게 되었다.

우리들은 10월 이후 '몇 건'의 일을 하게 되었고, 연행되어 자근자근 밟히기도 했다.

74년 연초를 기해 개헌청원서명운동이 벌어지자 1월 2일 김찬국 교수 세배시에 여러 명이 함께 서명을 해버렸다.

이러구러 4월에 이르는 동안 긴급조치 1, 2, 3호가 발포되고, 우리 대학 의대생 7명이 긴급조치 위반으로 첫 구속되었다.

4월 2일 아침 상경대 도서실에서 책을 읽고 있는데, 몇몇 사내가 와서 어디를 가잔다. '어디'를 가니 낯익은 얼굴들이 많이 보인다. 모두가 '늘어진 어깨와 휑한 두 눈'을 하고 있다. 4월 5일 우선 구속을 시켜놓고 무언가 짜맞추기를 시작한다. 김동길 교수와의 천마산 등산은 곧 내란음모가 되어지는 것같았고, 난 거사가 성공하면 문교부장관에 취임하기로 되어지는 모양이었다.(연출자의 의도대로만 되었다면, 오늘의 여러 학우들이 최소한 졸업정원제에 **그토록** 시달리는 일은 없었을 것이다!)

창작에의 고통! 자고로 애를 낳는 일로부터 인류정신을 구현하는 위대한 예술의 창조에 이르기까지 무엇을 새로이 만들어낸다는 것은 얼마나 힘든 일인가! 짜맞추어지기를, 또 연분홍빛 옷을 입지 않으려고 무던히도 발버둥쳤지만 소용없는 일이었다.

이때에 처음으로, 전기는 빛을 밝히는 것 이외에 다른 목적으로도 쓰인다는 사실을, 고춧가루는 콩나물국에만 타먹지는 않는다는 사실을, 사람은 어느 경우 자기의 의사와 상관없이도 물을 많이 마셔야 된다는 사실을, 국민의 세금은 각목을 구입하는 데도 씽딩히 지출된다는 사실을 알게 되었다.

하루하루 무언가 많이 배우던 시절이었다.

석방 — 창살없는 감옥

존경하는 재판장이시여! 권력의 잘못을 비판하는 것은 시민의 의무요, 나는 형무소 가는 것은 두렵지 않지만 법을 어긴 일은 없습니다. '역사는 드라마'라는 헤겔의 말도 있지만, 1·8조치를 열심히 지키려 노력하고 애썼는데도 저촉했다니 나가봐야 또 들어올 것, 차라리 들락날락하는 것보다는 안에 있는 것이 낫겠습니다. 재판장이시여, 형무소 안에 있으나 밖에 있으나 조국 사랑에는 변함이 없습니다. 아무 판결 내려도 불만없이 승복하겠으니 지혜로운 판결을 내려주시오.

— 김동길 교수의 군법회의 최후진술에서

지혜로운 재판장께서 나누어주시는대로 덥석 받고보니 나에게는 15년의 징역형이 떨어졌고, 우리 대학교 학생 17명이 받은 형량은 총 187년이나 되었다. 보다 많이 받으려 한 피고인들의 경쟁이 있기도 했지만, 지혜로운 재판장은 우리들의 의중을 살피시어 듬뿍듬뿍 징역을 안겨주었다. 20년의 서창석 학우가 우쭐대는 반면, 12년의 최민화 학우가 풀이 죽어 있던 시절이었다.

그러나 역사는 가끔 공평하기도 한 모양이다. 우리들에게 듬뿍듬뿍 징역을 안겨주시던 그 지혜로운 재판장님도 80년 5·17 후 부패 장성으로 지목되어 부정축재한 재산을 몰수당하는 등 곤욕을 치렀던 것이다. 독재자를 포함하여, 독재체제 하에서 자기만은 안전하다고 생각하는 사람이 누가 있으랴!

75년 2월 어느 날, 난 만기일을 14년 3개월 10일 앞두고 영등포교도소 조화(造花)공장으로부터 내퉁기듯 석방되었다. '교육적 견지와 관용, 그리고 국민화합'을 위한 이른바 2·15 조치였다. '모든 수인(囚人)의 희망은 사실 감옥으로부터 나가는 것'이라는 네루의 말도 있지만, 일단 석방은 괜찮아 보였다.

그러나 석방은 했지만 학교로는 돌아갈 수 없다는 것이 당국의 방침이었다. 전국 여러 대학이 이 조치를 어쩔 수 없이 받아들였지만 연세대학에서만은 이에 불복, 교수·학생들을 복직·복교시켰다. 매일 문교부의 계고장이 내려오고, 총학생회에서는 다시 문교부로 계고장을 보내기도 했다. 학생들의 끊임없는 시위,

박대선 총장의 사임으로까지 치달은 연세대학교의 복교투쟁은 5월 월남 패망과 함께 내려진 긴급조치 9호에 의해 막을 내렸고, 두 교수와 복교생들은 다시 거리로 내쫓겼다.

복교 — 돌아갈 수 없는 고향

벽을 탄다 기어오른다
하나의 밧줄에 차례로 몸을 엮고
하나의 운명되어 목숨을 걸고
한 발 두 발
비지땀을 흘리며 식은 땀을 흘리며 목숨을 걸고
한 발 두 발

아우성치는 압제의 손길 내리꽂히는 수탈의
손길 뚫으며
저 꿈에도 못잊을 원한과 열망의 봉우리
꼭대기에 두 발을 딛고 새 하늘 새 땅을 보기
위하여

민족의 아들 딸 밧줄을 탄다
민주주의여, 민족통일이여, 아 질긴 목숨의
밧줄이여
                    — 채광석의 시 「산꼭대기에 오르기 위하여」

75년 봄 우리가 대학에서 다시 쫓겨 나왔을 때는 우리 홀로만이 아니었다. 유신독재에 항거하여 자유언론을 외치다 쫓겨나온 동아·조선의 200여 기자들, 양심을 지켜 대학에서 추방된 50여

해직교수들, 노동현장으로부터의 해고근로자들, 문인들, 종교인들, 정치인들이 우리와 어깨를 나란히 하여 걸었으며, 이 장엄한 민주화 대행진은 결국 79년 10월 26일 유신독재정권의 공중분해를 맞게끔 하였다.

80년, 짧았던 민주화의 봄이 광주사태와 더불어 끝남을 나는 한 정부기관의 골방에서 목격해야만 했다. '김대중사건'의 마땅한 연세대 책임자를 물색하던 그들의 눈에 내가 발견되어진 것이다. 또 한번의 '창작의 고통' 끝에 나는 김대중씨로부터 5만원을 받아다가 연대 총학생회장에게 준 것으로 되어졌다.

5만원! 단돈 5만원으로 혁명을 하려고 하다니! 제퍼슨이여, 로베스피에르여, 크롬웰이여, 레닌이여, 호메이니여 용서하소서. 나는 이토록 무지몽매한 자입니다.

지난해 12월 21일 문교 당국은 '국민화합과 교육적 견지'에서 80년 이후 제적되었던 학생들에 대한 복교허용조치를 발표하였다. 겨우 한달 전 버마사건으로 인한 개각으로 문교장관에 취임한 후 첫 말씀이 "제적학생의 복학은 전혀 고려하고 있지 않다"는 것이었는데, 어떻게 그 짧은 시기에 코페르니쿠스적 전환을 하게 되었는지, 그 배경은 알 수 없으나 이러한 것으로 보아 학원문제에 대한 문교 당국의 심각한 고충(?)을 알 수 있을 것같다.

우리는 과거 영구집권을 위해 국민의 기본권을 가차없이 유린한 유신체제의 악몽을 기억하고 있다. 이제 그 악몽은 오늘의 현실로 되살아나 온국민의 삶을 위협하고 있다. 유신체제 7년간의 제적학생이 800여 명에 달했는데 비해 최근 3년간의 제적학생 총수가 1,400여 명에 달하는 것은 무엇을 의미하는가?

빈부의 격차는 날로 벌어지고 있고, 권력과 유착한 대형 금융부정사건이 국민경제의 뿌리를 송두리째 갉아먹고 있는 것이 오늘의 '정의로운' 사회이며, 전투경찰과 정체불명의 괴한들이 대규모 상주하고 있는 상황에서 목숨을 내걸고 밧줄에 매달려 민주회복을 절규하는 학우들의 처절한 모습이 오늘의 '평화로운' 캠퍼스 풍경이다.

적어도 이번의 복학조치가 지난날의 겉만 번지르르한 또다른 허구적 조치가 되지 않으려면 학원사찰·지도휴학·강제징집 등을 비롯하여, 최소한 학원내의 제반 억압요소가 제거되어야 할 것이며, 사회 전반의 민주화가 뒤따라야 될 것이다.

또한 이번의 조치가 정치적인 제스처가 아니라면 자신의 일터에서 내쫓긴 교수·언론인·근로자들도 함께 복직되어야 한다. 학생들과 비슷한 이유로 정치적으로 내쫓긴 그들이 원상회복되지 않고서 어떻게 진정한 국민화합이 이루어질 수 있을 것인가?

미봉책은 환부를 더 곪길 뿐이다. 자유없는 철창 밖은 그대로 감옥이다. 또한 자유없는 캠퍼스는 그대로 사냥개의 사육장일 따름이다. 입학한 지 17년이 되는 나도 언젠가는 꼭 캠퍼스로 다시 돌아갈 것이다. 그러나 진정으로 개과천선할 사람들이 개과천선하지 않는다면 개(犬)가 참선이나 할 때에야 캠퍼스에 돌아갈 수 있지 않을까?

박영식 총장에게 보내는 편지

존경하는 총장님

어려운 사학 형편에도 불구하고 연세대학교의 발전을 위해 불철주야 애쓰시는 총장님께 심심한 위로의 인사를 올립니다.

입학한 후 아직도 졸업이 되지 않아 연세대학교와는 '일정한 관계' 밖에 갖지 못하고 있는 저입니다만, 마음은 항상 연세인의 일원임을, 연세대학교의 발전을 기원함을 잊은 적이 없습니다.

존경하는 총장님

저는 1967년 경제학과에 입학한 이래 박정희 유신체제 및 전두환 군사폭압체제와 맞서 싸운 사건으로 수 차례의 옥고를 겪으면서 학교로부터 제적이라는 극한적 처분을 받았지만, 격동기 독재권력의 엄청난 외압에 견디지 못한 학교를 원망하거나 거부하

나는 27년의 학생 재임(?) 기간 동안에 총 5명의 총장을 '모셨다'. 입학해서는 박대선 총장이었고, 이후 이우주, 안세희, 박영식 총장을 거쳐 졸업은 송자 총장 재임 때 하게 됐다. 대한민국의 지성인으로써 대학총장직을 수행한다는 것 자체가 고뇌였던 것이 지난 세월이었음을 생각한다면 그분들 또한 참으로 어려운 시절을 살아왔다. 이 글은 92년에 추진된 복학요청이 제대로 이루어지지 않아 당시 박영식 총장에게 보낸 항의 공개편지이다.

졸업식을 끝내고 축하객과 함께

지 않고 가급적 학교측의 고충을 이해하려 노력해 왔다고 자부합니다.

  그것은 1975년 3월, 당시 박대선 총장님의 사임까지 몰고온 저와 제 동료들의 복교문제를 둘러싼 사건에서, 박총장님의 복교완료 담화에도 불구하고 유신정권의 압력에 시달리는 학교를 생각하여 저희들이 조건없이 물러난 일에서도 알 수 있고, 이후에도 저는 서의 복교문제로 학교에 어려운 요구를 한 적이 한번도 없습니다.

  존경하는 총장님

  너무 거창하게 말씀드려 송구스럽습니다만, 저는 금년 들어 이제껏의 국가와 민족을 위해 일해 왔던 저의 역할을 중간 정리하고, 그간 고뇌와 긴장, 압제의 세월을 살아오면서 어쩔 수 없이 지나쳤던 일들을 정리하기로 생각했습니다.

  그러한 것의 하나로, 제가 항시도 잊지 않았던 저와 연세대학교와의 '일정한 관계'를 정리하는 일, 곧 저의 복교, 졸업문제를 매듭짓기로 생각하고, 지난 3월 초 그 수속을 밟아보았습니다.

그러나 학생처 관계자의 대답은 학생운동 관계 제적자는 '복교 특례기간'이라는 것이 있는데, 저의 경우는 이미 그 기간이 지나 복교가 불가능하다는 것입니다.

그러던 중 저는 제가 12년전 왜 제적되었는지 그 근거서류를 정말 처음 접하게 되었던 바, 그것은 1980년 7월 31일 학칙 제71조 1항에 의한 제적(퇴학) 처분이었던 것이며, 학칙 제71조 1항은 "성행이 불량하여 개전의 가망이 없다고 인정된 자"가 그 내용입니다.

상식적으로 "성행이 불량하다"함은 교수나 동료들을 폭행하거나 학교 기물의 파괴, 여학생을 추행하는 것 등으로 쉽게 상정할 수 있겠는데, 이에 개전의 가망조차 없다하니 80년 초의 저의 인생은 무엇이었겠습니까?

존경하는 총장님

그리 짧지는 않은 세월이지만, 아무리 12년 전 그때를 떠올려 저의 대학생활을 반추해 보아도 학칙 제71조 1항에 해당하는 행위를 한 적이 없습니다. 만일 그러한 일이 없는데도 다른 경위에 의해 그렇게 처분이 되었다면, 그것은 저의 명예를 심각하게 훼손하는 일이 될 뿐더러, 연세대학교사의 왜곡, 더 나아가 진실과 역사의 왜곡이라 하지 않을 수 없습니다.

그리하여 저는 총장님께 아래의 사항을 명확히 밝혀주실 것을 요청드립니다.

1. 학칙 제71조 1항에 해당된 저의 구체적 위반 행위
2. 저에 대한 징계위원회는 어떻게 구성되었으며, 각 징계위

원들이 저의 학칙위반 행위를 확인하였는가 여부

  3. 학칙 위반자인 저에게 소명기회가 주어졌는지 여부

존경하는 총장님

  만일 위 사항들이 6하원칙에 의해 정확히 확인되지 않는다면 80년 저의 제적처분은 잘못된 일이며, 따라서 저는 당연히 복교되어야함은 물론 다른 권리 또한 제기할 수 있다고 생각합니다.

  제 문제가 저와 학교간의 문제만이 아니라는 것, 오히려 전두환 폭압체제와의 문제라는 것을 잘 알고 있지만, 12년이 지난 이제 남아있는 것은 학적부상의 저의 제적 적시사실뿐임을 어찌합니까?

  공사에 너무나도 바쁘신 것같아 이렇게 글로 어쭙는 것이오니 깊이 헤아려 주시기 바랍니다.

1992년 4월 15일

김학민 올림

중년되어 복학준비 설렌다

　문민시대 개막과 더불어 활짝 핀 '93서울의 봄'. 따사로운 봄기운은 캠퍼스에도 찾아와 제적생들에게 복학의 문이 열리고 있다. 20여년 전 눈물을 머금고 교문을 나섰던 20대 청년은 이제 중년이 돼 아들뻘인 동급생들과 어울릴 준비를 하고 있다.

　설레는 마음으로 학교측의 복학허가를 기다리고 있는 김학민씨(46, 도서출판 학민사 대표)가 연세대 경제학과에 입학한 것은 67년도이고 타의에 의해 대학을 떠난 것은 민청학련사건이 일어난 74년. 당시 4학년이었던 김씨는 서울대의 이철·유인태(현 민주당 의원) 등과 함께 반정부데모를 주도했고, 유신정권은 이들의 4·3 반유신데모를 공산 폭력혁명으로 몰아 세웠다. 주도자 중의 한 명이었던 김씨는 당시 유행한 '정찰제 재판'에서 징역 15년형을

　나의 복학은 92년 당시 연세대 김찬국 부총장님의 권유로 학교측에 타진하게 되었는데, 김부총장님의 도움에도 불구하고 학교측은 교육부의 복학불허 방침이 있어 난색을 표하였다. 학교측은 내가 행정소송이라도 제기하여 주기를 오히려 바랐다. 그렇게 되면 학교측의 난처한 입장을 피해 복학문제가 해결될 수 있으리라 생각했기 때문이다. 아무튼 우여곡절 끝에 나는 1993년 1학기에 복학하였으며, 도하 각 신문은 그게 약간의 이야기거리라도 되는 모양인지 다투어 보도했다. 이 글은 「세계일보」 93년 4월 14일자 보도 내용이다.

선고받고 대학을 떠났다.

75년 2월 형집행정지로 풀려나 당시 연세대 박대선 총장 직권으로 잠시 복학이 됐으나 문교부의 압력으로 다시 거리로 내몰렸다.

민주화를 향한 김씨의 집념은 꺾이지 않아 79년 YWCA 위장결혼식사건 리허설이 장안동 김씨의 집에서 거행되기도 했다. 이 사건으로 당시 보안사 서빙고분실에 끌려가 모진 고문을 당하기도 했던 김씨는 80년 '서울의 봄'과 함께 학교로 되돌아갔지만 새로 들어선 군사정권은 김씨의 4학년 학업을 허용치 않았다.

김대중내란음모 사건으로 합동수사본부에 끌려가 3개월간 온갖 고초를 당한 뒤 풀려난 김씨를 기다리고 있었던 것은 학교측의 매몰찬 제적통지서.

이때 김씨의 제적사유는 "성행이 불량하여 개전의 가망이 없다"는 내용의 학칙 71조 1항. 뒤늦게 이 사실을 안 김씨는 어처구니없는 현실에 쓴웃음을 짓다가 자신의 행동에 대한 올바른 평가를 받아야겠다는 생각에 최근 다시 '시정'을 요구하게 된 것.

그 동안 사회과학 전문서적을 출판하는 학민사를 차려 자리를 잡은 김씨지만 못다한 대학 1년이 항상 마음에 걸렸다. 그래서 제적이 될 때마다 언젠가는 복학하겠다는 생각을 잊은 적이 없었다. 복학을 계기로 그 동안의 인생을 한 매듭 짓고 싶다는 그에게 나이가 20살 이상 차이 나는 후배들과 함께 공부하는 문제나, 학교 후배인 교수(재학 시절 자신에게 세미나 지도를 받던 학생도 있다)들로부터 강의듣는 일도 어려운 일은 아니다.

타의에 의해 제적과 복교를 되풀이하는 일은 자신으로 종지부가 찍히기를 빌 뿐이다.

성내운 선생님
— 교육으로 '투쟁'한 우리 시대의 스승

　　요령소리와 함께 상복 입은 학생들이 부르는 만가가 구슬프게 울려 퍼졌다. 흙길을 한참 걸어서야 도착한 충청도 산골인데, 산도 아니고 들도 아닌 밋밋한 야산 등성이로 눈이 희끗희끗하게 보이는 평화스럽고 아늑한 느낌을 주는 무덤 자리에 성내운 선생은 1989년 12월 25일, 63세의 한많은 몸을 누이셨다.

　　성내운, 그는 누구인가? 1926년 2월 29일 충남 공주군 신풍면 신정리에서 태어난 선생은 일제 하에서 이 민족의 가난한 시골 수재들이 들어가던 경성사범학교에 입학하고, 1944년엔 그 학교를 졸업하게 된다. 그리고 해방이 되자 1946년에 서울대학교 사범대학 교육학과에 편입하였다.

　　선생이 서울대학에 재학하던 중에 미국에서 초·중·고 교육전

　　연세대학교 교육학과의 성내운 선생님은 1974년 내가 김찬국, 김동길 두 교수와 함께 민청학련사건으로 구속되자 서남동 교수님과 합동으로 우리들의 석방기도회를 주도하셨다. 1976년에는 선생께서도 소위 불온교수로 지목되어 연세대에서 해직되었고, 이후 박정권의 전체주의적 교육정책을 비판하는 '우리의 교육지표'를 발표함으로써 긴급조치 위반으로 구속되기도 하셨다. 선생께서는 '스승이 없었던 시대'에 참스승으로 많은 학생들로부터 존경을 받으셨는데, 광주대학교 총장으로 있으시다가 1989년에 아깝게 타계하셨다. 「원광대학보」에 기고한 글이다.

문가 수십 명이 내한하여, 우리 정부가 수립되었던 1948년 8·15를 전후한 수개월에 걸쳐 우리 교육자들을 대상으로 현대 교육의 이론과 실제를 강의했는데, 선생은 이때 학생의 신분으로 미국 내셔날사범대학 교수 애그네스 아담스가 담당한 초등학교 언어교육법과 사회과 교육법의 강의 통역을 맡았었다. 믿어지질 않겠지만, 당시 서울대학교 교육학과 교수들 중에는 아무도 통역을 할 수 있는 사람이 없었던 것이다.

이 일을 하면서, 성내운 선생은 우리 교육에 있어서는 무엇보다도 먼저 일제 식민교육의 찌꺼기를 청산하고, 우리 민족의 역사와 문화를 되찾고, 확고한 민주주의적 가치를 정립하여 그것들을 우리 교육의 터전으로 삼아야겠다는 생각을 하게 된 것이다.

이러한 선생의 우리 교육에 대한 초기의 교육철학적 접근은 중앙교육연구소 조사연구부장, 문교부 수석장학관, 연세대학교 교육학과 교수 등을 거쳐 광주대학교 총장으로 생을 마감하기까지 일관되게 유지·발전시켜온 민족·민주·민중교육을 그 내용으로 하는 '성내운 교육철학'의 골간으로 자리잡게 된다.

교육사회학자 심성보씨는 이러한 '성내운 교육철학'을 ① 태교론과 모유론 ② 삶의 교육론 ③ 학교교육 비판론 ④ 민주교육론 ⑤ 민족교육론으로 나누어 분석하고 있거니와, 지면 관계상 여기에서는 그 상세한 분석은 약한다.

민족의 독립을 위해 일제에 치열하게 저항했던 3·1운동이 실패로 돌아가자 1920년대에 들어서면서부터 이 땅에는 서서히 준비론이 대두되기 시작한다. 도식적으로 동일하게 볼 수는 없지만 도산 안창호 선생의 생각같은 것이 준비론의 범주에 들어갈 수 있을 것이다.

준비론이란 무엇인가. 그것은 곧 실력양성론이다. 그리고 실력양성론은 교육론을 그 내용으로 한다. "우리가 무지하여 그들에게 당했다. 그러므로 그들을 이길 수 있으려면 열심히 '공부'하여 '실력'을 쌓아야 한다"는 것이 실력양성론, 곧 교육론의 본질이다.

일종의 '내탓이오' 운동으로서, 형식논리적으로는 일정 정도 지당한 논리일 수 있겠으나, 교육의 주체는 물론 객체조차 반민족 반민주의 폭압세력에 의해 원천적으로 봉쇄되었을 때에는 공부로 실력을 쌓아 '좋은 날을 준비'할 수 있다는 '교육론'이야말로 허구 이상의 그 무엇도 아닌 것이다.

선생은 암울했던 박정희 유신정권과 전두환 폭압정권을 거치면서 교육학자, 그리고 교육자로서 준비론적 제도교육의 한계를 절감했던 것이다.

이러한 그의 교육학자적 고뇌와 양심은 민교협의 결성, '우리의 교육지표' 사건, 『민중교육』지 사건 등을 거치면서 이 땅에 전교조라는 전대미문의 교육혁명적 운동을 낳게 한 것이다.

성내운 선생이 1975년 민청학련사건으로 구속된 연세대 동료 교수와 제자들의 석방운동으로 강제 해직된 일이나, 1977년 유신교육을 비판한 '우리의 교육지표' 사건으로 투옥된 일, 그리고 80년 전두환 폭압통치로 대학에서 다시 쫓겨난 일은 조금도 어색한 일이 아니었다.

냉전논리를 부추겨 남북 분단을 고착시키고, 이를 통해 반민주적 장기집권을 하고, 또 그러면서 민중을 수탈하는 박정희·전두환 압제정권의 이데올로기를 은밀히 전파해온 제도교육의 문제점을 까발려온 그의 교육학자적 생각과 행동이 이미 그러한 수난을 예비한 것이다.

바지저고리를 입고 민족시 민중시를 낭송하는 음유시인 성내운. 게다가 선생은 글을 쓸 때는 철저하게 한글만을 쓰고, 대화에서도 외래어를 쓰지 않는다.

뿐아니라 외국 내지 서구문화의 권위를 빌어 자기의 주장을 강화하는 따위 우리나라 지식인에게는 거의 몸에 밴 짓거리를 철저하게 배격하고 있는 것이 그의 글이요 말이다. 그래서 그에게는 서구 문화의 냄새란 맡을 수도 없을 뿐더러, 심지어 국수적인 냄새가 난다고 말하는 사람조차 있다.

한마디로 그는 적극적인 의미로서의 문화주의자라 할 수 있다. 그러나 그가 말하는 문화는 우리 민족의 정신과 의식을 지배하는 일체의 '민족적인 것'을 의미한다.

성내운 선생의 모습이 가장 돋보였던 것은 바지저고리를 입고 시를 낭독할 때였다. 높낮이가 아주 알맞게 곁들여진 선생의 힘 있는 시낭송은 어느 자리에서고 좌중을 압도했다. 더우기 선생은 원고없이도 시를 글자 한 자 틀리지 않고 낭송한다. 선생은 300여편의 민중·민족시를 완전히 외웠었다.

때로 낭송을 위해서 시가 약간 수정되기도 하는데, 그것을 들어보면 그 구절은 선생이 고쳐 읽은 것이 더 좋다고 생각될 만큼 그의 시 낭송은 감동적이었다. 그래서 선생에게는 교육학자, 대학교수라는 직명과 함께 '낭송시인'이라는 이름이 덧붙여졌던 것이다.

여보게
우리들의 논과 밭이 눈을 뜨면서
뜨겁게 뜨겁게 숨쉬는 것을 보았는가
여보게
우리들의 논과 밭이 갈아앉으며
한꺼번에 한꺼번에 죽어가는 것을 보았는가
총과 칼로 사납게 윽박지르고
군화발로 지근지근 짓밟아대고

밟아대며 조상들을 비웃어대는
여보게
지금은 겨울인가 한밤중인가

성내운 선생은 80여 행이나 되는 양성우 시인의 「겨울공화국」
을 원고도 없이 단 한 군데 막히거나 더듬거리지 않고, 강조할
곳은 반복하면서 외워나갔다.

7, 80년대 암울했던 시절, 그의 시 낭송은 독재정권을 향한 투
쟁의 나팔이 되었고, 또 오랜 싸움 끝에 잔잔한 마음의 휴식을
이끌어 주었다.

선생의 시 낭송은 나중엔 나라 밖에도 알려지게 되어, 미국,
독일 등지의 교포들의 초청으로 미국에서만도 수십번의 시 낭송
회를 가졌고, 국내에서는 민중문화운동협의회에 의해 테이프로
만들어져 많은 사람들이 은밀히 듣기도 했다.

영화·연극 등을 혁명의 도구로 활용한 제3세계 국가들이 있었
지만, 거기까지는 가지 못하더라도 낭송문학의 새로운 지평이 성
내운 선생으로부터 열렸다고 해도 과언이 아닐 것이다.

"교육의 민주화·민중화는 바로 우리 교육의 지표이기도 합니
다. 저 선생님들에게 잘못이 있다면 정부에서 해야할 일을 그들
의 앞장서서 주장했다는 점뿐입니다. 잘했다고 상을 주어야 마땅
할 일을 법정에 세우다니 말이 되는 일입니까?"

86년 『민중교육』지 사건에 변호인측 증인으로 성내운 선생이
한 증언이다. 선생은 71년 동료 교직자들을 대상으로 교육현실을
비판하는 강연을 하면서 '스승은 있는가'라고 자조적으로 물은
일이 있다. 이 글을 맺으면서 그 대답을 하고 싶다.

스승은 있다. 당신이 바로 그 스승이셨다.

버려진 윤동주·송몽규 무덤

내팽개쳐진 애국열사 묘역

얼마전 도하 신문에도 보도되었고, 필자가 모교에 갔다가 직접 보기도 하였시만, 민족의 얼과 문화유산을 지키고 진리와 자유의 연세정신을 기리기 위해 애쓰셨던 정인보, 최현배, 김윤경, 홍이섭 네 분 선생님의 흉상을 세운 것은 참으로 의의가 있는 일이라 생각하여 흐뭇하였다.

그러나 이 흐뭇함 위에는, 무더웠던 지난 여름 이슬비가 부슬부슬 오던 날 걷기조차 힘들은 진흙탕 10리 산길을 걸어 용정시 공동묘지에 묻힌 연세 출신 윤동주, 송몽규 두 애국열사의 묘소를 찾았을 때의 참담함이 교차된다.

공동묘지 입구 조선족 동포가 운영하는 구멍가게에서 사간 고량주를 잔에 부어놓고 두 애국열사 묘에 절을 올리며 필자는 동

1994년, 허경만(전 전남지사), 유인태, 원혜영(전 부천시장) 의원 등과 함께 중국을 방문했을 때, 나는 그때가 두번째 중국여행이었기 때문에 단체관광에는 나서지 않고 여기저기 혼자 북만주의 독립운동 유적들을 찾아다녔다. 그때 몽골족 운전수가 모는 낡은 소련제 '라다' 택시를 타고 윤동주 시인의 생가·묘소를 찾았는데, 그 참담함에 가슴이 찢어졌다. 그리고는 서울에 돌아와서 우선 연세대 대학신문인 「연세춘추」에 그 참상을 소개했다.

윤동주 묘에서

행한 두 조선족 동포의 눈길조차 의식 않고 분노와 부끄러움의 피눈물을 흘리었다.

비좁아터진 묘역, 잔디는 거의 죽고 잡초뿐인 봉분, 시멘트 벽돌로 엉성하게 쌓아놓은 둘레석, 그리고 상석 위엔 얼마 전에 누가 왔다간듯 시들어버린 야생화 몇 가지와 오래되어 썩어 문들어진 토마토 몇개가 올려져 있었다.

용정중학 교정에 있는 용정중학기념관과, 명동에 있는 윤동주 기념관 및 생가를 둘러보아도 그 참담함은 마찬가지이다. 두 분에 대한 현지 자료가 부족하여 낡은 사진 몇 장, 매직펜으로 갈겨 쓴 설명문 몇 구가 소위 '기념관'을 채우고 있는 모두이다.

특히 두 분 열사께서 본격적으로 민족애에 눈뜨고 문학정신을 키웠던 연희전문 시절에 대한 자료는 전무하다해도 과언이 아니었다.

윤동주 생가터에서

1995년 2월 16일은 윤동주 서거 50주기

1995년은 민족해방 50주년이다. 민족분단 50년과 함께 하는 해방 50주년이 무슨 의미가 있으랴만은, 우리 연세인들에게는 또다른 50년이 다가온다.

내년, 곧 1995년 2월 16일은 윤동주, 송몽규 두 열사께서 혹가이도 형무소에서 생체실험으로 서거하신지 50년이 되는 날이다. 연세인 숭 얼마나 이것을 기억하고 있을까?

남들은 (어떤 학교들은) 자기들과의 관계가 분명치 않은 사건과 인물이라도 찾아 기리고 의미를 부여하여 자기들의 전통, 자기들의 정신으로 삼아 계승시킨다.

그러나 우리는 어떠한가? 물론 그간의 여러 사정이 있었지만, 윤동주 열사를 식민지 시대의 불행했던 한 빼어난 시인으로 연세대학 울타리 안 시비 위에 유폐시키고 있지는 않았나 반성해 볼 일이다.

이러한 반성 위에서 연세대학의 잠재력을 생각하며 몇가지 제안을 해본다.

첫째, 1995년 2월 16일의 윤동주, 송몽규 열사 서거 50주년 행사를 거교적으로 치르자.

둘째, 명동의 윤동주 기념관과 생가의 보존과 운영을 지원하자.

셋째, 윤동주, 송몽규 두 분의 묘역을 정화하자.

넷째, 용정의 윤동주 연구자들이 열망하는 연세대 유학을 받아들이자.

다섯째, 용정의 선각자로, 윤동주 열사의 외할아버지이시며 독립투사이셨던 김약연 목사가 시무하였던 교회를 재건하고 선교사를 파송하자.

끝으로, 위의 사업들을 계속적이고 효율적으로 추진하기 위해 학교, 동문, 학생 등이 참여하는 가칭 '윤동주·송몽규 열사 유적 유지 재단(모임)'을 만들자.

연세의 얼을 찾자

요즈음 모교에서 일어나고 있는 소모적 쟁송과, 치열성과 진지함을 잃고 소비향락으로 흐르는 대학문화를 생각해 보면, 연고제다, 축제다, 체육대회다 하는 '잔치'에 투입되는 예산의 10분의 1, 100분의 1만 들여도 위의 사업들이 훌륭히 이루어질 수 있으리라 믿는다.

정신은 빼 던지고 육체만 뒹구는 잔치가 무슨 의미가 있겠는가? 우리 모두 깊이 성찰할 일이다.

노동가치론 논쟁의 쟁점과 전망
― 뵘-바베르크와 힐퍼딩의 고전논쟁

이 논문은 경제학(political economy)의 '기초적' 이론인 노동가치론을 주제로 삼아, 그 논리의 정합성 및 현실에 대한 적합성을 검토하는데 있다. 여기에서 '기초적'이라는 말이 가지는 의미는 노동가치론이 자본주의 사회에 대해 추상적 분석의 출발점이 될 수 있다는 것을 뜻하며, 나아가 구체적 이론에 대해서 방향성을 제시하여 줄 수 있다는 뜻도 포함하고 있다.

여기서의 노동가치론은 일반이론의 차원에서 더 나아가 현실의 노동과 자본관계의 해명에 대해 치열한 문제의식을 제기해 주는 이론이라 할 수 있다.

1993년 2학기가 끝나갈 무렵 지도교수로부터 졸업논문을 제출하라는 '연락'이 왔다. 졸업논문 제출의 본의미는 약해지고 이제 형식만 남았지만, 어쨌거나 대충 작성하여 보내달라는 것이었다.

생각지도 않았던 '군일'에 부담이 되었지만, 마침 전에 경제학 서적을 내면서 해설을 쓴 적이 있던 바라 되었다싶어 그것을 논문 형식에 맞춰 개작, 제출했다. 지도교수는 대충 읽어보고는 "어디서 많이 본 글인데요?" 하였지만, 더 묻지는 않고 내 '학사학위 논문'을 책상 서랍에 집어 넣었다.

고전논쟁의 의의

그러나 노동가치론 자체에 대한 논의는 무시되어 왔거나, 적어도 소홀히 다루어져 왔다. 이는 근대 주류경제학(modern othordox economics)이 학계에서 중심의 자리를 차지하고 있는 나라 —— 비단 우리나라만이 아니라 —— 에 있어서는 어느 나라나 마찬가지였다.

노동가치론을 거부하는 전통 경제학의 입장에서는, 뵘-바베르크의 비판 정도로 만족해 버리는 것이 오히려 당연했다. 그러나 마르크스주의 경제학자들 역시 노동가치론의 실천적·이론적 발전에 대한 기여보다는, 마르크스가 이미 논술한 내용을 되풀이해 온 것에 지나지 않았다.

홉스바움(E. J. Hobsbawm)에 따르면, 마르크스에 대한 영국의 초기 비판가들은 마르크스의 연구업적을 평가절하하거나, 어느 정도 인정하더라도, 이윤과 이자에 대한 근대 경제학의 정당화 시도를 맹렬하게 비판한 마르크스의 노동가치론을 전혀 거부하였으며, 더구나 당시 영국의 마르크스주의자들은 이러한 류의 비판에 대해 마르크스 경제학을 방어할 능력을 갖추지 못했다.[1]

이 점에 있어서, 원래 스위지(P. M. Sweezy)가 편집한 뵘-바베르크와 힐퍼딩의 논문은 —— 그가 이미 원서의 서문에서 지적한 바 있듯이 —— 마르크스 경제학에 대해 적대적이거나 우호적이거나에 상관없이 노동가치 문제를 진지하게 연구하는 사람들에게는 매우 중요한 글들이라 할 수 있다.[2]

---

1) E. J. Hobsbawm, "Dr. Marx and the Victorian Critics," 1963. *Labouring Men : Studies in the History of Labor*, Weidenfeld and Neicolson, 1979. 6th pp.239~49.

2) P. M. Sweezy, ed. with introduction, *Karl Marx and the Close of His System*

뵘-바베르크(1896)는 주관적 가치론을 토대로 노동가치론(객관적 가치론)에 의거하고 있는 마르크스의 『자본론』 1권과 3권 사이의 논리가 상호 모순됨을 조목조목 따지고 있는 반면, 힐퍼딩(1902)은, 그 점은 자본주의 체제의 발전 경향으로서 입증된다고 주장한다. 이 글들은 마르크스 경제학과 전통 주류경제학 사이의 근본적인 차이를 뚜렷하게 보여주고 있다.

그러나 이 고전적 논쟁에서는 노동가치론의 현실화에 대한 설명이 보다 확대 제시되고 있지 못했을 뿐만 아니라, 노동가치론 자체마저도 충분히 해명되지 못했다(물론 힐퍼딩이 역사적 해법을 제시했다고 볼 수는 있다).

이는 이른바 '전형문제'(transformation problem)로서, 스위지가 보르키비츠(러시아 출신으로서 독일에서 활동한 통계학자이자 리카도를 지지한 경제학자)의 논의(「『자본론』 3권에 있어서 마르크스의 근본적인 이론 구축에 대한 수정」, 1907)를 기초로 한 해법(뉴메레를 사용하여 방정식의 해를 구하는 방법)[3]을 1942년에 제시한 후에, 전형문제에 대한 다양한 해법을 제시하는 많은 논문들이 발표되었다.

서어비스 노동과 가사노동의 문제

오늘날의 가치론의 전개과정에서 과연 서어비스 노동을 어떻게 다룰 것인가에 또 하나의 초점이 맞춰지고 있다. 이러한 점에 대한 논의가 있기 전에는 서어비스 노동을 어떻게 해야 할 것인가가 문제가 되었다. 실제로 중국과 소련 등의 사회주의 국가에서

---

by Eugen von Böhm-Bawerk & Böhm-Bawerk's Criticism of Marx by Rudolf Hilferding, p. v~xxx.

3) P. M. Sweezy, *The Theory of Capitalist Development*, ch. 5, 1942.

는 서어비스 노동을 국민경제의 크기(국민소득)를 측정하는데 있어서 어떻게 사용해야 할 것인가에 대해서 논란이 있어 왔다.

그 두 국가 모두 논의의 초점이 '서어비스 노동이 생산적인 노동인가, 비생산적인 노동인가'라는 문제에 맞춰졌다. 예를 들면 소련의 경우 물질적 생산에 관여한 노동을 생산적 노동, 그렇지 않은 노동(서어비스 노동)을 비생산적 노동이라고 하는 측과, 생산적 노동의 범위를 서어비스 노동까지 확장시키자는 주장이 있으나, 공식적으로는 전자의 입장을 취하고 있다.

또한 상업에 관해서도, 그것이 모두 생산적 노동이라는 주장과, 일정 부분 생산적 노동이라는 주장, 그리고 모두가 비생산적 노동이라고 하는 주장으로 나뉘어지는데, 문제는 상업이 물질적 생산의 가치를 연결시켜 주는 기능을 하는가, 아니면 단순히 가치를 이전 유통시키는 기능을 하는가 중의 어느 쪽을 강조하는가에 달려 있다.

이러한 서어비스 노동의 '생산성 논쟁'을 배경으로 가치론에서 서어비스 노동을 취급하기 시작했다. 처음에는 서어비스 노동이 생산해내는 생산물을 파악하는데 어려운 점이 있어, 단지 서어비스 노동 그 자체를 상품과 동일시했다(마치 노동력이 상품인 것처럼). 그러나 논의가 점점 진전되어가는 중에 서어비스 노동 그 자체와 서어비스 노동의 생산물을 구분하기 시작했고, 후자를 서어비스 노동의 생산물(상품체)이라고 하였다.

그 내용을 살펴보면 다음과 같다. 우선 각종의 서어비스를 각각의 성질에 따라 다음 세 부류로 나눌 수 있다.

첫째 가수의 노래, 음악연주, 무대의 연극 등 소위 무형물(無形物)을 생산하여 판매하는 경우, 둘째 세탁소의 노동과 같이 물질적 대상을 가공 수리하거나 인간의 신체를 대상으로 하는 서어비스, 셋째 노동의 대상의 공간적 및 시간적 위치 변화를 가져오는 운수 및 보관 서어비스가 있다.

첫번째의 경우, 음악·연극 등은 각각 손에 만져지는 대상은 아니지만 일종의 생산물이라고 할 수 있다. 왜냐하면 이들은 관객에게 그전에는 없었던 상황을 제공하고 있으며, 관객은 그 상황을 일정한 가치와 교환하고 있기 때문이다.

두번째의 경우, 양복을 판매·제조하는 의류업이나 가축들을 길러 파는 노동과 달리, 그 노동의 대상이 생산자의 소유물이 아니다. 이들 각각의 생산자는 노동의 대상물에게 이전에 없었던 것을 가져다 준다. 예를 들면 흩어진 머리를 반듯하게 하거나, 병균에 침투당한 신체를 건강하게 하는 것 따위, 즉 대상의 상태의 변화를 가져온다. 이것이야말로 생산물이다. 따라서 이 변화가 이 부류의 서어비스 노동의 생산물이자 상품체이다.

세번째의 경우, 운수 서어비스는 운수 노동이 실현하는 운수 대상의 위치 변화 자체가 운수노동의 생산물이며, 보관 서어비스의 경우, 보관을 통하여 사용자에게 사용가능하게 되므로 그 보관대상이 바로 보관노동의 생산물이 된다.

결 론

이와같이, 최근의 가치론에서 서어비스 노동은 하나의 생산물을 생산해내고 있다고 파악하며, 생산적 노동인가 비생산적 노동인가라는 논의를 넘어, 종래 가치론에서 다루지 않은 서어비스 노동의 상품생산을 범주화시키고 있다.

그러나 주의해야 할 점은, 이러한 측면에서의 가치론 접근은, 가치론이 잉여가치론(착취의 이론)의 배경이 되어 온 점을 간과하고 있다는 것이다. 잉여가치론에서는 자본과 노동의 관계를 통해서 착취현상을 파악해내고 있는데, 그러한 인식없이 서어비스 노동을 단순히 상품을 생산해 낸다고 보는 것은, 현상을 피상적으로 서술하는데 그치기 쉽다. 향후 서어비스 노동을 가치론화시키는 작업에서는, 바로 이러한 측면이 보강되어야 할 것이다.

또한 최근의 논의로 주목되는 것은 가치론에서 가사노동(family labor)을 어떻게 다룰 것인가 하는 문제이다. 보통의 가치론에서 가사노동은 생산과정의 노동력과 달리 생산된 물건을 소비하는 과정이므로 노동력이 될 수 없으며, 따라서 노동력의 가치부분을 이룰 수 없다고 한다.

그런데 이러한 주장에 대하여 가치론에서 가사노동을 배제시키는 것은 오류이며, 따라서 노동력의 재생산비용에 가사노동이 포함되어야 한다고 주장한다. 더 나아가 가족내에서도 남녀간 부자간에 자발적인 불평등 교환(voluntary unequal exchange)이 아니라 착취(exploitation)까지 존재한다고 주장한다.

이러한 문제들은, 가치론이 자본과 노동간의 관계를 추상적인 수준에서만 다루다가 구체화되는 과정에서, 노동력이라는 개념의 확인이라는 문제에 부딪친 결과이기도 하다. 이것은 '노동의 역사' '노동의 형태'를 구체적으로 파악하는 가운데 가치론의 생명력이 살아날 수 있다는 것을 의미한다. 각 시기·장소에 따르는 범주 설정과, 그것을 기초로 한 가치론의 구체화가 요망되고, 자본과 노동관계가 더욱 복잡화되어가고 있는 현실 속에서 가치론의 발전은 그런 방법을 통해서 확립될 것이다.

늙은 제적생, 드디어 졸업하다

김학민씨 27년만에 연세대 졸업

지난 67년 연세대 경제학과에 입학, 4학년이던 74년 민청학련사건에 연루돼 학교를 떠났던 김학민씨(47, 도서출판 학민사 대표)가 오는 28일 27년만에 졸업장을 받게 돼 화제.

94년 2월 28일, 연세대학교 노천강당 94년도 학위수여식장에는 볼록한 배에 머리칼이 희끗희끗한 반백의 신사가 학사모를 쓰고 어색한듯 앉아 있었다. 졸업식 풍경을 잡던 한 TV 기자가 이상한 듯 다가와 물었다.

"혹시 자녀분이 졸업하십니까?"

그도 그럴 것이, 대개는 졸업식이 끝나고 사진찍을 때에야 그 동안 뒷바라지 하느라 고생한 부모님에게 학사모를 씌워 드리어 사진을 찍는 것이 상례인데, 아예 졸업식장에서부터 자녀의 학사모를 빼앗아 쓰고 있는 사람같았으니 ……

사연을 들은 기자는 좋은 취재거리를 만났다는 듯이 나를 취재하기 시작했고, 그러는 중에 나는 어색함을 떨쳐버렸다.

며칠 전에 내가 졸업한다는 보도가 여러 신문에 나왔기 때문에 팔순 노부모와 우리 가족들, 그리고 동네 사람들까지 축하해 주기 위해 20여 명 몰려 왔다.

20여 명의 일행은 신촌의 갈비집에서 소주 곁들여 점심식사를 하면서 나의 졸업을 거듭 축하해 주었고, 점심을 먹고도 축하가 부족한지 모래내의 허름한 노래방에 가서 저녁까지 술마시고 노래하며 놀았다.

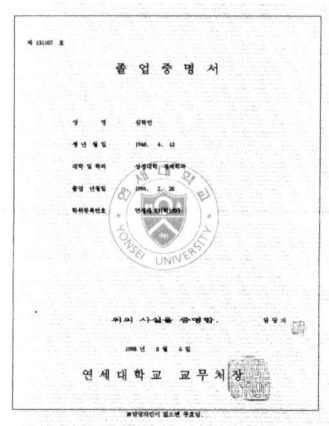

확실히 졸업했지?

김씨는 75년 2월 형집행정지로 풀려나 80년 잠시 복학했으나 문교부의 압력으로 대학을 떠나야 했으며, 80년 광주민주화운동 당시 김대중내란음모사건에 휘말려 다시 제적당했다.

지난 3월 복학해 이번에 학사모를 쓰게 된 김씨는 "공부하면서 어려운 점도 많았지만 후배와 교수들의 도움이 컸다"면서 "뒤늦게나마 다시 공부를 하게 된 것은 학위를 딴다는 것보다는 정의는 이긴다는 것을 보여주기 위함이었다"고 졸업 소감을 피력.

〈「문화일보」 94. 2. 19〉

반독재투쟁 김학민씨 중년에 학사모

군사독재 시절 민주화운동으로 몇 차례 제적과 복학을 거듭했던 민청학련 세대 3명이 대학 입학 26~27년만에 중년의 나이로 나란히 학교를 졸업한다.

화제의 주인공들은 서울대 정치학과 안양로(46)씨와 연세대 경제학과 김학민(47)씨, 동국대 사학과를 졸업하는 여익구(47)씨. 67학년도 입학생 김씨와 여씨는 입학 후 27년만에, 안씨는 26년 만에 학사모를 쓰게 된 것이다.

74년 민청학련사건 때 이철·유인태 의원 등과 함께 학생시위를 주도했다가 무기에서 15년형까지 선고받았던 이들은 격변의 한국 역사를 상징하듯 갖은 우여곡절 끝에 대학 졸업장을 받게 됐다.

안씨의 경우 73년 유신반대시위로 첫 제적을 당한 이후 74년 봄 복학해 같은 해 4월 민청학련사건으로 다시 무기징역 선고와 함께 제적됐다가 75년 형집행정지로 석방됐다.

안씨는 80년 서울의 봄에 복학했으나 같은 해 5월 계엄포고령 위반으로 징역 1년을 선고받으며 또 제적을 당하는 등 제적―징역―복학을 숱하게 되풀이해 왔다.

지난해 9월 복학해 마지막 한 학기를 채운 안씨는 "대학원에 가고 싶다는 생각에 공부를 하게 됐다"며 "4년 후배인 정치학과 박찬욱 교수와는 사제지간이라는 묘한 관계가 됐지만, 술잔을 함께 기울이며 20대 학창시절을 얘기하곤 했다"고 말했다.

역시 3차례 제적을 당했던 김씨는 이번 졸업 사정에서 20여년 전 수강했던 교양필수 학점이 인정되지 않아 어려움을 겪다가 아슬아슬하게 학사모를 쓰게 됐다.

80년대 주로 불교계에서 민주화 운동에 앞장섰던 여씨는 대학 졸업과 함께 평소 관심을 가져온 노인문제를 연구하기 위해 동국대 행정대학원 사회복지학과에 입학했다.

"젊은 학생들 틈에 끼여 공부하는 게 결코 쉽지는 않았다"고 입을 모으는 이들의 졸업식은 개인에게뿐 아니라 한 시대를 마무리하는 역사에 작은 '사건'으로 기억될 것으로 보인다.

〈「한겨레신문」 94. 2. 20〉

적으로부터 배우기

우리 민족에 있어 백범은 영원한 화두이다. 구한말 조국의 운명이 바람 앞에 등불이듯 위태로울 때 소년의 나이로 몸을 일으켜 동학농민전쟁에 가담했고, 이후 일제 하에서는 이역만리 중국땅에서 목숨을 걸고 조국의 독립을 위해 투쟁했으며, 해방 후에는 갈라진 겨레의 참담함에 가슴 앓아오며 민족통일을 위해 애써오다 불의의 흉탄에 목숨을 잃은 분. 정녕 그분은 민족의 사표이다.

그분이 추구하던 노선은 모든 이념과 사상을 뛰어넘은 조국의 자주적 통일이었기에 반민주, 반민족으로 일관해 왔던 역대 군사독재정권은 사실상 '김구 죽이기'를 펴왔다고 해도 과언이 아니다.

그것은 당연한 일이지만, 독재정권에 맞서 가장 치열하게 투쟁하였던 청년 학생들이 백범의 글에 감동하고, 백범의 생각에 고민하고, 또 백범의 행동을 따랐기 때문이다.

그래서 한때는 '민족의 교과서' 『백범일지』가 공안 당국으로부터 금서 비슷하게 대해지기도 했으며, 구속된 학생들의 '불온한 사상'의 반증자료로 『백범일지』가 검찰측 증거물로 법정에 제출되기도 했다.

나 또한 백범에 울고, 백범에 웃고, 백범에 감명받은 이 땅의 평균적 지식인이다. 여기에 실린 글들은 백범에 대한 나의 정신적 감명 수준으로부터 우연찮은 기회에 백범에 관련한 구체적 사항에 접근하게 된 계기와 그 내용을 기술한 것들이다.

백범 암살사건의 '사람들'

　백범 김구 선생이 민족반역자 안두희의 총탄에 쓰러진 지도 반세기가 가까워 오고 있다. 백범 선생의 생애만큼이나 수난과 오욕에 찬 50년이었지만, 백범 선생이 남기고 간 민족통일의 염원은 아직도 요원한 상태이다.

　또한 언필칭 민주화가 일정 부분 진척되었다고는 하지만, 아직

　1991년, 나는 현 「대한매일신문」 김삼웅 주필과 함께 백범 김구 선생의 암살 사건을 분석, 정리하는 책(『패배한 암살』)을 한 권 내기로 하였다. 김주필은 자료를 수집하고, 직접 관련 글도 썼으나, 나는 백범의 암살사건에 대해서는 특별히 연구해 보지 않았기 때문에, 별로 아는 것도 없어 그저 편집자의 역할만 하였다. 그러나 수많은 자료를 읽고 정리하면서 미로처럼 얽힌 백범 암살 사건의 가닥을 한번 정리하는 것이 필요하다고 생각했다.

　적으로부터 배운다? 안기부는 공안사건이 나면 언제나 차트에 조직도를 그린다. 사건의 조직적 범죄성을 국민들에게 각인시키기 위해서다. 나도 같은 아이디어로 그들의 범죄조직도를 그렸다. 그리고 그 전해에 윤석양 이병에 의해 보안사의 정계, 종교계, 학생, 노동자, 농민, 교수, 언론인 1천 303명 사찰카드가 폭로되었는데, 나는 이에서 힌트를 얻어 암살사건 관련자 128명의 '사찰카드'를 만들었다.

　128명의 '사찰카드' 내용은 『패배한 암살』에 「백범 암살사건의 '사람들'」이라는 제목으로 실려 있는데, 여기서는 김천근이라는 인물에 관한 사항만 소개한다.

백범 암살사건 범죄 체계도

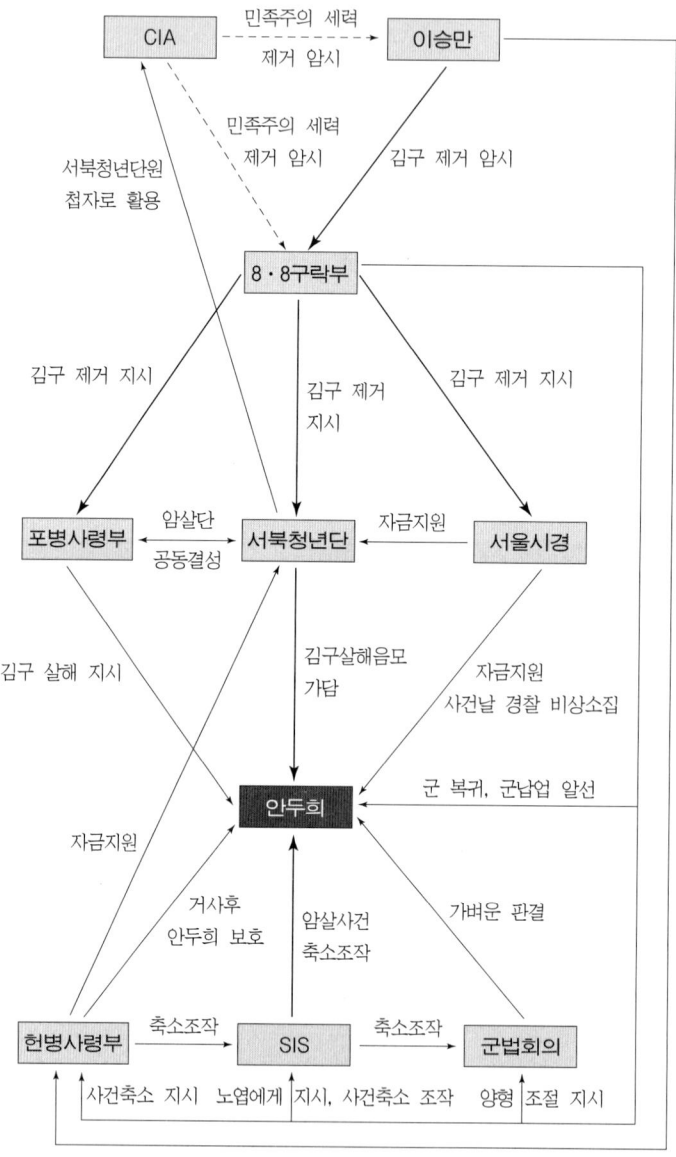

도 친일·친미 민족 분단세력이 이 국토를 농단하고 있는 실정이다. 그것은 민족세력의 상징인 백범의 암살이 있은지 50여년이 가까워오는 오늘에도 백범 암살의 배후와 진실이 규명되지 못하고 있는 점에서도 극명하게 알 수 있다.

이 글은 백범 암살사건에 관한 수많은 자료들에 등장하는 '사람들'의 발언과 행적을 조사·정리한 것이다. 물론 암살에 '가담'했던 측이나 암살의 진상을 '규명'하려 했던 측 모두를 포함했다.

아울러 백범 암살을 지시·후원했거나 실행에 참여했던 집단들, 그리고 암살의 배후와 진상을 축소·은폐하려 했던 집단들의 범죄체계도를 정리해 보았다. 개별 범죄자들의 범죄사실을 이 체계도와 관련하여 투영해 보면, 친일 반민족세력의 백범 암살의 음모와 실행, 은폐의 조직성과 계획성을 뚜렷하게 이해할 수 있을 것이다.

이 중에는 빈민족 독재권력의 압박과 회유, 축소와 은폐의 위협에 맞서 백범 암살의 진상규명을 위해 온갖 희생을 감수해온 분들도 계시지만, 한편으로는 죽어가면서, 혹은 아직도 구차하게 잔명을 유지하면서 조국의 독립과 민족의 통일을 위해 목숨을 바친 분들을 음흉하게 비웃고 있는 자들도 있을 것이다.

그러나 들어라. 역사는 일월(日月)이 조명하는 재판정이다. 단지 그 판결이 좀 늦을 뿐이다!

김천근 포병 중위. 포병사령부 정보참모. 장은산의 심복으로 군인 행동대원 관리와 백범 음해공작, 비밀연락을 맡았다. 2차 살해계획시 병점까지 가서 김구의 공주행 취소를 알렸다. 여러 자료를 종합해 볼 때 김천근은 백범 암살의 중요 범죄자이다.

포병중위 김천근씨에게

43년 전 오늘(26일)은 38선을 베고 죽을지언정 조국 분단만은 있을 수 없다고 절규하던 백범 김구 선생이 안두희의 흉탄을 맞고 한많은 생을 마감한 날입니다.

포병 중위 김천근씨. 나는 최소한 두어달 전까지는 당신의 얼

암살 관련자(진상 규명자가 아닌)들의 '사찰카드'를 만들다보니 한 인물이 눈에 띄었다. 암살을 주제로 한 개별 글에서는 별로 드러나지 않았는데, 그의 행적을 하나하나 카드에 기록, 추적하다보니 '혐의사실' 이 뚜렷이 보이기 시작한 것이다. 그는 포병 중위 김천근이다.

나는 그를 백범 암살 범죄사건의 주요 종사자로 보고 「한겨레신문」에 기고 형식으로 '지명수배'했다. 여기저기서 미확인 제보가 들어왔다. 그와 전우였다는 한 사람은 그가 휴전 때까지 11사단 포병사령관으로 있었는데, 그후 소식을 모른다고 전해왔다.

결정적인 제보가 있었다. 김천근이 제주도에 현재 생존하여 있다는 것이다. 그리하여 「한겨레신문」 제주 주재기자가 후속 취재를 했으나, 별다른 단서는 발견하지 못했다.

그러다가 1996년 SBS '그것이 알고 싶다'에서 백범 암살 사건을 다루면서 나의 글을 근거로 김천근이라는 인물의 정체를 취재, 방영했다. 나중에 담당 PD를 따로 만나 들었는데, 그는 취재과정을 이야기해주며 자기 또한 김천근이 백범 암살과 관련한 중요 인물이라는 것을 확신한다고 했다. 나에게는 그때 그 PD가 넘겨준 방송 콘티와 김천근의 촬영 사진이 있다.

굴은 물론 이름조차 몰랐습니다.

그러다가 최근에서야 얼굴은 모르지만, 43년 전 김구 선생 암살사건 당시 포병중위이었던 당신의 행적을 조금이나마 알게 되었습니다.

포병중위 김천근씨. 당신은 지금 살아 있습니까? 여러 자료로 추정하건대, 당신은 창군 멤버로서 6·25에 참전하였을 것이고, 다행히 그때 전사하지 않았다면 별다른 어려움없이 고급장교로 진급하였을 것이며, 예편 뒤에는 군납업에 종사하였거나 국영기업체 간부로 일하면서 품위있는 사회생활과 풍족한 가정을 영위했을 것입니다.

또 혹시라도 파격적으로 출세했다면 군인으로서의 '공훈' 외에 당신의 '또다른 공훈'이 그것을 가능하게 했지 않았을까 생각해 봅니다.

만에 하나 당신이 혹 천수를 누리지 못하고 일찍 죽었다면, 당신과 당신의 가족들에게는 고통과 슬픔을 안겨주었겠지만, '하늘의 정한 이치'라는 세상 사람들의 회자가 당신의 주검 위에 뿌려졌으리라고 믿습니다.

포병사령부 정보참모

포병중위 김천근씨. 당신이 현재 땅에 묻혀 있다면 아무도 43년 전 당신의 행적을 말해줄 수 없기에, 또 당신이 살아있다면 아마도 늙고 병들어 기억이 희미할 것같아 43년 전 당신의 행적을 정리하는 데 좀 거들어 드리겠습니다.

포병중위 김천근씨. 당신은 부인하겠지만, 내가 보기에 당신은 안두희, 김지웅에 못지 않은 백범 암살의 원흉입니다.

물론 이승만·신성모 등 암살의 배후 조종·지령자들이 있었겠지만, 당신은 장은산 포병사령부의 정보참모로서 안두희·오병순 등 포병대 장교들의 백범 암살계획을 지휘·감독하는 중요한 임무를 맡았었습니다.

범행전 치밀한 정지작업

43년 전 당신의 근무처인 포병사령부는 영등포에 주둔했었지요. 그리고 사령관 장은산은 백범 암살 10여일 전부터 서울대학병원에 위장 입원해 있었고, 당신은 문병을 핑계로 병원을 자주 드나들며 장은산과 공모하여 안두희 등 포병대 장교들로 하여금 3차의 백범 암살을 기도, 마침내 '당신의 뜻대로' 43년 전 오늘 백범을 제거하고 만 것입니다.

포병중위 김천근씨. 당신은 완전범죄를 일으키기에 앞서 '치밀한 정지작업'도 맡아 했습니다. "장덕수 암살 배후에 김구가 있다", "표무원 소령의 월북사건에 김구가 관련되어 있다"는 등의 내용이 적힌 삐라를 당신 휘하의 유서철 하사를 시켜 장안에 뿌리게 했지요. 백범을 암살한 뒤 '마땅히 죽을 사람이 죽었다'는 더러운 여론을 조작해 내기 위해서 한 짓 아닙니까?

그 뒤 소위 국회프락치사건으로 수배중인 김약수 국회 부의장이 백범의 거처인 경교장에 숨어 있을 것이라는 정보를 조작하여 경교장에 들어가 백범 등을 무차별 사격 살해하려던 6월 24일의 1차계획, 병점고개에서 백범의 승용차를 습격하려던 6월 25일의 2차계획도 당시의 그 비상한 머리에서 나온 것 아닙니까?

운명의 6월 26일, '당신의 뜻대로' 백범이 안두희의 흉탄에 쓰러진 날은 또 어떠했습니까. 당신은 정보처 선임하사 신북철을 시켜 오병순 등 포병대내 관련자들을 방공호에 감금하고, 안두희의 단독범행으로 사건의 가닥이 잡혀질 때까지 몇 날을 술과 고기로 호궤하며 그들을 '보호'하지 않았습니까?

그때 6월, 당신의 행적 몇가지만을 들었습니다만, 이것만으로도 당신이 백범 암살의 계획과 실천에 깊이 관련되어 있음이 확실하다고 나는 믿습니다.

한편의 영화에 비유한다면, 이승만 등은 제작자이고, 당신과 김지웅은 감독, 안두희는 주연배우 노릇을 한 것입니다.

포병중위 김천근씨. 많은 살인자가 완전범죄에 성공했다고 확신하는 것처럼, 당신은 그 순간 백범 암살의 현장에서 살짝 벗어났다고 생각하며 암살의 진상을 캐기 위해 노력하는 이 땅의 민족세력들을 바라보며 비웃고 있었겠지요.

그러나 몇 사람은 속일 수 있지만, 모든 사람을 속일 수는 없는 것입니다. 또 잠깐은 속일 수 있지만, 영원히 속일 수는 없습니다.

진실을 털어 놓을 때

포병중위 김천근씨. 살아있다면 이제 가면을 벗고 나오십시오. 그리고 백범 암살의 진실을 민족 앞에 털어 놓으십시오. 그렇게 하면 43년 전 당신의 그 '더러운 공훈'까지도 민족은 넓은 가슴으로 용서할 것입니다. 〈「한겨레신문」 92. 6. 26〉

무덤을 찾아서

어떻게 살 것인가

'산다'는 것은 무엇일까? '목숨을 이어 나가다'라는 '살다'의 사전적 의미만을 염두에 둔다면 '산다'는 것에 대하여 그리 복잡하게 고민할 필요가 없을 것이다. 왜냐하면 맛있는 것 찾아 먹고, 적당히 즐기고, 잠자고 하는 것을 거듭 이어가다 보면 그것이 곧 삶을 살아가는 것이 되기 때문이다.

그러나 삼라만상의 뭇 생명체들과는 달리 인간에게 있어서는 산다는 것이 그렇게 간단하게 정리되지는 않는다. 단순히 생명을 이어간다는 원초적 삶의 형식 외에도 왜 사는가, 또는 어떻게 살아야 할 것인가라는 인간 내부로부터의 문제 제기에 각자 답하는 것으로서의 삶의 내용과 형식이 복잡하게 얽혀지기 때문이다.

인류가 생긴 이래 이 땅에서 수없이 명멸해간 종교, 윤리, 도덕, 그리고 철학, 과학, 예술 등은 모두가 인간의 삶의 내용과 형식을 올바르고 풍요로우며 합리적으로 이끌기 위한 노력에 다

적으로부터 배워 만든 '범죄조직도'와 '사찰카드', '지명수배'는 의외의 결과를 낳기도 했다. 미스테리였던 안두희의 배후조종자 김지웅의 죽음을 그것이 계기가 되어 확인하게 되었으니, 이 글이 그 전모이다.

름아닐 것이며, 인류사의 숱한 인간족 역시 나름의 생각과 기준으로 삶을 살다가 각자의 생을 마감했을 것이다.

김지웅이라는 사람

필자는 얼마 전 우연찮게도 해방 공간에서 민족사에 있어 '특별한' 활약을 하다 간 한 인간의 삶의 족적을 추적하는 작업을 하게 되었다.

살아 있다면 금년으로 80세가 되는 김지웅이라는 사람이다. 김지웅은 평북 의주 출신으로, 일제 때는 중국에서 '왕금산'이라는 가명으로 왕정위 괴뢰정권의 간부로 있으면서 광복군과 임시정부의 정보를 탐지해 일제에 제공하던 친일 밀정이었다.

그리고 8·15 해방 후에는 친일 잔재세력들의 비밀조직인 8·8구락부를 통해 신성모·김창룡 등과 알게 되면서 김구, 장덕수, 송진우 등의 암살사건에 깊숙이 관여했으며, 이승만 정권 하에서는 그 공로로 세도가 하늘을 찔렀던 자이다.

그러나 4·19 혁명이 성공하고나서 곧 이은 이승만 정권 하의 부정·부패·비리사건의 척결 움직임과 함께 해방 후 최대 범죄로 규정되고 있는 백범 김구 암살사건의 배후에 대한 규명 여론이 비등하자, 그는 그해 8월 일본으로 밀항하여 "내가 김구 암살을 지시했다"고 기자회견을 하고는 종적을 감춘 것이다.

이후 간헐적으로 나온 국내 신문·잡지들의 백범 암살사건에 관한 기사에서도 사건의 가장 핵심인물인 김지웅에 대해서는 "1960년에 일본으로 밀항하였다"로 끝맺을 뿐, 1960년 이후 그의 행적에 대해서는 더 이상 추적하지 못하고 있었다.

일본을 위해 일생을 산 조선인

나중에 확인된 일이지만, 김지웅은 60년 일본에 밀항한 후 일
제 때 밀정 노릇을 하며 밀접한 관계를 맺었던 나카야마 유타
(왕정위 괴뢰정권의 만주국 공사)와 야키 노부호(일제 말 전남지
사 역임) 등 일본의 극우세력에 접근해 도움을 받는다. 이들은
김지웅이 출입국관리령 위반으로 일단 후쿠오카 경찰에 잡혔으
나, 징역 10월 집행유예 3년의 관대한 판결을 받고 가석방되도록
결정적인 영향력을 행사했다.

그는 야키와 함께 동경에서 극우 반공단체인 '북아세아협회'의
조직을 준비하기도 했으며, 일제 때 고위직에 있었던 일본인들과
이승만 정권 하에서 친밀한 관계를 맺었던 한국인들의 '지원'으
로 상당액의 자금을 보유하면서 사업을 벌이기도 했다.

김지웅은 특히 박정희 정권 초기에는 박정권의 대일 로비스트
로 활약하면서 굴욕적인 한·일조약의 체결, 포항제철의 설립에
직·간접으로 관여하기도 한 것으로 알려졌다.

그런데 이처럼 민족사의 최대 범죄자 중의 하나이면서도 그간
전혀 알려지지 않았던 김지웅의 60년 이후의 행적을 다소나마 확
인하게 된 데에는, 필자가 지난 6월 우연찮게 김지웅의 최후를
추적하게 된 것과 무관하지 않아 그 전말을 밝혀 본다.

필자는, 일제 식민지 치하에서는 가장 철저한 항일 투쟁노선을
견지하였으며, 해방 후에는 민족의 화합과 통일을 위해 온몸을
던져 노력하였던 백범 김구 선생이 동족의 손에 의해 암살된 사
건이 오늘에 이르기까지 그 전모가 완전히 밝혀지기는커녕 역대
독재정권에 의해 오히려 그 진상이 은폐되어 오고 있는 사실을
개탄하였다.

그리하여 이제껏 뜻있는 인사들에 의해 진행되어온 백범 암살
진상규명 노력들의 성과를 1차 정리하고, 다시금 진상 규명의 사

회적 여론을 불러일으킬 목적으로 백범 암살에 관한 자료집을 금년 6월 26일 백범 서거 43주기에 맞춰 발간하려고 기획하였다.(이 자료집은 이에 맞추어 『패배한 암살』이라 제하여 출간되었다)

애국자는 죽고, 반역자는 살고

그리하여 백범 암살사건에 관련한 1차 자료들을 수집하고, 생존 증인들의 증언을 청취하며 동분서주하던 지난 5월 어느날, 한 노인으로부터 귀가 번쩍 뜨일만한 이야기를 들었다.

"백범 암살의 주모자 중의 한 명인 김지웅이가 어떻게 되었는지 아시오?"

"60년에 일본에 망명해서 지금 일본 어딘가에 잠적하여 살고 있지 않습니까?"

"모두들 그렇게 알고 있지요. 그런데 그게 아니오. 김지웅이는 죽어서 지금 한국땅에 묻혀 있다오."

도대체 무슨 소리를 하는가? 깜짝 놀랐다. 백범, 설산 등 해방공간의 민족지도자들을 암살한 사건들에 깊숙이 관련되었던 민족반역자 김지웅이 몰래 국내에 들어와 죽어 땅에 묻혀 있다니……

노인은 그 정보의 입수경위에 대해서는 더 이상 말하지 않고, 다만 "88년 초에 '김형엽'이라는 가명으로 용인에 있는 영락교회 묘지에 묻혀 있다"고만 말했다.

후에 그 정보의 제공자와 입수경위에 관한 흥미진진한 이야기를 들었지만, 당시로서는 정보의 입수 경위나 김지웅의 입국(죽어서인지, 아니면 살아서 들어왔다가 죽었는지) 문제는 나중에 알아보기로 하고, 우선 김지웅의 죽음, 곧 김지웅의 묘지를 확인하는 것이 시급하다고 생각했다.

무덤 찾아 삼백리

그리하여 평소 가깝게 지내던 「한겨레신문」 문학진 기자를 불러내어 자초지종을 이야기하니, 문기자는 눈을 반짝이며 "거, 특종감인데 ……"하면서 입맛을 다셨다.

문기자와 함께 종로구청에서 김지웅의 호적등본을 떼고, 영락교회에 전화를 걸어 용인에 있다는 영락교회 묘지의 정확한 위치를 확인하는 작업부터 시작했다. 여러번의 전화 끝에 어렵사리 영락교회 공원묘지 관리 담당자와 통화가 이루어졌으나 그쪽의 대답은 의외였다.

"우리 영락교회 묘지는 용인에 있는 것이 아니라 금곡에 있는데요?"

맥이 확 빠졌다. 두가지로 추정해 볼 수 있었다. 그 노인이 영락교회의 묘지가 위치한 금곡을 용인으로 착각했든가, 아니면 김지웅이 실제 용인군 어느 공원묘지에 묻혀 있는데, 그 묘원을 영락교회 묘지로 착각했든가 둘중 하나일 것이다.

금곡을 용인으로 착각했다면 그냥 금곡으로 가서 확인하면 될 것이다. 그러나 용인에 있는 어느 묘원을 영락교회 묘지라 착각했다면 문제는 달라진다. '죽어서 용인'이라는 말과 같이 용인에는 수십개의 공원묘원이 몰려 있는데, 어디 가서 무슨 수로 김지웅의 묘지를 찾는단 말인가?

문기자가 조심스레 의견을 내놓았다.

"금곡은 별로 멀지 않으니, 바람이나 쏘이는 셈치고 우선 금곡으로 가봅시다."

영락교회 묘지는 어디일까

그리하여 문기자와 필자, 그리고 「한겨레신문」의 사진기자인 진천규 기자 일행은 금곡을 향해 출발했다. 물어물어 금곡 영락교회 묘원에 도착한 것은 오후 4시가 넘어서였다.

묘지 관리인을 찾아 용건을 말했다.

"김형엽이라는 사람의 묘지를 찾는데요. 정확한 날짜는 모르겠는데 아마 88년 초쯤에 묻혔을 겁니다."

묘지 관리인은 묘지대장을 한참이나 뒤적이다가 고개를 들고 말했다.

"그런 묘지는 없는데요. 자, 확인해 보세요. 87년, 88년, 89년, 90년, 91년, 92년, 어디에도 김형엽이란 이름은 없지 않습니까?"

"그럴 리가 없을 텐데 …… 분명히 영락교회 묘지에 묻혔다고 하던데 …… 혹시 묘지대장에 기재되지 않은 묘도 있습니까?"

"전혀 그럴 수는 없습니다."

그러면 금곡의 영락교회 묘지가 아니라 용인에 있는 어느 공원묘원이란 말인가? 난감하였다.

"그런데 김형엽이라는 분과는 어떤 관계이십니까?"

"아, 네. 그분의 아들이 미국에 이민을 갔는데, 친구인 우리들에게 묘지를 확인해서 좀 손봐 달라고 해서요."

대충 둘러댔다.

"하여튼 그런 묘지는 없네요."

"혹시 이곳 말고 영락교회 묘지가 또 있습니까?"

"여기 말고는 없습니다."

"거, 참 ……"

"아, 몇해 전에 말입니다. 이곳 금곡 묘지가 대지정리가 덜 되어 3년 동안 다른 공원묘원의 일부를 교회측에서 분양받아 사용한 적이 있었는데, 혹 거기를 말하는 것인지 모르겠습니다. 이곳 금곡 묘원이 완공된 후에는 그곳에 매장했던 시신들도 대개 이곳 으로 이장해 왔는데, 혹 거기에 남아있는 묘지일지 모르겠습니다."

"거기가 어디입니까?"

"장호원 부근이라 하는데, 정확한 위치는 잘 모르겠습니다."

장호원이라면 이천군에 속해 있고, 이천군은 용인군과 인접해 있는 곳이다. 그렇다면 '용인에 있는 영락교회 묘지'와 대강 일치할 수도 있을 것이다. 그러나 장호원 일대에도 공원묘원은 많이 있다.

"잘 생각해 보십시오. 묘원 이름이라도 알아야 할 터인데 ……"

"뭐라더라 …… 무슨 꽃 이름이 들어가는 이름이던데 …… 진달래, 개나리, 목련 ……"

꽃 이름 붙은 공원묘원

묘지 관리인으로부터는 더 이상 나올 것이 없을 것같았다. 필자 일행은 잠시 의논한 끝에 내친 김에 장호원으로 가보기로 했다.

초스피드로 중부고속도로를 달려 장호원읍에 도착했을 때는 해가 뉘엿뉘엿 져가고 있을 무렵이었다. 우선 문기자가 파출소에 들어가 장호원 부근의 공원묘원들을 물으니, 꽃 이름 들어가는 묘원으로는 충북 중원에 '진달래 공원묘원'이라는 것이 있다는 것이다.

충청북도 중원이라면 장호원을 중심으로 하면 용인과 가깝기는 커녕 정반대 방향에 위치한 곳이지만, 가서 한번 확인해 보기로 했다.

큰길에서도 한참이나 떨어져 산속에 위치한 중원군 양성면 소재 '진달래 공원묘원'에 도착했을 때는 제법 어둑어둑했다. 저녁

이 되어서인지 장례꾼들도, 인부들도 다 돌아가고 묘지 관리인만
이 덩그러니 관리소를 지키고 있었다.

"김형엽이라는 분의 묘지를 찾는데요. 아마 88년 초에 묻혔을
겁니다."

"그래가지고는 못찾습니다. 묘지대장이 있어야 하는데, 지금은
직원들이 모두 퇴근하여 묘지대장을 볼 수가 없습니다. 내일 아
침에 오시면 확인해 드리겠습니다."

"우리들이 직접 찾아볼 수 있습니까?"

"원하신다면 찾아보실 수는 있습니다만, 이 묘원을 보세요. 수
십만 평에다 묘지만 해도 수만 기가 되는데, 이 어둑어둑한 저녁
에 무슨 수로 찾습니까?"

"아, 김형엽씨의 묘는 영락교회 묘역에 있다 하는데, 거기만
찾으면 되지 않습니까?"

"거기도 굉장히 넓습니다만, 그렇다면 직접 찾아 보십시오. 이
길로 쭉 올라가다 보면 산 모퉁이 돌아 공중변소가 있는데, 그
뒤가 영락교회 묘역입니다."

날은 어둡고, 무덤은 많고

우리 일행은 묘지 관리인이 가리켜주는 대로 영락교회 묘역으
로 올라갔다. 관리인의 말대로 영락교회 묘역은 '진달래 공원묘
원'의 한 부분을 차지하고 있었지만, 거기에 있는 묘지만도 수천
기가 되는 것같았다. 세 사람이 나누어 찾아보더라도 꽤 시간이
걸릴 것같았다.

처음에는 함께 찾다가 곧 자연스레 구역을 나누어 따로따로
찾았다. 한참을 찾아도 김형엽의 묘는 나오지 않았다. 문학진, 진
천규 두 기자로부터도 연락이 없는 것으로 보아 그쪽도 마찬가지

인 것같았다. 가파른 산등성이에 계단식으로 묘지를 조성해 놓았으므로, 한 계단에 있는 수십 기의 묘지들을 확인하고, 그 다음 계단의 묘지들을 확인해 들어가는데, 그 품이란 웬만한 고산을 등산하는 것 이상이었다.

진땀을 흘리며 계속 뒤졌으나 김형엽의 묘지는 발견되지 않았다. 비석들이 검은 색깔의 오석으로 되어 있어 시간이 갈수록 새겨진 이름을 확인하기가 힘들어졌다. '후랫쉬라도 사올 걸' 하는 생각이 들었다.

주위를 돌아보니 「한겨레신문」의 두 기자는 어디로 갔는지 보이지 않고, 여기저기에는 장례를 치른지 얼마 되지 않은 듯한 묘지들, 또 이장하기 위해 관을 파내간 구덩이들이 널려 있었다. 갑자기 으스스한 기분이 들어 두 기자의 이름을 불러보았으나 메아리만 허공져 왔다.

'이 친구들은 어디로 갔나?'

이제는 다리도 아프고, 배도 고팠다. 비석 글자는 가까이 가 책 읽듯이 해야만 보였다. 필자는 더이상 찾는 작업을 중지하기로 하고, 앉아서 쉬고 있는 계단의 묘지들만 확인하고 내려가기로 작정했다.

잡초 속에서 살포시 나타난 '집사 김형엽의 묘'

그리하여 그 줄의 묘지들을 확인해 가는 순간 맨 마지막 잡초가 우거진 속에 '집사 김형엽의 묘' 란 비석이 보이지 않는가! 갑자기 다리의 힘이 쭉 빠지며 피로가 엄습해 와 김지웅의 묘지 옆 잔디밭에 두 다리를 펴고 앉았다.

김지웅의 무덤을 발견했다는 것은 무엇인가? 그것은 곧 김지웅의 주검을 확인한 것이 아닌가? 그리고 그것은 또 민족사의 비극 백범 암살의 진실이 땅속에 묻혀진 것을 뜻하는 것 아닌가? 허전하고도 착잡했다.

또 한편으로는 무덤을 찾아 나섰을 때의 그 거창하고도 단단하던 결의와는 달리 인간 김지웅에 대한 일말의 연민이 스쳐감을 느끼지 않을 수 없었다.

김지웅, 당신은 인적 하나 없는 깊은 산속 까까비탈 잡초가 무성한 이 반평의 땅을 차지하기 위해 수많은 애국 독립지사들을 밀고하고, 민족 지도자들을 암살했단 말이오? 이 척박한 땅 반평을 차지하기 위해.

날은 어두워 주위를 분간하기조차 어렵게 되었다. 그때까지도 공원묘원 어느 구비에선가 땀을 뻘뻘 흘리며 '김형엽'의 묘를 찾고 있을 「한겨레신문」 기자들을 소리쳐 불렀다. 어둠 속에서 그들이 나타나자 필자는 펄떡 일어나 느닷없이 외쳤다.

"대한독립 만세! 대한민국 만세!"

추기 김지웅의 무덤 발견 사실은 「한겨레신문」 6월 19일자 1, 3면에 '백범 암살 주모자 32년만에 행적 확인'이란 제하에 특종보도되었으며, 문학진 기자는 이 기사로 「한겨레신문」에서 자체적으로 수여하는 특종상을 받았다.

『정본 백범일지』를 펴내며

1

구한말에서 일제 식민지를 거쳐 해방이 되기까지 근대사의 질곡을 몸소 끌어안으면서 국가와 민족을 위해 헌신한 사람은 일일이 꼽기 어려울 만큼 많다. 그러나 그 가운데서도 백범 김구 선

백범 김구 선생은 '인기 스타'이다. 국민들에게 우리나라를 위해 애쓴 역사상의 인물을 들라면 김구 선생을 꼽는 이가 많다. 학생들에게 우리 민족에 헌신한 분을 꼽으라면 쉽게 김구 선생의 이름이 나온다. 정치인들에게 가장 존경하는 정치가를 대라 하면 10에 7, 8은 김구 선생을 말한다. 교수들에게 추천할 만한 도서를 뽑으라면 전공에 관계없이 『백범일지』를 가장 많이 추천한다.

이러니 김구 선생이 스타가 아니란 말인가? 이렇게 전 국민이 존경할 정도로 김구 선생은 유명하고 훌륭한 분이다. 그러나 물어보자. 김구 선생에 대해 한번 3분쯤 소개해 보라고. 대부분은 이 3분을 채우느라 얼굴을 붉히며 끙끙댈 것이다. 잘 알고 있는 것같지만, 사실은 별로 모르면서 아는 체하는 우리 사회의 지적 허망함 ― 이것은 '김구선생 알기'에도 역시 적용된다.

어떨결에 『백범일지』의 주해, 재발간 작업에 착수. 2년여를 쏟아부었다. 그간 나빠진 것은 시력이요, 늘은 것은 텍스트 분석에 소홀한 우리 학계에 대한 욕악담이었지만, 죽고 난 후 내가 『정본 백범일지』 주해본을 만든 사람으로 기억된다면 그것만으로 더없이 기쁠 것이다.

이 글은 『정본 백범일지』에 실린 해제이다.

생이 상좌의 반열에 들만큼 우뚝 솟는 이유를 들라면, 자신의 역정을 일일이 기록해 둠으로써 후세 사람으로 하여금 고난의 흔적을 피부로 느끼게 했다는 점도 한가지 이유가 될 것이다.

백범 선생은 『일지』의 첫머리에서 상놈의 집안 출신임을 스스럼없이 밝혔듯이, 자신의 치부를 솔직히 드러내놓을 줄 알았다. 그것은 곧 『백범일지』에 나타난 그의 행적이 허구성을 띠지 않았음을 말하는 것이다. 그 때문에 출신의 한계를 절감하면서도 신·구 학문에 정진한 학구열, 옭죄어 오는 일제의 압박을 온몸으로 저항하며 삶의 방향을 구국으로 정하는 피끓는 조국애, 견디기 힘든 옥중생활 속에서도 지조를 잃지 않는 꿋꿋한 기질, 임시정부의 고위 관리로서 멸사봉공하는 정신 등 어느 것 하나 작위적이지 않다는 생각을 갖게 한다.

이로써 조국을 위한 그의 삶이 안중근 의사나 이봉창 의사의 순국으로써 저항한 의로운 행적과 비교할 때 결코 뒤지지 않는다는 확신을 갖게 하며, 그 당시 선인들이 흘린 피와 땀의 대가로 현 위치에 떳떳이 서 있는 우리에게 더욱 경외감을 준다.

백범은 두 아들에게 주는 글에서도 밝혔듯이, 『백범일지』를 쓴 목적이 자식들에게 아비의 행적을 전하기 위함이었다. 단신 상해로 건너가 언제 죽을 지 모르는 위험한 상황에서 자신이 죽고 나면 자식들이 아비의 행적을 알 길이 없을 것이라고 여겨 자서전을 남긴 것이다. 다행히 해방을 맞을 때까지 목숨을 잃지 않아 환국할 수 있었고, 임시정부의 주석이 남긴 글인만큼 자식뿐 아니라 온 국민에게 읽혀야 한다는 주위의 권고로 백범 생존 때인 1947년 국사원을 통해 초간본이 빛을 보게 되었다.

초간본 『백범일지』는 간행되자마자 큰 반향을 불러일으켰다. 상인에서 임시정부 주석까지 신분의 극과 극을 넘나든 민족 지도자의 행적이 소상히 기록된 것도 이례적이었지만, 이 책을 읽음으로써 임시정부의 모든 것을 이해할 수 있었고, 해외에서 독립운동을 하던 애국지사들의 생활상도 어느 정도 파악할 수 있었기 때문이다.

단독정부 수립 이후 이승만 정권기에 들어와서 『백범일지』는 황당하게도 금서 취급을 받아 이후 출간되지 못하는 우여곡절을 겪었다. 그러다 4·19 이후 국사원본을 저본으로 하여 동명사본(1960)이 출간되었고, 이후 광명문화사(1968), 교문사(1979), 백범기념사업협회(1960) 등 여러 곳에서 무려 20여 종의 『백범일지』를 내놓았다. 그만큼 『백범일지』는 하나의 출판물로서도 국민적 도서로서 많은 독자층을 확보했던 것이다.

그후 1989년 들어 이전의 간행본과는 전혀 다른 또하나의 『백범일지』가 탄생했다. 서문당에서 간행한 『원본 백범일지』가 그것이다. 이 책이 출간됨으로써 우리는 국사원간 『백범일지』가 결코 권위본 대접을 받을 수 없다는 사실을 깨닫게 되었다. 기실 이전에는 『백범일지』 출간본이 백범의 친필본을 그대로 옮기되 국한문 혼용인 친필본을 현대어법에 맞춘 것이라고 생각하는 정도였다. 그러나 서문당본과 국사원본을 비교하면, 서문당본 책 표지에 "지금까지의 『백범일지』는 3분의 2 분량으로 줄여져 있었다"고 밝혔듯이, 너무나 많은 차이가 있었다.

당초 국사원본이 간행된 시기는 백범의 나이 72세이며, 백범 자신도 한창 정치적으로 숨돌릴 틈이 없었다. 그러므로 간행에 깊이 관여하지는 못하였을 것으로 보인다. 이런 가운데 원본 윤문을 맡은 춘원 이광수가 책으로서의 구성 요건을 생각하였음인지 단순 교열을 넘어서 심지어는 원고지 2~3장 분량을 그대로 삭제하기도 하고, 또는 자기의 필력을 믿고 새로운 내용을 추가하기도 했던 것이다. 그러므로 국사원본은 현대어 윤문본이라기보다 재구성본이라고 해야 맞을 것이다.

그러나 일반 사람들은 국사원본이 백범 생전에 백범의 주도 아래 간행되었다는 점에서 그 이상의 새로운 내용을 담은 『백범일지』는 나올 수 없을 것이라고 생각하였다.

그같은 편견을 갖게 된 데는 그 동안 친필본 『백범일지』가 세상에 공개되지 않은 탓도 있다. 친필본을 확인할 수 없었으므로 심지어 백범의 원고를 순한문체 글이라고 주장하는 사람도 있었다.

서문당본의 출간은 국사원본에 내재된 이같은 한계를 극복했다는 점에서 『백범일지』 간행에 한 획을 긋는 일대 사건이었다고 할 수 있다. 서문당본은 국사원본에 빠진 백범의 글을 거의 다 보충했다.

그러나 서문당본도 몇가지 문제점을 안고 있다.

첫째는, 그것이 친필본을 저본으로 하지 않았다는 점이다. 서문당본 해제에 따르면 "이 책은 백범이 측근이었던 엄항섭을 시켜 원래의 것을 등사하게 하여 미국의 동지들에게 후세에 전하도록 당부하여 보낸 것" 즉 친필본을 베껴 쓴 미국 소장본을 저본으로 했다고 한다. 이에 대해서는 뒷부분 판본 비교 부분에서 상세히 언급하겠거니와, 친필본과 필사본 사이에는 차이점이 많다. 필사본은 친필본을 필사하는 과정에서 누락·오독한 부분이 다수 있기 때문이다.

둘째는, 국한문 혼용체에다 구식 표현인 것을 현대어로 옮기는 과정에서 어려운 말을 그대로 두어 일부 문맥의 연결에 혼선이 생겼다는 점이다. 이 부분에 대해서는 도진순 교수가 그의 논문

「백범일지의 원본·필사본·출간본 비교 연구」(1996)에서 상세히 밝혔다. 이밖에 한문식 표현을 풀이하지 않아 한문에 약한 현대의 젊은이들은 책을 읽어내려가면서도 정확한 의미를 알지 못한다. 대충 감만 잡고 그대로 넘어가는 부분이 많으니, 이는 기존의 모든『백범일지』출간본이 공통적으로 안고 있는 문제이기도 하다.

셋째는, 국사원본에 비해서는 덜하지만, 현대어로 윤문하는 과정에서 백범 특유의 문투가 변형되었다는 점이다. 예컨대 백범은 '…… 허더라' '…… 한지라' '…… 하나니' 등과 같이 당시의 문투를 대변하면서도 친근감있는 표현을 즐겨 썼는데, 이런 것들이 교열과정에서 완전히 삭제된 것이다.

이상의 여러 문제점으로 인해『백범일지』는 기성 지식인들이 후학들에게 권하는 주요 서목이면서도 기실은 난해한 탓에 가장 권하기 힘든 책이 돼버린 것이다.

2

『백범일지』의 판본에는 세 종류가 있다.

그중 가장 권위있는 것은 당연히 '친필본'이다. 친필본은 현재 백범의 유족이 소장하고 있다. 이것을 1994년 집문당에서 영인함으로써 일반 사람이 처음으로 원본『백범일지』를 볼 수 있게 되었다. 친필본은 상·하권으로 되어 있으며, 상권은 만 52세 때인 1928년 3월 경에 상해에서 집필을 시작하여 이듬해 5월 3일 종료했고, 하권은 66세 때인 1942년 중경에서 집필했다.

상권은 파란색 줄을 친 '국무원' 원고용지에 펜 또는 만년필로 썼고, 하권은 붉은색 줄을 친 원고지에 붓으로 가늘게 썼다. 다만 이 친필본은 보존상태가 좋지 않아 상권 앞부분과 하권 뒷부분이 일부 글자를 알아볼 수 없을 정도로 변질되었다. 특히 상권 맨앞 서문에 해당하는「인·신 두 아들에게 주는 글」은 아예 떨어져 나가 다른 사람의 필체로 된 글이 들어가 있다. 그러나 다른 곳은 매우 양호하다. 「祖先과 家庭」의 앞부분 2쪽은 하권을 쓴 원고지와 같은 종류인데, 다른 정황을 함께 고려할 때 이는 백범이 상·하권 집필을 끝마친 후 책으로 출간하기 위해 목차를 넣으면서 체계를 갖추어 새로 쓰려 했던 것으로 보인다.

두번째 판본은 미국 콜롬비아 대학에 소장되어 있다. 이는 백범이 상권 집필을 끝내고 이를 측근에게 필사시켜 미주 지역의 동지들에게 보낸 것이다. 줄이 전혀 없는 백지에 쓰여 있으며, 필사한 측근은 엄항섭이라는 설이 현재 유력하다.

이 판본을 일반적으로 '등사본'이라고도 하며, 마이크로 필름으로도 보관돼 있으므로 '마이크로 필름본'이라고도 한다. 이 책의 맨 앞에는 대한민국 임시정부 용지에 쓴 백범의 친필 편지가 삽입되어 있는데, 자신이 혹시 비명에 죽거든 유서 대신 써놓은 이 글을 자식들에게 전해 달라는 내용이 적혀 있다. 따라서 상권만 존재하고 하권은 없다. 이 책은 "등사하였다"는 백범의 표현과는 달리 친필본과는 약간 차이 나는 부분이 있다. 원문의 난삽한 표현을 쉽게 고친 부분이 적지 않고, 「祖先과 家庭」의 '삼각혼(三角婚)' 부분 내용은 이예 빠지기도 했다. 또 서명도 원본에서는 '白凡逸志'라고 한 반면 여기서는 '白凡逸誌'로 했다.

세번째 판본은 해방 이후 백범의 측근이 친필본을 필사한 것이다. 이것이 고서점에 유출되었다가 이동녕 선생의 손자인 이석희씨가 입수하여 현재 소장하고 있는 것으로 알려졌다. 이를 일반적으로 '필사본'이라고 한다.

이는 1947년 12월 한국민주당 정치부장 장덕수가 암살되자, 그 암살 배후로 백범계의 국민회의 간부들이 속속 체포되고 백범도 증언대에 서게 되었는데, 이 때 재판 관계 자료로 쓰기 위해 급히 베껴 쓴 것이라는 설이 유력하다. 그 때문인듯 처음에는 정성을 들여 쓰다가 뒤에 갈수록 급히 쓴 흔적이 역력하다.

또 목차가 처음 「祖先과 家庭」을 제외하고는 전부 빠져 있고, 해독하기 어려운 부분도 문맥을 고려하지 않고 그냥 써내려간 곳이 여러 군데 있으며, 일부 내용이 통째로 빠진 부분도 있다.

한편 서문당본은 해제에서 콜롬비아 대학교 소장 등사본을 저본으로 했다고 밝혔으나 실은 이 필사본을 참고한 것이다. 해제에서는 "'大韓民國臨時政府主席用箋'이라고 번듯하게 찍힌 괘지에 펜으로 빽빽하게 필사한 것이다"라고 부기했는데, 임정 주석용 괘지에 쓰인 것은 필사본뿐이다. 특히 서문당본의 해제자는 등사본에 하권이 없다는 점을 간과한 듯하다.

3

1997년은 『백범일지』 출간 50년을 맞는 해이다. 반세기의 세월을 거치면서 『백범일지』의 발행 종수도 그 햇수 만큼이나 많고 다양했다. 그러나 돌이켜보면 아쉬운 면도 없지 않다. 그중 가장 큰 이유는 국민도서로 평가받을만큼 대중적이고 교육적 가치를 띠는 책이지만, 많이 읽혔으면 하는 뜻있는 사람들의 소망이 무색하리만치 쉽게 쓰이지 못했다는 점이다. 다시 말해서 내용이나 판본면에서 이렇다할 연구 성과가 미약했다. 국사원간 발행 이후 1989년 서문당본이 나오기까지 40여년간 수십 종의 책이 출간되었지만, 맞춤법과 자구 수정 등에 국한시켰으니, 국사원간의 재탕 삼탕을 벗어나지 못한 것이다. 그리고 서문당본도 앞서 지적한 몇가지 문제점을 해결하지 못함으로써 체계적이고 완벽에 가까운 현대문 번역본이라 평가를 받기에는 부족한 점이 있다.

그러므로 주해자(註解者)들은 이같은 문제점들이 언젠가는 해결돼야 한다는 생각에서 1995년부터 초보 단계이나마 원본 『백범일지』의 복원에 일단 손을 대보자고 결심하고 몇가지 방침을 정하여 작업을 추진하였다.

그 방침의 첫째는, 기왕에 친필본을 기초로 한 간행본이 없는 만큼 친필 영인본을 저본으로 삼아 가장 객관성있는 『백범일지』 간행본을 만들자는 것이다. 이는 필사본에 빠진 부분까지 넣을 수 있다는 점과 가장 권위있는 원본을 대본으로 함으로써 독자에게 『백범일지』의 판본에 대한 신뢰감을 줄 수 있다는 점에서 가치가 있다고 보았다. 다만 지질 훼손으로 보이지 않는 부분은 내용의 전달이라는 측면에서 가능한 한 궐자로 남기지 않고 등사본을 참조하여 보완하였다.

둘째는, 기존의 간행본과 틀을 달리하여 주해를 넣고 설명을 붙이자는 것이다. 사실 원본은 국한문 혼용체라지만 토씨 등 순수한 우리말을 제외하고는 전부가 한자인 만큼 해독하기가 쉽지 않다. 그런데다 백범의 한문 수준이 상당하여 『시경』『서경』을 비롯한 사서오경과 한시, 불교경전 등에 실린 한문 문장을 두루 인용했다. 또 구한말과 일제시대의 관제도 설명없이 그대로 기록하여 두 부분의 전문 참고서가 없이는 이해할 수 없는 말들이 많다. 그러므로 이에 대한 설명이나 주해가 없는 기존의 간행본들을 오늘날의 사람들이 보는 데는 무리가 따를 수밖에 없었다. 이 책의 가장 중요한 간행 목적이 바로 이같은 문제점을 해소하여 오늘의 세대들에게 읽기 쉬운 책을 제공하자는 것이므로 주석과 해설 부분에 많은 노력을 기울였다.

셋째는, 백범의 문투를 그대로 옮겨보자는 것이다. 기존의 출간본들은 소위 윤문 혹은 현대어 역이라 하여 원본의 필체를 자의적으로 변화시켰다. 예컨대 '이외다' '이라' '하더라' '이리라' 등의 고풍스런 표현을 각각 '입니다' '이다' '했다' '일 것이다' 등으로 바꾸었다. 또 현실감이 강한 현재시제 '한다'를 전후 문맥에 맞추어 과거시제인 '했다'로 바꾸었다. 그러나 실제로 이같은 말들을 그대로 두어서 이해하지 못하는 부분은 없다. 오히려 그런 표현이 생동감을 주어 살아있는 글로서 다가온다는 생각도 들었다.

이밖에 기존 출간본들은 현대어 역을 하면서 '마침내' '……라 아니할 수 없다' '에 의하면' 등의 현대적 표현을 찾아 썼는데, 예컨대 춘향전을 현대어로 번안한다면 원 작품의 맛을 낼 수 있겠는가 하는 점을 생각한다면 이같은 현대식 글이 주는 한계를 느낄 수 있을 것이다. 그러므로 여기서는 요즘 자주 쓰이는 말은 아니더라도 뜻을 알 수 있는 것은 그대로 두었다.

이와 함께 원본에는 한 문장이 원고지 한 장 이상 차지하는 것이 다수 있다. 이는 당시 문장의 일반적 경향이기도 했는데, 기존 출간본들은 읽기 쉽게 한다는 뜻에서 이를 여러 문장으로 나누다 오히려 흐름을 잃는 수가 많았다. 당시의 독특한 문체를 살린다는 취지에서 이같은 장문을 가급적 그대로 두되 쉼표를 이용하여 문맥을 가다듬었으며, 현대어법과 지나친 차이를 보이는 것은 필요한 부분의 토씨 등을 바꾸어 바로잡는 식으로 하였다.

친필 영인본 『백범일지』를 처음 대하면서 놀랍고도 궁금한 점이 한가지 있었다. 그것은 이광수의 윤문본과 영인본을 비교하면서 더욱 실감나게 다가왔다. 당대를 풍미한 소설가 이광수의 글과 독립운동가 백범의 글을 평면 비교한다는 것은 어불성설일지 모른다. 춘원이 윤문한 국사원간 『백범일지』는 그만큼 읽기에 편한 쉬운 문장이었다.

그러나 두 책을 꼼꼼히 비교해보자니 그것만이 능사는 아니었다. 백범의 필력이 결코 이광수만 못하지 않았다. 오히려 진지하게 엮어간 중에도 웃음을 자아내게 할 줄 아는 흡인력을 보였고, 그것이 백범으로 하여금 독립운동가가 아니었으면 문필가나 학자로 대성했을 것이라는 생각에까지 미치게 하였다.

국한문 혼용체라서 읽기에 까다롭고, 만연체 문장이다보니 주어 술어간 호응관계가 다소 흐트러진다는 점을 접어둔다면 한 편의 소설도 이만큼 흥미있고 탄탄하게 구성된 작품은 드물다는 생각이 들게 했다. 그럼에도 이광수는 이해하기 어려운 부분, 해석하기 힘든 부분은 아예 빼버린 듯 분량을 3분의 2로 줄이고, 그것도 모자라 그 아기자기한 문투를 그토록 심하게 고쳐놓은 것이다. 특히 백범이 인천감옥에서 탈출한 이후 삼남지방을 유랑하면서 남긴 생생한 견문록과 서대문감옥 생활의 기록, 여러 인물들에 대한 설명과 논평을 춘원이 임의로 삭제한 것은 유감이 아닐 수 없다.

위대한 인물의 자서전이요, 민족의 고난 역정을 생생하게 기록한 역사서요, 민간의 사회상을 기록한 인문지리지라 할 만한 글을 평범한 통속소설로 만들었다는 생각을 지울 수 없었다. 실로 원본이라야 백범의 참된 사상, 진실된 행적을 알 수 있으며, 더불어 잠재력을 지닌 문필가 백범의 맛깔나는 글맛을 느낄 수 있다고 생각한다.

4

백범은 『일지』 상·하권 초고를 완성한 후 일정한 목차를 구성하여 새로 쓰려 했던 것으로 보인다. 그러나 이런 구상이 실현되지 못하고 다만 상권 첫머리를 옮겨 쓰면서 '1. 조선(祖先)과 가정' '2. 출생 급(及) 유년시대'라는 목차만 넣었다. 이후로는 괘지의 윗부분 여백에 번호를 매기지 않은 채 임시 목차를 써 두었다. 하권은 '자인언'과 '상해 도착'만을 목차로 넣고 뒷부분은 임시 목차마저 넣지 못했다. 따라서 이 책에서는 상권의 경우 백범이 설정한 목차를 따르고, 하권은 내용에 맞추어 주해자가 임의로 목차를 넣었다. 다만 상권의 앞부분 두 군데만 넣은 목차번호는 전체적으로 통일을 기하기 위해 생략했다.

문장은 가급적 백범의 글과 문투를 살린다는 원칙을 지키되 어려운 한자어는 현재 통용할 수 있는 것과 사어가 된 것을 구별하여, 사어가 된 것은 뜻풀이하면서 우리말로 풀었다. 또한 문장에 한자어가 너무 많으면 가독성이 떨어질 듯하여 한 문장내 어려운 한자어의 비율을 조정하였다. 간혹 글자획을 구별할 수 없어 뜻풀이하지 못한 경우도 있었는데, 그 단어가 문장의 이해에 별다른 영향을 미치지 않고, 행간 속에서 미루어 짐작되는 부분은 임의로 해석했다.

백범이 즐겨 쓴 표현 가운데 '~지라'는 현대 문법에서 연결사이나, 당시에는 문장을 끝맺을 때 흔히 이 말을 썼으므로 현대문법을 무시하고 종결형으로도 하였다.

한자어를 단순히 풀이할 때는 본문의 괄호 안에 작은 활자로 표기했으며, 백범이 스스로 그 한자어를 뜻풀이하거나 해설한 것은 괄호 안에 한자를 병기하고 그 뒤에 '줄표'를 하여 본문과 같은 활자 크기로 넣었다. 백범이 글의 이해를 돕기 위해 주석처럼 부연설명한 말은 좌우에 2배의 전각 줄표를 넣었다. 문맥의 필요를 위해, 혹은 글의 이해를 돕기 위해 주해자가 첨가한 말은 꺾쇠괄호로 표시하였다.

주해의 원칙은, 단어의 간단한 뜻풀이나 내용의 이해를 돕는 간단한 설명은 본문 안에 작은 활자로 설명하고, 주해 내용이 길거나 본문의 서술내용을 해득하는데 직접적인 관계가 없는 풀이말은 본문 아래에 각주로 처리하였다.

특히 주해 중 가장 특기할 만한 것은 유실되어 버린 대가족 명단을 추정 복원한 것이다. 부인들의 이름이 확인되지 않는 등 비록 완벽하지는 않으나 명단의 복원은 중요한 의미를 가지리라 믿으며, 이 부분은 판을 거듭하며 계속 보완해 나갈 것이다.

또 백범은 일체의 참고 자료가 없이 기억만으로 『일지』를 썼기 때문에 전후사실의 혼동, 오자 등도 간혹 눈에 뜨인다. 여러 자료를 보아 명백한 오류로 판단되는 글자는 주해없이 바로 잡았으나, 확인이 불가능할 경우는 각주에 밝혀 놓았다.

기타 옛 지명에 대해서도 고찰하고자 하였으며, 지명에 대해 일일이 위치를 적지 못한 부분은 백범의 주요 행적을 담은 지도를 작성하면서 그 속에 넣었다.

국사원간에는 들어 있고 원본에 없는 내용 중 백범이 추가한 것이라고 판단되는 부분은 본문에 넣되, 주에서 이에 대한 설명을 하였다. 이런 것은 2군데 있다.

끝머리 「그후의 일들」 및 「나의 소원」도 원본에는 없으나 국사원간에서 뽑아 추가하였다. 이 부분도 이광수가 윤문한 것으로 알려졌는데, 원본은 유실되고 필사본은 백범의 유족이 소장하고 있는 것으로 알려졌다. 이것도 하루 속히 공개되어 역사적·학문적 연구가 이루어져야 할 것이다.

책의 말미에는 '백범 김구 연보'와 『백범일지』 등장인물 찾아보기'를 붙였다. '연보'는 이제껏 알려진 백범 연보를 참조하되, 친필본 『일지』 내용과 일일이 대조하여 바로잡고 보완하였으며, '찾아보기'는 독립운동가들의 가명, 호와 자 등을 일일이 확인하여 통합, 작성하였다.

5

이 책을 새로 엮어내는 데는 주해자 중 김학민의 개인적 체험이 출발점이 되었다. 주해자에게는 중학교와 고등학교에 다니는 두 딸이 있다. 평소 『백범일지』를 국민이라면 꼭 읽어야 할 '민족의 교과서'라고 생각해 온 주해자는 당연히 두 딸에게도 『백범일지』를 사주고 약간은 강권하여 읽도록 채근했다.

아버지의 채근에 못이겨 억지로 시작한 듯 하였지만, 아이들은 곧 『백범일지』의 감동적인 서술에 빨려 들어 열심히 읽는 것같았다. 그러나 책의 4분의 1도 채 읽지 못하고 아이들은 책장을 덮는 것이었다. 이유인즉 너무 어렵다는 것이다.

어렵다? '민족의 교과서'를 국민의 평균적 학력 수준인 중고교생이 못 읽어낸다면 그건 정말 문제인 것이다. 왜 그럴까? 아이들이 던져 놓은 책을 이리 뜯어보고 저리 뜯어보며 곰곰이 생각해보니 아이들이 못 읽어내는 것도 당연하다는 판단이 들었다. 『백범일지』의 서술이 1947년 시점에서 국한문 혼용을 단순히 한글로 풀어놓은 것임을 그 동안 우리 모두가 깜박 잊어버렸던 것이다. 세계의 명작들도 번역한 후 10여 년이 지나면 새로운 문투에 맞게 새로 번역하고 있는 데도, 우리들은 '민족의 교과서'를 옛것 그대로 내버려 두고 '독립투사 김구의 감동적인 기록 『백범일지』'만을 관념적으로 되뇌이고 있었던 것이다.

흔히 집을 고치려다 보면 처음의 계획과는 달리 여기저기 계속 손을 대게 되고, 그러다 보면 고치는 비용이 오히려 집을 새로 짓는 비용만큼 들게 된다는 말이 있다.

이 책이 그러하다. 처음에는 단순히 어려운 낱말의 풀이, 인물·사건의 주석 정도로 보완의 수준을 생각했으나 막상 손대보니 그게 아니었다. 윤문 과정에서의 원문의 왜곡, 삭제, 오독 등은 말할 것도 없거니와 편집·교열 과정에서의 오·탈자 또한 수없이 많았다.

『백범일지』의 이러한 어처구니없는 모양새는, 크게는 해방 이후 '민족의 자주독립과 조국의 평화적 통일'로 압축되는 백범 노선, 백범 정신을 말살하여온 역대 군사 독재정권의 비자주 반통일 노선의 반영이기도 하지만, 작게는 학문 연구의 가장 기본이 되는 텍스트 분석을 소홀히 하는 우리 학계의 고질적 병폐에도 기인한다는 생각을 지울 수가 없다.

결국 주해자들은 썩은 서까래와 깨진 기와 정도를 갈려고 했다가, 집터부터 다시 다지고 새로 집을 지은 꼴이 되었다. 주해자들 나름대로는 다시는 멀쩡한 집을 부수고 새로 짓는 시행착오를 범하지 않도록 견실하게 지으려 하였지만, 소박하게 말해 이 책은 결정판 『백범일지』가 탄생하기 전단계의 것이라 할 수 있다. 주해자들의 천학비재함에 더하여 100여년 전의 사정을 정확히 파악하지 못하는 상황에서 일단 자료에만 의존하여 주해한 것 또한 사실이다.

앞으로 완정된 결정판이 나오려면 지속적인 연구와 살아있는 인사들의 증언이 필요할 것으로 여긴다. 이 책이 나옴으로써 당시를 살았던 사람들, 특히 임시정부 활동에 가담한 인사들의 보충 증언이 있기를 기대한다. 그리하여 이 책의 다음 판이 나올 때면 미진한 주석, 잘못 해석된 내용들이 하나하나 제자리를 잡아갈 수 있기를 바란다.

이 책이 나오기까지는 앞서 간행된 『백범일지』들, 정정화님의 회고록 『장강일기』, 도진순 교수의 논문 「백범일지의 원본·필사본·출간본 비교 연구」 등의 기록들에 도움받은 바 크며, 임정과 함께 청소년기를 보낸 민영수, 김자동(후동) 선생 등 여러 분들의 증언, 자문이 있었다.

도움을 주신 모든 분들께 감사드리며, 일월성신 고난의 70 평생을 민족의 자주독립과 조국의 평화적 통일을 위해 몸바쳐 오신 백범 김구 선생님의 영전에 삼가 이 책을 올린다.

갈수록 새로운 『백범일지』

"동포 여러분! 나 김구의 소원은 '우리나라 대한의 완전한 자주 독립' 이것 하나밖에는 없습니다."

백범 김구(1876~1949)가 남긴 『백범일지』를 읽어 본 사람은 '나의 소원'에 나오는 이 비장한 한마디 앞에서 잠시 가슴의 떨림을 느낀다.

"독립이 없는 백성으로 70 평생에 설움과 부끄러움과 애탐을 받은 나에게는 세상에 가장 좋은 것이 완전한 자주 독립한 나라의 백성으로 살아보다가 죽는 일"이라는 구절에 이르면, 노투사가 피를 토하듯 써내려간 그 결연한 자세 앞에서 저절로 옷깃을 여미게 된다.

일제 식민지의 노예로 36년 고난의 세월을 보낸 우리 조상들의 한마음 한뜻이 응축된 이 글은 『백범일지』가 왜 '민족의 교과서' 인지를 보여주고 있다.

『정본 백범일지』가 나오자 많은 언론에서 비중있게 다루어 주었는데, 특히 「한겨레신문」(1997. 1. 21)은 한 면 모두를 할애해 이 작업을 평가해 줬다. 그리고 나는 이 기사가 계기가 되어 TV, 라디오 방송 등에도 수 차례 출연, 한 동안 『백범일지』 전도사 역할을 했다.

윤문·오독 바로잡아

올해는 『백범일지』가 처음 나온 지 50돌이 되는 해다. 세상은 변했지만, 백범의 그 붉은 마음은 날이 갈수록 더 빛을 발한다. 세월이 흘러도 변치 않는 『백범일지』의 소중함을 되새기며 다시 그 원본을 되살려 새로 내놓는 작업이 이뤄지고 있다. 『백범일지』 출간 50돌 기념 사업인 셈이다.

학민사가 다음 주에 서점에 내놓을 새 『정본 백범일지』는 백범의 정신을 다시 기리는 외에, △ 우리가 읽어온 『백범일지』의 윤문·오독·오해를 바로잡고 백범 특유의 옛 문투, 그 글맛을 제대로 살렸다는 점 △ 지금 세대들이 당시의 시대상황을 이해하며 역사 공부를 겸해 쉽게 읽을 수 있도록 1천여 개의 주석과 해제를 붙였다는 점 △ 집필시 자료부족에서 온 백범 자신의 혼동·오기를 밝힌 점 △ 임시정부 안팎에서 함께 생활하던 독립운동가들('대가족')의 명단과 인적 상황을 생존자들의 증언 등으로 확인했다는 점 △ 옛 지명을 고증하고 백범의 활동상을 한 눈에 볼 수 있는 지도를 그려 넣은 점 등이 큰 수확으로 꼽히고 있다.

학민사 대표 김학민씨가 지난 2년을 꼬박 매달려 내놓은 학민사판 『정본 백범일지』는 우선 백범이 쓴 글 그대로에 가장 가까운 원본이라는 점이 장점으로 꼽힌다. 86년에 공개된 친필본 『백범일지』를 원색도판으로 떠낸 94년판 '친필 영인본'(집문당 펴냄)을 저본으로 한 이번 학민사본은 백범이 쓴 글 자체를 가능한 한 문자 그대로 해독했다.

'친필 영인본'이 토대

그 동안 우리가 보아온 20여 종의 이런저런 『백범일지』는 1947

년판 국사원본을 그대로 베껴 재출간한 까닭에 원본이 아닌 윤문을 읽는 한계를 지니고 있었다. 국사원본은 소설가였던 춘원 이광수가 국한문 혼용체인 원문을 읽기 좋게 가다듬고, 내용을 잘 모르는 부분은 뭉텅 건너 뛰거나 딱딱한 문장들을 문학적인 표현 등으로 바꿔놓아 『백범일지』 고유의 뜻과 맛을 변질시켰던 것이다.

또 89년에 나온 서문당본은 필사본의 하나를 그대로 살렸다고는 하나, 그 필사본은 해방 직후 장덕수 암살시 재판부에 자료용으로 제출하느라 급히 베껴쓴 것이어서 정확도가 떨어지는 데다, 등장 인물들에 대한 자료가 불충분해 읽기 어려운 단점이 있었다.

김학민씨는 이번에 『정본 백범일지』를 다시 엮어내며 이 중요한 역사적 저술에 대한 '텍스트 분석'이 전혀 안돼 있었던 것이 아쉬웠다고 말했다. '백범의 재발견'이 필요하다는 지적이다. 독립운동가 김구로만 알려졌던 백범의 진면목, 말하자면 인문학자나 역사학자 김구의 모습이 이 책에 담겨 있었다고 김씨는 놀라워했다.

"윤문을 거치며 많이 사라져버린 백범의 해박한 고전에 대한 이해며, 지리지나 민속지를 연상케 할 만큼 풍부한 각종 자료들을 읽으며 새삼 '큰 인물' 백범을 다시 생각했다. 시대를 잘 만났으면 위대한 학자나 문필가가 됐을 것이다. 『백범일지』는 근대사 한 자락을 다시 발견할 수 있는 보물 창고다. 조국의 독립을 바라는 백범의 충정에만 초점을 맞춰져온 그간의 한정된 『백범일지』 해석을 확장할 필요가 있다"고 김씨는 강조했다.

구한말 떼도적 깊은 관찰

중국 고전들에서 인용한 고사나 시구의 넓고 깊음은 말할 것도 없고, 1898년 탈옥해 삼남 지방을 떠돌 때 보고 들은 각종 민속놀이의 기록이며, 떼도적들에 대한 서술은 말하자면 '조선 민속지'나 '조선 강도사'라 부를 수 있을 만큼 관찰과 해석이 뛰어나다는 것이다.

김학민씨는 개인적으로 지금 중학교와 고등학교에 다니는 두 딸을 위해 이 책의 복원을 기획했다. 백범이 자신의 두 아들에게 남기려고 이 책을 썼다는 대목을 떠올리게 하는 신기한 인연이다. 그러나 어찌 자신의 피붙이들만을 위한 일이겠는가. 한민족 모두를 자신의 진사식처럼 귀히 어겼던 백범의 높은 뜻을 다시 오늘에 살리는 일은 언제든 필요하다.

〈정재숙 기자〉

조지 쇼오(George Shaw)를 찾아서

보고 싶은 학민 벗님께.

항상 청년이니 늙을 체질은 아니고, 흰머리는 좀 더 늘었을까? 요즘도 계속 바쁘실테고, 부럽다 정말.

난 영국에서 엄청 고생하면서 살고 있어. 그럼 왜 돌아오지 않느냐고? 갈 곳이 있어야지. 2년 여기서 버티느라 집도 다 팔아버려서 돌아가도 글을 쓸 방이 없어.

여긴 왜 있느냐구? 아일랜드와 우리나라 역사에 대한 소설을 쓰려고 벌써 1년이 넘도록 자료를 수집하고 있어. 벗님도 잘 아시다시피 아일랜드와 우리나라의 관계가 아주 깊잖어? 먼저는 아

지난 11월 초, 런던에 체재하고 있는 소설가 윤정모 형으로부터 팩스가 한 장 날아들었다. 내가 『정본 백범일지』를 새롭게 정리할 때 행간에서 찾아낸 아일랜드인 조지 쇼오(George L. Shaw)에 대한 자료를 찾는다는 것이었다.

인터넷 검색과 여러 수소문 끝에 쇼오가 운영하던 이륭양행의 본사 Jardine Matheson사가 지금도 존재하고 있는 것을 확인해 주었고, 그 외 쇼오에 관한 중요한 사실들을 찾아 알려주었다. 그리고 윤정모 형은 현지에서 한국독립운동사의 숨은 은인 조지 쇼오와 관련한 몇몇 자료들을 찾은 모양이다. 나는 그 동안 찾은 조지 쇼오에 대한 기록을 정리하여 「조지 쇼오 찾기, 그리고 박정희 기념관」이라는 제목으로 한국순국선열유족회가 발행하는 『순국』지에 발표했다.

일랜드 신부가 『한국과 아일랜드 사이의 문화』라는 책을 냈고, 또 아일랜드 선교사들이 우리나라에 가장 많이 갔고, 지금도 약 50여 분이 국내에서 선교활동을 하고 계셔.

그래서 접근해 보았는데, 『정본 백범일지』에도 벗님이 밝혔지만, 김구 선생님이 안동에서 최초로 만난 이륭양행 선박회사 사장도 에이레 사람이잖어?

내가 여기서 이름을 확인해본 결과 님 웨일즈의 『아리랑』에는 G. L. Show로 표기되어 있고, 학민씨의 『백범일지』에는 Jeorge Show로 되어 있는데, 실세 이름은 George L. Shaw가 맞는 것 같아. 그러니까 맨 앞의 J가 G로, Sh(o)w에서 Sh(a)w로 되는 셈이지. 아일랜드 사람은 물론 아인랜드계 교수, 신부님들께 다 문의한 결과 에이레 사람들은 조지로 불러도 J로 쓰지 않는다더군.

아무튼 내가 알고 싶은게 이 사람에 대해서야. 『정본 백범일지』에 보니까 "중국에서 활동한 영국계 선박회사. 중국 안동현에 대리점을 두고 안동현과 상해를 오가는 상선을 운영. 상해 임시정부와 본국을 연결하는 중요한 통로 역할을 함. 이륭양행 사장 조지 쇼오는 에이레 출신으로 우리 독립운동가들에게 많은 도움을 주었음"(256쪽 주해)로 되어 있는네, 눈이 번쩍 뜨이더군. 이 정도면 벗님이 이 사람에 대해 많은 걸 알고 있을 수도 있다!!

그래서 급히 편지를 쓰는 것이니 설령 지금 무척 바쁘더라도 날 좀 도와줘. 이번 11월 말에 그 사람을 추적하러 중국엘 가기로 했어. 12월 2일 경 북경대학 조선문화연구소 소속 학생들 상대로 강연도 하기로 했는데, 그러면 자료 찾는데 잘 협조해 주지 않겠어?

내가 지금껏 아는 것으론 임정에 최초로 자금을 준 사람이 아일랜드인이었다는 것, 그 자료가 일본 한민통에 있다고 해서 9월 16일 일본엘 갔지만, 전화가 되지 않아 정확한 액수와 날짜를 알지 못했고, 다음은 일본 소설가 오다마꼬도씨가 일러준 자료엔 윤봉길 의사에게 폭탄을 만드는 일을 도운 사람도 아일랜드인이 라는데, 그분이 조지 쇼와 동일한 사람인지(『정본 백범일지』엔 중국인이 도왔다는 것으로 되어 있음), 또 우리 독립운동가 젊은 이들이 조선에 잠입해서 주재소 등, 일본인들에게 사용할 폭탄 2 백개를 아일랜드인이 만들거나 수송을 도왔다는 것 등인데, 역시 조지 쇼와 관계가 있는지 알고 싶어.

내가 쓸 소설은 두 나라의 역사와 저항사가 비슷하고, 또 연대 한 일이 많아 두 나라의 주인공을 등장시켜 역사추적식으로 접근 하려고 해.

아일랜드 역사에 관해서는 여기 석박사 과정 학생들이 자료를 찾아주고, 또 책도 7권이나 번역 의뢰해서 요지를 정리했어. 물 론 IRA 테러와 저항운동사도 대충은 모았고, 지금도 계속 그때 그때 뉴스를 수집하고 있는 중이고.

그런데 임정시대에 이 나라와 우리가 연대한 자료가 아직도 미비해 애를 태우고 있어. 정작 가장 많이 알아야 할 우리 역사 에 그만 길이 막힌 거야.

이번 중국 여행은 김구 선생님이 단동에서 머무신 여관과 이 륭양행 선박회사 자리, 선생님께서 배를 타신 선착장을 돌아보고, 만약 여기서 페리를 탈 수 있다면 배로 상해까지 가고 싶어. 한 데 페리가 있는지 없는지 아직은 확인이 되지 않아 그냥 상해에 가서 선생님께서 내리신 황포강의 포동, 불조계, 홍구공원 등을 돌아볼 계획인데, 만약 조지 쇼와 더 사업하신 일이 있으면 그 길도 더듬고 싶어.

그러니까 학민 벗님께서 조지 쇼에 대해 아는 것은 물론 알 수 있는 방법과 길까지 나에게 전부 좀 알려줘. 나 지금 다급해, 정말. 그대는 언제나 내 마음의 벗님이라 댓가같은 건 거론하고 싫진 않지만, 내가 만약 좋은 소설을 쓸 수 있다면(아직 자신은 없지만) 그 공을 그대에게 돌려줄게.

영국은 지금 몹시 바람이 불어. 춥고 쓸쓸하고, 글은 막혀 있고, 궁하고. 그래서 『백범일지』를 다시 읽으며 얼마나 울었는지 몰라. 몇 시간 그렇게 울었어.

옛 동지 벗님들이 그리워. 긴 말을 나누지 않아도 서로가 잘 아는, 만나거나 생각만 해도 그저 마음이 훈훈해지는 벗님들 ……

내 전화번호는 영국번호 44--(0)171-272-8828. 팩스 겸용이야. 지금은 한국과 9시간 차이니까 거기 오후 4시면 여긴 아침 7시가 돼. 기다린다, 간절히. 그대의 회신을.

감기 조심하시고.

99년 11월 2일 밤
런던에서 윤정모

조지 쇼오 찾기, 그리고 박정희 기념관

임시정부 안동현 비밀연락거점

1919년 3·1운동 직후 백범 김구 선생은 독립운동의 원대한 꿈을 품고 조국을 탈출, 15명의 동지들과 함께 상해로 망명한다. 이때의 김구 일행의 상해 탈출은 『백범일지』에 다음과 같이 극적으로 그려져 있다.

…… 나는 중국인의 인력거를 불러 타고 바로 큰 다리 위를 지나서 안동현의 어떤 여관에서 변성명하고 좁쌀장수라 표방하고, 7일을 경과하여 이륭양행 배를 타고 상해로 출발하였다. 황해안을 경과할 시에 일본 경비선이 나팔을 불고 따라오며 정선을 요구하나 영국인 함장은 들은 체도 아니하고 전속력으로 경비구역을 지나 4일 후에 무사히 상해 황포강 나루에 닻을 내렸다. 배에 함께 탄 동지는 도합 15명이었다.

일본 경비선의 정지 명령을 무시하고 전속력으로 배를 몰아 김구 선생을 무사히 상해로 탈출시켰던 '영국인 함장'은 바로 1920년 전후 우리 독립운동에 지대한 도움을 주었던 아일랜드인 조지 L. 쇼오이다.

영국계 태고선박회사의 안동현 대리점 이륭양행을 경영하고 있던 그는, 1919년 5월 상해 임시정부가 국내와의 연락기관으로 교

통국을 설립하자, 자진하여 이륭양행 2층에 교통국 안동현사무소
를 설치토록 하였다.

이후 국내에 수많은 독립운동가들이 쇼오의 도움으로 상해로
탈출할 수 있었으며, 독립운동자금을 구하러 중국에서 국내로 잠
입하는 독립운동가들도 무사히 그 임무를 수행할 수 있었다. 그
사실은 김구 선생이 '한국의 잔다르크'라 불렀던 여성 독립운동
가 정정화의 회고록
『장강일기』에도 다음과 같이 나와 있다.

시아버님(1919년 상해로 망명한 구한국 농무대신 동농 김가
진 선생을 말함) 일행은 무사히 압록강을 건너 안동현에 도착
했다. 그곳에는 우리 독립운동가들을 돕는 에이레 출신의 쇼오
라는 사업가가 있었다. 에이레도 영국의 식민통치에 대항하여
오래도록 싸워온 나라이므로 자연 우리 민족운동에 깊은 동정
을 가졌고, 쇼오는 여러모로 우리 독립운동가들을 도왔다. 쇼오
는 이륭양행이란 회사를 경영했는데, 영국계 태고선박공사의
안동현 대리점을 맡고 있었다. 시아버님 일행은 이륭양행이 대
리하는 계림호편으로 10월 말 상해에 도착했다.

또 쇼오는 의열단의 대일 테러활동에도 적극 가담한 것으로
보인다. 님 웨일즈의 『아리랑』에는 이에 대한 김산의 진술이 들
어 있다.

의열단은 여덟 개의 전략적 건축물을 파괴하고 모든 대도시에
있는 일본인 관헌을 암살하기 위한 계획을 세웠다. 이 목적을
위하여 그들은 비밀리에 2백개의 폭탄을 한국에 들여왔다.

폭탄은 안동에 있는 영국회사 앞으로 보내는 의류품 화물상

자에 넣어 이 회사 소유의 기선에 실어 상해에서 보냈다. 안동 회사의 지배인은 아일랜드인 테러리스트였는데, 우리 한국인들은 그를 '샤오'라고 불렀다. 그는 일본인을 거의 영국인만큼이나 싫어하였다. 그래서 커다란 위험을 무릅쓰고 한국 독립운동을 열렬히 지원해 주었다. 샤오 자신이 상해로 가서 '죽음의 화물' 선적을 감독하였다. 그는 돈은 한푼도 받지 않고 오로지 동정심에 스스로 한국을 도와 주었다. 한국인 테러리스트들은 몇 년 동안 그의 배로 돌아다녔으며, 위험할 때는 안동에 있는 그의 집에 숨었다……

(안동 거점이 무너진 후) 샤오가 나머지 테러리스트들을 자기의 배에 태워 천진과 상해로 탈출하도록 도와 주었고, 그 직후 곧바로 샤오는 일본측에 체포되었고, 또한 자기 직업을 잃어버렸다. 감옥에서 풀려나자 그는 상해로 갔으며, 임시정부는 대규모 대중집회를 열어 그를 환영하였다. '샤오'는 한국의 독립을 위하여 이런 희생을 한 것이 자랑스럽고 기쁘다고 말했다.

그가 갇혀 있을 때 그의 부인이 아일랜드로 돌아갔기 때문에 그는 곧 멀리 떠나갔다. 나는 그가 지금 어디 있는지 알지 못한다. 아마도 어디에선가 아일랜드의 독립을 위해 일하고 있을 것이다. 모든 한국인이 이 아일랜드인을 사랑하였으며, 그는 지금 우리 혁명운동에 있어서 전설적인 인물로 되어 있다.

조지 쇼오의 체포

『아리랑』에서의 김산의 진술대로, 일제는 1920년 7월 11일 신의주에서 쇼오를 체포하여 서울로 압송하였다. 1922년 6월 조선총독부 경부국 발행 「조선치안상황(국외)」의 '영국인 쇼우 사건'에는 다음과 같이 기술되고 있어, 일제의 조지 쇼오에 대한 극도의 증오심을 잘 보여 주고 있다.

　그는 성질이 남과 잘 어울리지 않고, 또 이기심이 커서 취리를 위해서는 그 수단과 방법을 가리지 않은 가장 열등한 인격의 소유자이다. 더욱이 평소에 치열한 배일사상을 가지고 있어 일본인을 마치 사갈(蛇蝎)처럼 싫어하고, 항상 감정이 격해 있어 평정을 잃는 경향이 있다. 특히 본인은 아일랜드인인 관계로 조선의 현황에 동정하는 한편, 자기의 이욕심(利慾心)을 만족시키기 위해, 구한국의 회복을 목적으로 하는 불령선인을 이용하여 이기를 얻으려 꾀하였다.

　그는 자기의 현주지에 대한 일본제국의 법권이 미치지 못함을 기화로 하여 대한 임시정부·대한청년단연합회 및 기타 단체의 불령선인들의 행동을 용이하게 하기 위하여 대정 8년 7월경부터 이듬해 대정 9년 7월 상순까지 개요 다음과 같은 언동을 감행하였다.

1. 자기 소유의 거택·점포·창고의 일부를 불령선인에게 대여하여 독립운동에 편의를 주었다. 불령선인들은 이 집에 안동교통사무국을 설치하여 쇼우의 비호 아래 제1차 국장 선우혁, 제2차 국장 홍성익, 제3차 국장 양준명, 제4차 국장 장덕로 등이 잇따라 취임하여 상해임시정부와 한국 내지와의 연락·교통에 종사하고 불온문서 및 위험물 수송을 맡아했던 것이다.
2. 자기 관리에 속하는 선박을 공급하여 불령선인의 상해·안동간의 왕복 및 무기·탄약·불온문서 등의 운반을 방조하였다. 즉, 이륭양행 소유 기선 계림호는 상해임시정부 비서국장 겸 주계국장 고일청 외 수명의 불령선인이 승선하고

있었는데, 쇼우는 육상에 있어서의 일본 관헌의 경계가 엄중함을 알고 고일청 일행의 상륙의 위험함을 느껴 교묘히 그의 상륙을 저지시켰다.

뿐만 아니라, 당시 일본 관헌에 대하여 불령선인이 배에 타지 않았다고 거짓말을 하고 하류 대동구 앞바다에서 일부를 상륙시키는 등, 극력 불령배를 비호함으로써 체포를 면하게 한 사례가 있다.

3. 대정(大正) 8년 8월 자기 주택 또는 점포의 일부에 잠복한 상해임시정부 재무원 주현칙이 군자금으로서 한국내에서 모은 돈을 상해로 보내는데 있어, 자기가 미리 상해 회풍은행과 거래가 있음을 기화로 액면 1천 218원 75전의 수표를 발행하여 편의를 주어 송금의 목적을 달성하게 하였다.

4. 대정 9년 2월 23일, 자기 점포의 일부에 잠복한 상해임시정부 안동교통사무국장 홍성익이 안동 신시가에서 일본 경찰 관헌에게 체포되자, 쇼우는 스스로 그 전말을 상해 임시정부에 타전하고, 후임자를 급속히 파견할 것을 종용하였다. 그 결과 후계자로 양준명이 급거 내착할 때까지 대한청년연합 편집부장 성석련을 자택에 잠복시켰다.

위는 다만 그 일례를 든데 불과하지만, 이처럼 모든 수단방법을 써서 불령선인을 비호하고 그들의 운동을 용이하게 하고 있다는 것을 듣고, 봉천에 있는 영국 영사는 그 무모함을 충고하였으나, 그는 완고히 이를 듣지 않고 더욱 더 횡포를 더하였다.

1920년 8월 6일 경성고등법원 검사장은 쇼오 사건의 연루자 24명과 함께 쇼오를 내란 피고사건으로 기소하였다.(일본 외무성 자료)

쇼오를 둘러싼 영·일의 갈등

그러나 일제의 쇼오에 대한 기소는 자국민을 보호하려는 영국의 항의로 외교마찰을 초래했다. 영·일정부는 쇼오 문제로 수개월간 지루한 협상을 했으며, 결국 그해 11월 4일 쇼오를 보석으로 석방하기로 합의했다. 다음은 이 사건에 대한 일본 외무성 자료의 한 부분이다.

주로 영·일동맹의 우의를 중하게 여기는 견지에서 본건을 사실상 해결하고자 하였다. 한편 조선총독부에 대해서는 전술의 이유에 비춰 쇼우에 대해 보석을 허가해 줄 바를 지적하여 그 의견을 물었는 바, 동부에서도 정부의 입장을 이해하여 피고인 쇼우로 부터 보석 청구가 있을 때는, 조선총독부는 검사에게 보석허가의 의견을 내겠다는 것을 승낙하였다. 단 보석을 허가하든지 안하든지의 결정은 물로 재판소의 전권에 속하는 바로, 그 결과에 대해서는 책임이 없다는 회답이 있었다.

11월 2일에 이르러 영국대사는 본국정부의 조령에 기초하여 보석에는 반대하고 무조건 석방을 요구해 왔다. 그러나 제국정부는 그 입법근본주의상 및 사법권의 독립유지상 그것이 절대 불가능하다는 회답을 보냈다. 그로부터 먼저 쇼우는 증거취조상의 사고를 일으켰고, 장기수감에 의해 신체가 쇠약해졌다는 것을 이유로 재삼 보석을 요구해 11월 4일 경성고등법원 예심판사는 법률에 근거하여 보석금 1,500원을 내도록 하고 보석을 허가해 석방하였다.

쇼오는 석방된 후 안동으로 돌아와서 일제의 만행을 규탄하는 집회를 열었으며, 1921년 1월 26일에는 상해로 건너가 임시정부 대통령 이승만 및 안창호 등이 베푼 환영연에 참여하고, 이후 상해에서 독립운동가들과 어울리며 지냈던 것으로 보인다. 일제 경찰의 정보보고서에는 다음과 같이 나와 있다. (「조선치안상황」)

쇼오는 대정 10년 1월 상해로 도항하였을 때 상해 임시정부로부터 대소 2개의 금색 공로장을 받았다고 하며, 동년 11월경에는 그 작은 것을 가슴에 달고, 조선 독립은 가까워지고 있다고 말하며 득의만면한 바 있었다고 한다.

또 일설에는 1932년 윤봉길 의사의 폭탄투척사건에도 관여했었다고 하는데, 기록으로는 확인할 수가 없다.

2001년 조지 쇼오 찾기

나는 1999년 가을 조지 쇼오를 소재로 한 장편(이 책은 「슬픈 아일랜드」라는 제목으로 2000년 8월에 출간되었다)을 구상하고 있던 소설가 윤정모씨의 부탁으로 이 인물의 행적을 추적하게 되었다. 윤정모씨는 『백범일지』와 『장강일기』에 붙인 쇼오에 대한 나의 주석을 읽고, 내가 이 전설적 인물에 대해 잘 알고 있으리라 생각했던 것이나, 나는 그 주석 이상은 알지 못했다.

이후 어렵사리 '불온인물 조지 쇼오'에 대한 일제 경찰의 자료들을 구해 볼 수 있었고, 이를 토대로 1920년 이후 그의 행적 및 후손들에 대해 알아보고 있다.(일본 경찰 자료에 의하면, 일본인 부인과 사이에 그는 아이를 둘 두었다)

로이드보험사사(社史)를 통해 쇼오가 운영했던 이륭양행의 본사인 태고선박회사가 1832년 홍콩에서 설립된 자르딘 매터슨(Jardine Matheson)사였음을 알아냈고, 이 회사가 지금도 존재하고 있음을 인터넷으로 확인하였다. 그리하여 이 회사에 이륭양행 및 안동과 상해 사이를 운항하였던 계림호, 쇼오에 대한 자료를 보내 달라고 편지를 보냈는데 아직까지 답이 없다.

6월에는 어렵게 떠난 유럽 여행길에 아일랜드를 방문했다. 아일랜드에서 수소문 끝에 더블린 대학에서 운영하는 '아일랜드인 가계찾기 서비스'(IGRS)가 있음을 확인하고, 조지 쇼오의 가족이나 후손을 찾아달라고 신청하려 했으나, 주머니 가벼운 배낭여행객으로서는 377달러의 수수료가 부담되어 포기할 수밖에 없었다.

7월 초 귀국하여 여행으로 읽지 못한 묵은 신문들은 뒤적이다가 박정희 기념관 설립에 대한 기사를 보았다. 700억원의 예산을 들여 기념관을 서울 상암동에 짓는데, 정부에서 그중 200억원을 보조한다는 내용이었다.

외국인으로서 자신과 가족의 안녕, 그리고 재산과 명예까지도 모두 버리고 동양의 한 작은 나라의 독립을 위해 온몸을 바쳤던 조지 쇼오는 몇몇 책자의 행간에서나 그 이름을 찾아 볼 수밖에 없을 정도로 잊혀져 버렸는데, 독립운동가들을 압살하는데 앞장섰던 일본군 소위 출신 박정희를 기리는데는 엄청난 국민의 세금을 쏟아 붓는다는 것이다.

역사의 아이러니라 하기에는 너무나도 참담하다.

남작과 비적

1919년 10월 10일, 허름한 누더기 한복 차림의 노인과, 같은 차림의 아들인 듯한 젊은이가 서울역에서 신의주행 밤열차에 몸을 실었다. 둘은 애써 태연한 척하였지만, 걸친 누더기부터가 고아한 두 사람의 몸가짐에 비추어 어색하기 짝이 없어 어딘가 부자연스러운 모습을 띠었다.

그러나 두 사람은 우여곡절 끝에 신의주를 거쳐 중국땅 안동에서 상해행 기선을 탈 수 있었다.

3·1운동이 일어난 후 상해에서 갓 태어난 대한민국 임시정부는 어느날 갑자기 조국을 탈출하여 상해에 나타난 이 두 사람을 열렬히 환영하였다. 이 두 사람은 동농 김가진과 그의 아들 김의

정부 수립 후 일제 잔재를 청산하기 위해 반민특위가 힘차게 첫발을 내딛었지만, 이승만은 정권의 취약성을 극복하려고 친일분자들을 독립정부에 대폭 기용함으로써 일제 잔재 청산은 커녕 이후 두고두고 민족정기의 확립에 해를 끼치고 만다. 곧 일제에 빌붙어 자기 민족을 억누르고 수탈하던 친일분자들이 버젓이 대로를 활보하게 되고, 자연 이들이 이 나라의 지도적 지위를 차지하게 된다. 이에서 결과된 필연은 무엇인가? 해방 이후에도 친일파는 득세하고 독립투사는 다시 몰락한다. 이 글을 쓰면서 국민의 정부 들어 보훈처장만이라도 정말 민족정기를 바로잡을 수 있는 사람이 임명되었으면 하고 생각했는데, 그 자리도 그러저러한 관리가 차지하고 만다. 참으로 분하다.

한이었다.

김가진은 구한말에 주일본판
사대신, 병조참의, 충청도관찰
사, 황해도관찰사, 공조판서
등을 지낸 분이다. 그리고 나
라가 기울어가자 대한자강회와
그 계승단체인 대한협회에 참
여, 회장을 맡아 친일단체 일
진회에 맞서 싸웠으며, 한일합
방 후에는 지하 비밀결사인
대동단을 창설, 총재 및 고문
으로 항일투쟁에 나섰었다.

동농 김가진

상해 망명자중 김가진은 구
한국의 최고위직에 있었던 분이었으므로 당연히 임시정부를 비롯
한 동포사회에서도 크게 환영하였고, 김가진은 곧 임시정부의 고
문으로 추대되었다. 그리고 상해의 중국 신문들도 김가진 부자의
망명 사건을 크게 보도하였다. 전총리 당소의를 비롯한 중국 각
계에서도 많은 관심을 보였다.

김가진 부자의 상해 망명 몇달 후, 후일 백범 김구 선생으로부
터 '한국의 잔 다르크'로 불렸던 김가진의 며느리 정정화도 상해
로 탈출하여 독립운동 대열에 합류했다.

이후 김가진은 대동단 본부를 상해로 옮겨 조직을 강화하고,
만주 지역에서 무장투쟁을 계획하는 등 불철주야 독립운동에 헌
신하였지만, 워낙 고령이라 상해 망명 3년만인 1922년에 77세로
서거하였다.

당시 임시정부에서는 어려운 살림살이에도 불구하고 김가진의
장례를 국장에 버금가게 성대하게 모셨다.

그러나 임시정부의 법통을 이어받았다는 오늘의 우리 정부 하에서 김가진은 범부만도 못한 대접을 받고 있다.

보훈처는 김가진의 독립운동 서훈 신청을 석연치 않은 이유로 올해로 세번째나 거부하고 있다. 보훈처는 한일합방 당시 일제가 발행한 관보에 김가진에게 남작의 작위가 수여되었다는 내용이 있다는 것을 서훈 신청 거부 논거의 하나로 삼고 있다.

일제는 한일합방 후 구한국 고위 관료들을 무마하려고 구한국 대신급 이상에게는 본인의 의사와 상관없이 소위 작위라는 것을 주었다.

물론 이완용, 송병준같은 친일분자들은 이 작위를 갖고 떵떵거리며 행세하였지만, 김가진을 비롯한 몇몇 사람은 작위 수여를 거부하거나 아예 작위 자체를 무시하였다.

국내 모든 자료가 김가진을 '독립운동가'라고 규정하고 있고, 또 '작위를 반납하였다'고 기술하고 있는데도 보훈처만이 '일제가 만든 일제의 관보'를 근거로 김가진의 독립운동 서훈 신청을 거부하고 있는 것이다.

또 백보를 양보하여 김가진이 작위를 받았다 하더라도, 모든 명예와 재산, 작위를 던져버리고 이역만리 상해로 망명, 독립운동에 매진하다가 서거하였는데, 그가 억지로 받았던 '남작' 따위가 무슨 문제란 말인가?

보훈처에게 묻고 싶다.

보훈처는 독립운동 유공자를 서훈하는데 있어 임시정부나 우리 나라의 기록보다 우리를 핍박했던 조선총독부의 기록을 더 신뢰하겠다는 것인가?

또 일제의 기록을 그렇게 신뢰한다면, 일제는 북만주에서 투쟁했던 우리 무장 독립군들을 모두 '비적'으로 기술하고 있는데, 김좌진, 지청천, 이범석을 비롯한 '비적'들에게는 무슨 근거로 독립운동 유공 서훈을 주었는가?

중국 상해 서가회 만국공묘 안에는 김가진의 묘소가 있었다. 그러나 지금은 1922년 김구, 안창호, 신규식 등이 세운 김가진을 기리는 묘비도 사라져 버렸고, 봉분도 없어졌다. 60년대 말 홍위병 사건 때 김가진의 묘 등 외국인들의 묘를 외세의 상징으로 몰아 철모르는 중국 청소년들이 없애버렸다고 한다.

그리하여 김가진의 시신은 이제는 '송경령 능원'으로 변한 공원의 아스팔트 산책로 밑에서 중국인 장삼이사들의 구두발에 짓밟히며 피눈물을 흘리고 있다.

겨레여, 가슴에 두 손을 얹고 생각해 보자. 이래도 되는가? 정부 수립 50년, 국민의 정부 원년에 허공에 물어본다.

〈「한겨레신문」 98. 8. 11〉

어느 어머니 이야기
— 『장강일기』 보도자료

민족의 수난기에 핀 한 떨기 백합화

백범 김구 선생으로부터 '한국의 잔 다르크'로 불렸던 정정화는 국운이 이미 다해 마지막 거친 숨을 몰아 쉬고 있던 1900년 8월 3일, 서울 시동의 한 양반집에서 태어났다. 할아버지는 시종무관일 때 아관파천 당시 끝까지 고종을 호위한 공로로 공조판서를 지냈었고, 아버지 정주영은 당시 수원유수 벼슬을 하고 있었다. 남달리 영리한 정묘희(정정화의 어릴 때 이름)는 아버지 몰래 오빠들의 서당 글공부에 끼어들어 초보적인 한문공부를 했다.

1910년 나라는 망하였다. 엄격했던 그 시대 그 풍습. 양반집 어른들간의 약속으로 정정화는 동갑내기 김의한과 열 한 살의 나이로 결혼한다. 시아버지는 구한국 농무대신을 지낸 동농 김가진. 둘은 결혼이 무엇인지도 모르고 소꿉장난같은 신혼생활을 시작하지만, 안동김씨 집안의 시어머니는 어린 새색시에게 혹독한 시집살이를 시킨다.

정정화 15살 때 친정할아버지가 돌아가시고, 친정아버지도 망국의 시름에 겨워 고향인 충남 예산으로 낙향한다. 그러나 친정오빠 정두화는 자주 시댁을 찾아와 시아버지와 항일운동을 모색한다.

조심스런 시집살이 10년. 어느날 시어머니는 아무 설명도 없이 정정화에게 헌옷을 두 벌 지으라고 분부한다. 그 며칠 후 시아버지와 남편이 집에서 보이지 않는다. 고향 선산에라도 가신 걸까? 2, 3일 후 신문에는 김가진의 망명기사가 크게 실린다. 아무 것도 몰랐던 정정화.

그 후 1년. 정정화는 어렵사리 집안을 꾸려가다가 어느날 시어머니로부터 허락을 받아 친정으로 간다. 친정아버지에게 시아버지와 남편을 모시기 위해 상해로 **탈출**할 것을 말씀드리고 재정적 도움을 받는다.

팔촌 오빠 정필화의 안내로 우여곡절 끝에 압록강을 건너고, 만주부터 홀홀단신 갖은 고생 끝에 상해에 도착한다. 상해에서 처음 만난 조선인에게 동농 김가진의 며느리임을 밝히자 놀라 김가진에게 데려간다. 깜짝 놀라는 김가진. 그러나 너무나 기뻐하는 김가진.

과거를 모르는 민족에겐 미래도 없다

시아버지와 남편을 만난 기쁨도 잠시. 임정요인 개개인은 말할 것도 없고 임시정부 자체도 너무나 어려웠다. 시아버지와 남편을 정성껏 모시다가 정정화는 어느날 시아버지에게 국내에 잠입해 독립운동 자금을 모아올 결심을 말한다. 어이없어 하는 시아버지.

그러나 거듭된 정정화의 요청에 시아버지를 비롯하여 신규식 선생 등 임정 요인들은 정정화를 국내에 파견키로 결정한다. 임정의 비밀연락체계에 의해 정정화는 서울에 잠입, 자금을 모으나 여의치 않는다. 또다시 친정으로 내려가 친정아버지로부터 거액의 자금을 제공받는다.

정정화

이후 정정화는 몇 차례 더 국내에 잠입, 자금을 모아 상해로 가지고 가지만, 세 번째 잠입 때 압록강 다리에서 왜경에 체포되어 종로경찰서로 압송된다. 때마침 「동아일보」에 김가진이 상해에서 서거했다는 소식이 실려 정정화는 석방된다.

오랜만에 시댁에 가보니 시댁은 몰락하여 남의 집 문간방 신세였다. 친정에서 돈을 얻어 임시로 집을 빌려 빈소를 차리고, 시동생들과 더불어 조문을 받는다. 모아진 조의금으로 집을 구해 시댁 식구들을 안돈시키고 정정화는 다시 상해로 돌아온다.

1930년대의 중국. 일제의 침략의 마수는 중국 대륙 곳곳에 뻗치고 있고, 임시정부는 대해에 떠있는 조각배처럼 간신히 그 명맥을 유지하고 있었다. 백범 김구는 항일정신을 만방에 떨치게 하고, 분열된 독립진영을 단결시키기 위해 윤봉길·이봉창 의사 사건을 일으킨다.

이에 따라 일제의 압박은 말할 수 없었고, 정정화 일가도 임시정부의 이동에 따라 절강성 가흥으로 피신, 이후 13년 동안 강서성, 호남성, 광동성, 광서성, 귀주성, 사천성 등을 전전 유랑생활을 한다.

김의한은 임정의 사무원으로 일하고, 정정화는 이동녕 등 독신 임정 요인들의 뒤바라지를 헌신적으로 한다. 그리고 그 와중에서도 정정화는 중학에 다니는 외아들 후동의 교과서를 독학하여 깨

우친 후 다시 후동을 가르친다.

슬픔만을 남겨준 조국

기승을 부리던 일본군의 기세는 연합군의 반격으로 차츰 꺾이고, 1945년 8월 15일 일본은 드디어 항복한다. 환호하는 중경. 임정과 정정화 일가도 해방을 맞는다. 1946년 1월 중경을 출발하여 상해를 거쳐 정정화 일가도 귀국한다.

미군 LST에 짐짝처럼 태워지는 독립지사 가족들. 3일만에 부산에 도착했으나 방역을 한다며 외항에 배를 세워두고 무차별하게 DDT를 끼얹던 일, 서울로 오는 기차가 역에 설 때마다 일제의 경찰이 올라와서는 '거지 새끼들'이라 모욕하던 일 …… 수십년간 대륙을 헤매던 독립지사의 가족들은 이렇게 조국에서의 첫날을 맞는다.

밤늦게 서울역에 도착한 정정화 가족들. 캄캄한 밤에 맞아주는 사람 하나 없다. 북으로 갈 사람, 남으로 갈 사람, 동으로 갈 사람, 서로 갈 사람, 임정 가족들은 서로들 작별의 인사를 나눈다. 정정화 가족은 캄캄한 밤 주소만 들고 돈암동 시동생의 집을 찾는다. 시동생의 집에는 시어머니와 시누이들이 모여 기다리고 있었다.

정정화의 남편 김의한은 20살에 망명하여 47살에 어머니를 만난다. 시어머니께 함께 절하고, 온 가족이 부둥켜 안고 운다. 도착 시간을 잘못 알아 서울역에 나갔던 막내시동생도 돌아와 기억이 희미한 형을 껴안고 눈물.

친일 세력은 이승만을 등에 업고 임정세력을 배제, 남한만의 단독정부 수립을 획책한다. 바래지는 김구 노선. 임정 민족주의 세력은 좌우대립 속에서 차츰 설 땅을 잃는다.

6·25사변. 피난을 가지 않은 김의한은 조소앙과 함께 납북되고, 정정화는 홀로 남아 시어머니를 모신다. 북한군 치하 서울. 임정 시절 같이 활동했던 김홍곤이 정정화를 찾아온다. 그는 북을 선택한 사람이다. 김홍곤은 옛날을 생각해 정정화 일가의 살림살이에 도움을 준다. 그리하여 정정화 일가는 어렵사리 북한 점령 치하 3개월을 버틴다.

유엔군의 9·28 서울 수복. 정정화는 투옥된다. 적 치하 서울에서 '살았고', 또 적의 도움을 받았다는 죄명이다. 감옥의 마루 바닥은 차가웠다. 햇빛은 비집고 들어올 틈이 없었고, 그 밀폐된 공간의 음산한 공기는 하루 두끼의 밥 덩어리에 묻어 정정화의 빈속을 채웠다. 서러웠다. 슬펐다. 아, 조국은 무엇인가?

정정화는 그 몇 개월 후 석방된다. 그러나 그녀는 이후 40여년 남편에 대한 그리움과 조국에 대한 슬픔으로 가슴을 새카맣게 새카맣게 태워가다가 1991년 파란만장한 삶을 마감한다.

나의 '문단' 등단기

7, 80년대 내내 나는 주로 문인들과 많이 어울렸다. 개인적으로는 고교시절 우리집에 신경림 시인이 함께 살았기 때문에 남달리 문인들과 이런저런 인연이 있었고, 민청학련 사건에 김지하 시인이 관련되어 함께 구속되고, 그 석방운동을 계기로 자유실천문인협의회가 결성되어 우리 민청 세대와 문인들은 상당히 친했다.

　그리고 출판사에 근무하다보니 직업상 작가들을 많이 접하게 된 것도 그들과 잘 어울리게 된 계기가 되었다.

　우리는 저녁이면 관철동의 '낭만'이나 청진동의 '가락지'에서 맥주잔을 기울이며 유신독재를 성토하고 민족문학론을 얘기했다.

　거기에는 고 성내운 교수님도 자주 자리를 함께 했는데, 작가나 시인들, 그리고 평론가들은 성교수님이 시를 맛깔스럽게 외워 잘 낭송하시는지라 시낭송을 청해 듣고는 즉석에서 '낭송분과'로 인정, 문인축에 끼워 드리기도 했다.

　어느 날인가. 그 자리에서 처음 인사한 분인데, 그는 내가 문인들과 잘 어울리는지라, 문인같기도 하고 아닌 것같기도 하는지 무척 궁금해 하며 물었다.

　"김형은 뭐로 등단했소? 시요, 소설이오?"

　기왕에 성내운 교수님의 '낭송분과'도 있는지라 나는 거침없이 대답했다.

　"네, '편집자 서문'과 '보도자료'로 등단했습니다."

　같이 있던 사람들이 와 하고 웃었지만, 나는 세계적 석학들의 대저를 10장 내외로 정리해 내야 하는 '편집자의 말'이나, 출판담당 기자들의 맘에 쏙 들게 5장 내외로 책 한 권을 압축해 내는 '보도자료' 쓰기가 얼마나 어려운지 침을 튀겨가며 열변을 토했다.

　선인들의 '발(跋)'이나 '갈(碣)'만을 모아 엮어낸 문집을 흉내내어, 내가 쓴 '머리말' 중에서 몇 편을 추려 보았다.

다산 선생의 꾸짖음
— 『지역감정 연구』 편집자 서문

1

기1(其一)

북쪽 사람으로서 나를 위해 슬퍼하고 걱정해 주는 사람이 있어 말하기를 "탐진(耽津 : 전남 강진의 옛 이름)은 탐라로 가는 나루로서 풍토병이 있는 고장이며, 죄인이 귀양가는 곳인데 어떻게 사는가?"라고 하였다.

내가 말하기를 "아아! 무슨 말인가? 탐진의 억울함이 어쩌다 이 지경에 이르렀는가?"라고 하였다. 내가 이곳에 산지 5년인데, 더위가 북쪽보다 덜하고, 특히 겨울 추위가 심하지 않다는 것을 알았다.

가만히 생각해 보니 귤은 회수(淮水)를 넘어서면 탱자가 된다. 지금은 탐진에서만 귤과 유자가 나며, 월출산(月出山) 이북에서는 탱자가 되니, 이는 탐진의 땅이 대개 중국의 회남과 같은 위도(緯度)에 있음을 말한다.

일찌기 보건대, 중국 사람으로서 회남의 땅을 남쪽 풍토병의 고장이라고 말한 사람이 있었던가? 탐진은 북으로 한양과 8백여 리 떨어져 있다. 북극으로부터 출지차(出地差)가 3도 남짓 되기 때문에 겨울 해는 한양에 비해 조금 길어서 서까래 길이 몇 자에 창문의 햇빛이 허리에 있으며, 여름 해는 한양에 비해 조금

짧아서 점심이 좀 늦으면 저녁밥은 이미 먹을 생각이 나지 않는다. 무릇 여름을 잘라서 겨울로 옮기는 것은 북쪽 사람들이 바라는 바 큰 기쁨이지만, 탐진이 이와같이 즐거운 고장이 아닌가?

한겨울에도 지맥(地脈)이 부드러워서 밭에는 쟁기질하는 사람이 있고, 숭채(배추)와 겨자가 번갈아 초록빛을 띠며, 병아리는 털이 노랗다. 사람들이 그것을 보면서도 끝내 염장의 고장(무덥고 질병이 많은 고장)이라고 하니, 이곳의 여름 낮시간이 줄어 한층 청량하다는 것을 알지 못한다.

장인 되시는 홍공(洪公)께서 일찌기 북진(北鎭) 경성(鏡城)에서 돌아와 말씀하시기를 "4월에도 들에는 아직 눈이 있다"라고 하였는데, 내가 말하기를 "오곡이 어찌 익겠습니까?"라고 하였더니, 홍공께서 "한 여름에는 너무 더워 금석(金石)이 타고, 조금 더 북쪽은 양갑(羊胛 : 양의 어깨죽지)이 익는데, 일출(日出)의 이치가 당연히 그런 것이다"라고 하였다.

내가 또 이로써 생각해 보건대, 땅의 추위와 더위는 허물할 일이 아니다. 피부로 만져서 알 수 있고 요량해서 판단할 수 있는데도 옛날 사람이 그곳을 가리켜 염요(炎洓 : 남쪽 변경의 무더운 곳)라 했다면 천이나 만의 사람들이 따라 그렇다고 하고, 천년이나 만년의 사람들이 따라 그렇다고 하니 마침내 그것을 속였다고 말하는 사람이 없게 되는 것이다. 하물며 사람의 어짐과 불초함 및 그 공과 죄는 때로는 서로 현격한 차이가 있는데도 참으로 형체가 없으니 파악할 수 있겠는가?

기2(其二)

북쪽 사람으로서 나를 위해 슬퍼하고 걱정하는 사람이 있어 말하기를 "호남 풍속이 약삭빠르고 탐진은 더욱 그러하니, 당신은 어떻게 견디는가?"라고 하였다.

내가 말하기를 "어허! 무슨 모함인가?"라고 말하였다. 탐진 사람은 벼를 베고 나면, 가난뱅이로서 땅 없는 사람이 그 이웃 사람의 땅을 자기 땅처럼 쟁기질하여 보리를 심는다. 내가 말하기를 "좋은 일이다"라고 하였다.

"곡식이 익으면 그 반을 받는가?"

내가 말하기를 "아니다"라고 하였다.

"세를 낼 때 그 반을 대신 내는가?"

네가 말하기를 "아니다"(보리가 익으면 경작자가 그것을 먹고, 전주[田主]와 나누지 않으며 세를 분담하지도 않는다).

"벼를 심을 때 노동력을 제공하는가?"

내가 말하기를 "아니다."

"지력(地力)을 소모하지 않는가?"

내가 말하기를 "어찌 그렇지 않겠는가?"

"보리를 베지 않았는데 비가 와서 모를 내게 될 수 있을 때 서로 방해되지 않는가?"

내가 말하기를 "어찌 그렇지 않겠는가?"

어허! 그 어짐이여! 이는 무회(無懷)씨의 백성인가? 갈천(葛天)씨의 백성인가?(둘다 중국 상고시대의 태평성대에 살았던 순박한 사람들) 관에서 첩(帖)을 내려 호(戶)마다 15전을 내라고 하여도 복종하고, 25전을 내라고 하여도 복종한다. 오늘 징수하고는 내일 또 징수하여도 복종한다. 징수하면 곧 복종하면서도 그것을 쓰는 곳은 묻지 않는다. 사사로이 그의 노비에게 주어도, 남새밭을 사는데 쓰더라도 묻지 않으며, 기생을 끼고 호수에서 뱃놀이를 하며 그 비용을 충당하더라도 묻지 않는다.

그러고도 약삭빠르다고 말하는가? 올바른 눈으로 보고 공정한 혀로 평가한다면 누구가 어질고 누구가 도적질을 하는 것인가?

기3(其三)

북쪽 사람으로서 나를 위해 슬퍼하고 걱정하는 사람이 있어 말하기를 "탐진의 땅은 지네의 길이가 한 자나 되고, 뱀과 살무사가 득실거려 살갗을 물면 피가 나고 종기가 되고 부어 오르며, 모든 약이 듣지 않고 귀중한 목숨이 위태롭게 되는데 당신은 어떻게 견디는가?"라고 하였다.

내가 말하기를 "어허, 하늘이 낸 물건을 써서 도움이 되고 보탬이 되지, 사람을 해치는 것이 아니다"라고 하였다.

지네가 벽에 기어 다니게 되면, 많은 발이 모두 소리를 내고 기어 다니면서 당기고 버티니 깊은 잠이라도 역시 깨어난다. 손으로 들창을 쳐서 가볍게 몇번 소리를 내면 지네는 꼼짝 않고 조용해진다. 이에 촛불을 켜서 지네를 잡으면 백번 중에 한번도 놓치지 않을 것이다.

이는 자비로운 하늘의 조그만 뜻이다. 그것이 다닐 때 소리가 나지 않게 했으면 무엇으로 알아차릴 것이며, 그것이 소리를 듣자마자 달아나게 했으면 어떻게 잡겠는가? 우연히 한번 물리면 지렁이의 진액으로 금단(金丹)을 만들어 그 상처에 조금 바르고 가만히 있으면 통증이 가신다. 이것은 자비스러운 하늘이 예비한 것이다. 뱀과 살무사가 사람을 물어서 천 명이나 백 명 중의 하나라도 염병이나 중풍에 걸리고, 부스럼이나 등창이 난 사람이 있다면, 뱀을 삶거나 살무사를 져며서 안주로 먹으면 번거롭게 침을 놓고 연기를 쐬지 않더라도 그 병이 나을 것이다. 지네의 가루로 부스럼을 치료하는 것은 자비로운 하늘의 선물이다.

잘 쓰면 매우 이로움이 이와 같으니, 문득 하늘을 원망하고 스스로 슬퍼하는 것은 잘못이 아닌가?

2

윗글은 다산(茶山) 정약용 선생의 『여유당전서』 제1집 「시문집(詩文集)」'잡문편'에 들어 있는 '탐진대(耽津對)' 전문이다.

지난달 어느날 홍익대학교 정윤형 교수와 함께 한 자리에서 편집자가 이 책의 기획에 관해 이야기하자, 정교수는 다산 연구가들에게조차 별로 알려지지 않은 이 글을 소개하면서, 며칠 후 친절히 번역까지 하여 보내주었다.

편집자는 이 글을 읽으면서 지역감정의 그 뿌리가 만만치 않음을 실감하였지만, 한편으로는 편견과 비합리성에 근거하는 지역감정의 허위의식을 따진 다산의 촌철살인(寸鐵殺人)의 혜안에 놀라움을 금치 못하여, 편집자 서문에 인용하기에는 다소 길지만 전문을 모두 실었다.

여기에 다시 무슨 편집자 서문이 필요하겠는가마는 사족삼아 몇마디 덧붙인다.

오늘날 우리가 살고 있는 한국사회는 지역갈등의 객관적 요소들이 단순한 심리적 긴장이나 대립을 넘어서 정치·경제·사회·문화 등의 모든 분야에까지 깊은 뿌리를 내리고 있다고 많은 사람들이 보고 있다.

어느 나라 어느 사회를 막론하고 갈등과 대립이 없는 경우는 존재하지 않겠지만, 문제는 이러한 우리 사회의 갈등이 개인이 아닌 집단, 그리고 지역간에 이루어지고 있다는 점이다. 그리고 또한 그것이 '갈등'의 차원을 넘어 이성과 대칭되는 개념으로서 '감정'의 단계에까지 이르러서는 사회적으로나 국가적으로 엄청난 역기능을 발휘하고 있다는데 그 심각성이 있는 것이다.

그러나 이러한 지역감정이 우리 사회의 근대화 과정이나 민주화 과정에 미친 엄청난 역기능적 결과에도 불구하고, 이 문제에 대한 올바른 인식과 해명, 그 해소방안의 모색은 매우 부족한 것 또한 오늘의 현실이다.

그것은 아마도 부분적으로는 사회변화에 접근하는 인식틀과도 관계가 있는 것으로 여겨지는데, 이미 고정관념화되어 있는, 그리고 과학적이고 합리적인 설명범주 밖에 위치하는 이른바 지역 '감정'과 같은 비합리적인 정서의 응집 또는 정신적·심리적 계기들이 이것에 대한 우리의 인식을 피드백하며 지배하고 있기 때문일 것이다.

따라서 이 책은, 지극히 비합리적이고 비이성적이며 고정관념화한 지역 '감정'이라는 허위의식으로 조장된 동족간의 적의와 증오를 극복하기 위해서, 그리고 민족변혁운동 과정에서 하나의 커다란 장애물로 부각되었고, 또다른 정치적 격변기에 다시 장애물로 나타날지도 모르는 지역감정의 극복을 위한 필요성에서 기획되었다.

이 책의 글들이 제시하고 분석하는 지역감정의 본질과 실태, 역사, 전개과정, 그리고 해소방안이 지역감정의 뿌리를 찾아 그 해결의 올바른 방향을 모색하는데 다소나마 도움이 되기를 빌며, 논문의 수록을 쾌히 허락해 주신 필자 여러분께 머리 숙여 감사의 인사를 드린다.

또하나의 반쪽을 찾아서
—『신생철학』 펴낸이의 말

다른 책들의 편제와는 달리, 이 책에는 특별히 이 책을 발간하게 된 사연, 그리고 약간의 편집상의 문제에 대한 이야기를 덧붙여야 할 것같아 '펴낸이의 말'이라 하여 몇 마디 보탠다.

그것은 한마디로 이 책의 원저자 윤노빈 교수가 우리 곁에 있지 않기 때문이다.

편집자가 이 책의 초판 —— 원고가 아니라 책이다 —— 을 처음 접하게 된 것은 1979년 10월 부마항쟁이 일어나기 며칠 전쯤이었을 것이다. 당시 출판사 일로 부산에 가게 되었는데, 그곳에서 양서협동조합을 만들어 도서보급운동을 벌이고 있던 한 후배가 나에게 부산지방 출판사에서 발행된 이 책 『신생철학』 초판본을 건네주며, '재미있는' 책이니 한번 읽어보라는 것이었다.

그러나 그 책은 겉보기에 유치한 편집에 허술한 장정, 싸구려 인쇄내음이 물씬 풍기는 것으로, 비교적 '깔끔한' 출판작업을 하

이제야 밝힌다. 이 책의 저자 윤노빈 교수는 이 책이 나오기 수년 전에 가족과 함께 대만에 유학갔다가 마카오를 거쳐 북으로 갔다. 2001년이든가. 시인 김지하의 회고록에서 그긴 북한의 대남방송 부서에서 근무한다는 근황을 보았고, 송두율 교수가 평양에서 몇번 그와 만났다는 사실을 알았다. 그리하여 김지하, 송두율 두 분의 글을 받아 2003년에 『신생철학』을 재간했다.

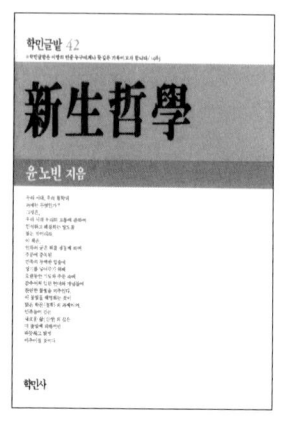

고 있다고 자임하던 나로서는 그리 관심이 가지 않아 그냥 받아들였던 기억이 난다.

그러나 서울행 고속버스 안에서 심심풀이로 책을 펴들자 나는 나도 모르게 그 책의 이상한 매력에 끌려들어 서울까지 오는 동안 내내 그 책으로부터 눈을 떼지 못하고 완전히 독파하고 난 다음에야 책장을 덮을 수가 있었다.

그 후 이 책에 대해서는 쭉 잊고 있다가, 1981년 가을이든가, 절판되어버린 그 책을 다시 재간행해 보면 어떨까 생각하게 되었고, 그리하여 서울대학교 철학과에 교환교수로 와있던 윤교수와 어렵사리 연락이 되었다.

일단 윤교수와는 초판본의 편집상의 문제점들 —— 수많은 고딕체 돌출, 각절의 소제목을 붙이지 않고 ㄱ, ㄴ, ㄷ 식으로 나눈 것, 인용문의 처리 등 —— 을 고치기로 합의하였다. 현재 이 책에 되어 있는 장이나 절의 제목들은 그때 윤교수의 수정 의견대로 했다.

그러나 책의 출간은 출판사 사정으로 차일피일 미뤄졌고, 편집자는 윤교수와의 출간 약속을 마무리하지 못한 채 윤교수가 메모해 준 수정할 부분과 저자 소개 쪽지만을 가지고 전에 재직하던 출판사를 퇴직, 오늘의 학민사를 창립하게 되었다.

그후 윤교수의 '비극적인 실종'을 알게 된 것은 1983년 겨울이었던 것같다. 출장차 부산에 들렸다가 윤교수의 형제들과, 윤교수가 지도교수로 있었던 부산대학교의 어느 서클 소속 학생들이 윤교수 문제로 엄청난 곤욕을 치렀다는 이야기를 부산대학 앞 어느 서점에서 들었던 것이다.

윤교수가 대만에 유학차 갔다가 가족 모두와 함께 '또하나의 반쪽'을 택해 사라졌다는 것이다. 그때나 지금이나 그런 사건들이 제대로 매스컴에 보도되지는 않고 있지만, 1983년쯤이면 전두환 폭압체제가 절정에 있었을 때이니 새삼 매스컴에 보도되지 않았음을 탓해 무엇하랴.

편집자는, 한 점 혈육같이 이 책 하나만을 남겨두고 '또하나의 반쪽'으로 떠나버린 윤교수를 생각하면서 남과 북 모두에 발을 붙이지 못하고 중립국으로 가는 인도배 타고르호를 타고 가다 한밤중 갑판 위에서 홀연히 바다 속으로 사라져버린 「광장」의 주인공 석방 포로 '명준'을 떠올렸다.

윤교수 역시 남쪽에 발을 붙이지 못하고 학문과 사상의 자유를 위하여 '또하나의 반쪽'을 택했다지만, 이 고독한 지식인에게 남북 어디서나 우리를 칭칭 동여매고 있는 이데올로기적 질곡이 그 자유를 누리게 할 수 있을지 사뭇 궁금하다.

윤교수의 행위, 그리고 나름의 철학적 자기성찰의 고백인 이 책의 내용에 대해서는 편집자가 일일이 논함 몫이 아니다. 앞서 말한대로 이 책을 다시 발간하게 된 사연과 약간의 편집상의 문제에 대해 말하다보니 구구한 설명이 있게 되었을 따름이다.

꺼지지 않는 거대한 불꽃
—『4·19의 민중사』 엮은이의 말

1

서대문 적십자병원 오른쪽에 4·19도서관이라는 곳이 있다. 이
곳이 바로 이승만 독재의 한 우두머리 이기붕의 집터라는 사실,
바로 이 자리에서도 독재의 충실한 개로 전락한 경찰의 무차별
사격으로 맨손의 젊은이들이 뜨거운 피를 뿌리며 쓰러졌다는 사
실을 아는 젊은이는 흔하지 않다.

고도성장경제를 자랑하는 주위의 호사스런 고층빌딩에 가려 얼
른 눈에 띄지도 않는 이 건물은 4월혁명의 오늘의 버림받은 모
습을 온몸으로 증언해 주고 있는 듯 보인다. 칠이 벗겨져 우중충
한 외관, 깨어진 채로 방치된 유리창, 고장난 수세식 변소, 을씨
년스러운 현관에서 입장료로 동전 두개씩을 받고 있는 모습……

입시지옥의 아수라장에서 탈출하기 위해 이곳에서 참고서와 씨
름하고 있는 학생들, 장발과 자유복으로 소위 자유를 만끽하고
있다는 오늘의 학생들이, 24년 전 까까머리에 검은 제복을 입은
선배들이 독재의 흉탄에 죽어가면서 무엇을 외쳤는지 알고 있을
까?

4월혁명을 두고 많은 논란이 있으며, 그것은 흔히 현실의 이해
관계로 인해 그때그때 여러 모습으로 분칠되기도 한다. 그것을
혁명이라고 또는 혁명이 아니라고 하든, 위로부터 또는 아래로부
터의 혁명이라고 하는 그로 인해 4월혁명 자체가 달라지는 것은

아니다.

4월혁명은 바다 건너 먼 나라의 이야기가 아니며, 책으로만 배우는 이미 끝나버린 역사 속의 사건이 결코 아니다. 그것은 하나의 거대한 생명체로서 지금도 우리 현실 속에 살아 꿈틀거리고 있으며, 그날 젊은 사자들이 흘린 피는 아직도 이 땅에 흘러 넘치고, 그들의 노호는 한반도의 대기를 떠나지 않고 있다.

4월혁명이 부인했던 독재와 기만과 억압이 거꾸로 그것을 부인해 오기도 한 것이 오늘의 현실이다. 그날의 피빛 정열은 현실의 중압에 짓눌려 애절한 하소연으로밖에 들리지 않고, 그날 그 거리를 불태웠던 혁명의 열기는 속으로 속으로만 뭉쳐지고 있다.

우리는 오늘 4월혁명을 어떠한 모습으로 맞아들여야 하는가. 그것을 나의 일이 아닌 역사적 사실로만 취급하여 살과 피와 심줄을 발라내고 뼈대만을 맞추는 일만을 능사로 아는 창백한 아카데미즘으로는 살아 있는 4월혁명에 한 걸음도 다가설 수 없다. 그것을 이미 끝나버린 과거의 일로 규정하여, 그로부터 역사적 교훈만을 얻어내려 할 때 4월혁명은 이미 민족사의 앞길을 밝히는 빛이 아니며, 현실의 모순과 갈등을 깨뜨려 녹여버리는 민족의 뜨거운 심장일 수가 없다.

4월혁명은 꺼지지 않는, 결코 꺼질 수 없는 거대한 불꽃이다. 우리는 4월혁명과 손을 맞잡고 그 뜨거움을 우리의 체온으로 느껴야 한다. 얼굴을 맞대고 그 거친 숨결을 함께 호흡해야 하며, 가슴을 부여안고 그 힘찬 심장의 맥동이 바로 나의 것임을 확인해야 한다.

그때야 비로소 우리는 4월혁명과 어깨를 나란히 하고 광화문 네거리를 활보할 수 있으며, '그들의 피묻은 혼의 하소연'이 아니라 불의를 쳐부수는 쩌렁쩌렁한 호통 소리를 들을 수 있을 것이다.

그때야 비로소 좁은 묘역에 유폐된 4월혁명의 영혼이 수유리를 뛰쳐나와 반도의 일년 열두 달을 늘 새로이 시작하는 눈부신 진달래의 4월로 만들 것이다.

2

4월혁명을 올바로 맞아들이기 위해서는 일정한 도식을 통해서가 아니라 있는 그대로의 모습을 보아야 한다. 엮은이는 이러한 의도에서 당시의 상황을 가능한 한 그대로 보일 수 있는 자료들을 수집하고 조사하였다. 그리고 당시의 분노와 환희와 좌절까지를 다 보여 주는데 적절하다고 생각되는 글은 모두 취합하여 배열하였다.

우선 위기감이 조성되기 시작한 59년 말부터 제2공화국의 탄생에 이르기까지의 사건 및 투쟁일지를 시간·장소에 따라 상세히 기술하고, 같은 순서로 4월혁명에 나타났던 모든 구호 및 플래카드, 성명서·선언문·담화문·포고문·벽보 등의 기록문을 시간적 추이에 따라 정리하였다.

이로써 진행된 객관적 상황을 명확히 한 다음, 직접 혁명에 참가한 사람들의 투쟁기를 고등학교와 대학교로 나누어 실었고, 부상자의 병상일기와 수상, 순국자 유족의 글도 포함시켰다. 당시의 열기와 한(恨)을 있는 그대로 전달하기 위하여 맞춤법·띄어쓰기 이외에는 가능한 한 원문을 살리도록 노력하였으며, 몇 편을 제외하고는 5·16 이후에 씌어진 글들은 채택하지 않았다.

다음에는 2·28, 3·15, 4·19를 전후한 외국신문·정부의 반응과 논평을 실었으며, 끝으로 4월혁명의 과정에서 순국하신 분들의 간단한 전기를 만들었다. 이것은 4월혁명 직후 유가족들이 작성한 '유가족 생활실태 조사서'(4·19유족회 소장)에 기재된 희생자의 인적사항·희생경위 등을 재구성한 것이다. 그러나 가족조차 희생경위를 알지 못하거나 현재 직계 존비속조차 없는 경우도 있어 자료로서는 불완전한 점을 안타깝게 생각한다.

이와 같은 자료로서 4월혁명을 완전히 재구성할 수 있다고는 생각하지 않지만, 진지하게 민족의 장래를 걱정하고 올바른 사회를 염원하는 많은 사람들이 4월혁명을 지신의 것으로 내화하는 데에 조금이나마 보탬이 되기를 바랄 뿐이다.

자료조사를 도와 주신 4·19유족회 여러분께 감사드리며, 4월혁명의 감격을 되살리고 그 의미를 다시금 새겨보기 위하여, 4월혁명 직후 기성세대의 한 아버지가 대학생 딸에게 보낸 편지(「조선일보」1960년 5월 2일자 조간에 실림)를 전재하면서 엮은이의 말을 끝내고자 한다.

3

인옥아! 내 사랑하는 딸아!

내가 이 글을 신문에 투고하여 세상에 널리 읽히고자 하는 것은 나만이 딸을 가진 애비가 아니고, 또 너와 같이 너의 학교에 딸을 보낸 수천의 부모 형제 자매들이 모두 내 심정과 같을 것을 생각하고, 이 부끄러움을, 이 고통을 함께 나누고, 함께 울고자 함이로다.

구태여 너의 학교 이름을 여기서 밝히지 않는다 해도, 한 마디로 서울 시내에 있는 '대학교'라는 이름을 가진 학교 중에서 저 4·19 데모 때에 나서지 않고 빠져버린 대학교라면 둘도 있지 않고 하나밖에 없기 때문에(나는 그렇게 알고 있다) 세상 사람들은 누구나 다 짐작할 것이다.

시골에서 어렵사리 외과의사의 개업을 해서 네 뒤를 보아온 내가 한 사람의 아버지로서, 한 사람의 이 나라 동포로서 이렇게 슬프고 괴로워해 보기는 내 생애에 있어서 이번이 처음이다.

너의 학교는 수십 년의 역사를 가지고 빛나는 전통을 자랑하며 수많은 현모양처와 여성 지도자를 배출해 낸 이름높은 학교였다. 세상에서는 너의 학교 학생들에 대해서 사치와 방종하는 경향이 있느니, 다른 학교보다 학비가 많이 드느니 하는 세평도 없지 않으나, 나는 너의 학교의 역사와 그만한 시설과 그만한 학생 수효로 보아서, 그러한 세평은 도리어 이해심이 부족한 소리라고 생각하고 역설도 하고 반박도 하여 왔다. 그것은 내 딸이 다니는 학교라 해서만 하는 말은 아닐 것이다.

그러나 나는 완전히 할 말이 없게 된 '부끄러운 아버지'가 되고 말았다. 나는 신문이란 신문은 모조리 뒤지면서 행여나 내 딸의 학교 이름도 나서지 않나 하고 얼마나 찾았는지 모른다. 이제는 시력도 약해지고 기억력도 좋지 않지만, 나는 너의 학교의 이름을 단 한번도 발견하지 못하고 말았다. 신문을 보면서도 눈물이 사뭇 복받쳐 견딜 수가 없는 이 벅찬 역사적 마당에서, 그 젊은 대열 가운데 하필이면 내 딸이 다니는 학교만 빠졌다는 것은 이 무슨 해괴한 일인가?

그 숱한 젊은이들 가운데 내 딸의 모습이 끼어 있지 않고, 내 딸의 학우도 끼어 있지 않았다는 사실 ──이것이 수십 년의 전통과 역사를 자랑하는 내 딸의 학교가 홀로 보여준 교풍이었단 말인가?

인옥아! 요즘은 별로 수입도 많지 않고 모아 놓은 재산도 없다는 것 누구보다 네가 잘 알 것이다. 그러나 나는 남의 자식에게 빠짐이 없이 무엇이나 부족함이 없이 네 뒤를 밀어오기에 있는 힘을 다하였다. 그리고 내가 네게 바라는 것은 '비굴한 행복' 보다 '당당한 불행'을 사랑할 줄 아는 여성이 되어지이다 하는 간절한 마음이었다.

서울의 거리가 온통 너와 같은 젊은 세대의 불길로 거세게 타오를 때, 인옥아! 너는 어디서 무엇을 하고 있었단 말이냐? 그 '피의 폭풍'이 강산을 휩쓸고 마침내 낡고 썩은 것들이 너희들 젊음 앞에 굴복을 하고 만 그 시각에 나의 피를 받은 너는 대체 어디서 무엇을 생각하고 있었더냐? 그 불덩어리들 속에 타오르는 심장의 피빛이 네 피와는 다르더란 말이냐? 그 암흑을 밀어 나가는 북소리들이 네 목소리와는 다르더란 말이냐? 너는 정녕 그 젊은 기수들 속에 네 생명을 바쳐 사랑하는 애인 한 사람 없었더란 말이냐?

서글픈 일이다. 분한 일이다. 네 젊음을 스스로 모독한 시대의 고아(孤兒)가 되고 말았구나! 어찌 네 가슴에 뺏지를 달고 이 태양 아래 활보할 수 있으랴! 총탄에 넘어진 아들 딸을 가진 부모들의 비통함보다 털끝 하나 옷자락 하나 찢기지 않은 너를 딸로 가진 이 애비의 괴로움이 더 깊고 크구나!

인옥아! 어서 뺏지를 떼고 교문을 나와 병원으로 달려가거라. 죄인과 같은 부끄러움과 겸손한 태도로 아직도 병상에서 신음하는 그 젊은 영웅들 앞에 네 피를 아끼없이 쏟아라. 그 젊은이들이 너같은 여자의 피라도 받아 준다면 ……

그리고 그만 시골로 내려오너라. 그 편이 한결 애비된 내 마음이 편할 것같다. 그리하여 아버지와 함께 조용히 생각해 보자. 결코 '부잣집 맏며느리감'을 만들기 위해서 너를 대학에 보낸 애비가 아니라는 것 ── 네가 잘 알 것이다.

이 찬란하고 장엄한 역사의 아침 앞에서 이렇게 흥분하지 않고는 못배길 것같다. 인옥아! 이 늙어가는 애비의 말을 너무 과

격하다고 생각하기 전에 너의 가슴에 손을 얹고 스스로 물어 보아라.

사랑하는 딸 자식을 위한 애비의 심정이 어떠할까를……

역사의 재판정에서
─『혁명재판』을 내면서

유신체제하 1979년의 일이었다. 4월혁명 19돌을 맞이하여 간략한 기념식이 거행되었고, 요식행위에 불과했던 대통령 기념사가 부총리(나중에 총리가 됨)에 의해 대독(代讀)되었다.

대통령 기념사를 대독한 부총리, 그는 누구였던가?

지금으로부터 25년 전 자유당 말기 국무위원으로서 3·15부정선거 시행에 적극 가담한 범죄행위로 혁명 후 쇠고랑을 찬 채 비굴한 웃음을 띠며 대법정 한 구석을 더럽게 차지했던 그가 아닌가?

허나 그 한 사람만을 비난해 무엇하랴! 일제 잔재세력의 청산 없이 '해방 조국'을 건설한답시고 날뛰던 이승만 정권이었으며, 그 일제 잔재세력에 더하여 이승만 독재성권의 부패분자들까지 고스란히 포용한 것이 박정권 아니었던가?

제 민족을 팔고, 억누르고, 착취하던 자들이 대(代)를 이어가며 영화를 누리고 있는 것이 우리의 현실임에 민족정기는 어디에서 찾을 것인가?

우리는 이미 『4월혁명기념시전집』과 자료집 『4·19의 민중사』를 낸 바 있다. 혁명에 직접 가담했거나, 적어도 줄곧 혁명의 현장을 지켜본 사람들에 의한 문학적 양식의 기록이라는 면에서 『4월혁명기념시전집』은 다른 어떤 기록보다도 더 감동적으로 4·19의 현장을 재생시켜 주고 있으며, 또한 『4·19의 민중사』에서는 혁명

의 현장에서 외쳐진 빛나는 언어들 ── 선언문, 삐라, 구호, 플래카드, 투쟁기, 수기 ── 을 통해 4월혁명의 본질이 무엇이며, 갈등이 무엇이며, 정의가 무엇이며, 이 민족의 숙원이 무엇인가를 보여주고 있다.

우리는 이제 또 한 권의 4월혁명 자료집 『혁명재판』을 엮어낸다. 『4·19의 민중사』가 혁명의 현장에서 몸부림친 민중측의 숭고한 피의 기록이며 그 에네르기의 뜨거운 결집이라면, 『혁명재판』은 민중의 그 거대한 물결에 허둥대던 12년 독재권력의 썩은 치부의 드러냄이며, 그 도배들의 비겁한 꼬락서니의 표현이다. 곧 앞의 자료집이 4월혁명의 밖을 보여준다면, 뒤의 것은 그 안을 드러내 준다 할 것이다.

독자들은 이 자료집 『혁명재판』을 읽으면서 몇가지 사실을 발견하게 될 것이다.

첫째, 재판을 받고 있는 인물들의 면면이다. 그들의 경력이란 한결같이 우리 민족을 억누르고, 독립투사들을 고문하던 일제의 앞잡이들이었다. 일제하 고등문관이란 누구였던가? 참담한 민족의 현실을 외면한 채 저만 일제에 빌붙어 잘 살아보자고 했던 민족 반역자들이 아니든가? 이들 고등문관, 순사, 헌병보조원, 일본군 지원병 등등이 해방 후 그대로 이승만 정권에 붙어 다시 우리 민족을 압박하였던 것이다.

둘째로는 피고인들의 진술내용이다. 잘했든 못했든 한 시대를 책임졌던 사람이라면 그 시대에 대한 책임은 자기들이 져야 한다. 이들의 진술을 들어(읽어)보면, 부정선거를 계획·실행한 자,

그 선거자금을 마련한 자, 발포명령을 한 자, 고려대 시위학생들을 습격한 자는 한 사람도 없다. 모두가 모르는 일이며 결백하다고 떠든다. 심지어 집권 자유당의 고위 간부와 행정부의 장관이 서로 모르는 사이라고 잡아뗀다.

따라서 이 자료집을 읽는 데 있어 독자는 약간의 주의를 요한다. 예를 들어 ㄱ 피고의 진술대로라면, 그는 법정에 서 있을 이유가 없는 것이다. 그러나 관련된 ㄴ, ㄷ, ㄹ 피고 등의 ㄱ 피고에 대한 진술을 비교·검토하여 보면, ㄱ 피고의 파렴치한 범죄행위가 명백히 드러나는 것이다. 친절히 안내하건대, 독자들은 이 요령을 염두에 두고 발포명령 사건과 정치깡패 부문을 읽어보기 바란다.

셋째, 그들 피고들의 비민주·반민중적 의식이다. 모두가 "이승만 대통령이 아니면 우리나라가 제대로 될 수 없을 것같아서……"식이다. 그렇기 때문에 부정선거를 하고도, 또 맨손의 청년·학생들에게 총탄을 퍼부었어도 아무런 죄책감을 느끼지 않는 것이다. 그러나 더욱 우리를 슬프게 하는 것은 4월혁명의 교훈이 있고서도 오늘에 이르기까지, 아직도 우리의 정치 사회에 '나혼자만이'의 생각이 이어지고 있는 점이다.

넷째, 이 자료집에는 피고들의 판결내용은 싣지 않았다. 부정선거 및 4월혁명 관계자에 대한 재판은 혁명 직후인 1960년 7월 초에 시작되어 진행되다가 5·16쿠데타로 중단, 결국 쿠데타 정권이 만든 혁명재판소에 의해 재판이 재개되었고, 그 재판관(쿠데타 가담 군인)들에 의해 종결되었다. 그러나 주지되고 있다시피 이 재판은 재개 당시의 시퍼렇던 서슬은 사라지고, 부정선거 및 발포명령에 대한 최고책임자를 규명하지 못한 채 용두사미로 끝나고 말았다.

다시 말하거니와 이 자료집에는 피고들의 공소사실과 사실심리

내용만을 실었다. 5·16 후 쿠데타 정권이 제정한 실정법(實定法)의 판결에 의해 몇 명이 사형되었고, 나머지 피고들도 각각 실형을 언도받았으나, 그후 보석·감형 등으로 모두 슬그머니 출옥하였으며, 더나아가 핵심 피고 몇몇은 박정권과 야합하여 언론계·정계·재계 등에서 거들먹거리며, 저 수유리에 묻힌 200여 원혼들을 비웃고 있으니 실정법에 의한 판결이 무슨 의미가 있으랴!

그러나 들어라, 역사를 비웃는 자들이여! 역사는 일월(日月)이 조명하는 정의의 재판정이다. 다만 그 판결이 좀 늦을 뿐이다!

기록을 남기지 않은 자의 비애
—『원균을 위한 변명』 편집자 서문

　우리는 어떤 현상에 대한 일반적 인식이 곧 그것의 과학적 분석에 근거한 진실을 반영하는 것이 아님을 가끔 본다.

　이순신과 원균. 이들에 대한 우리들의 일반적 인식은 무엇일까?

　어려서부터 영특하여 항상 동년배 아이들을 이끌었던 이순신, 늦은 나이에 무과에 급제하고부터는 항시 조국 방위에 만전을 기하였고, 임진왜란이 일어나자 거북선을 이끌고 수없이 왜적을 무찌른 이순신, 원균의 모함과 조정의 당파 싸움에 희생되어 옥에 갇혔으나, 풀려난 후에도 아무 불평없이 백의종군하였던 이순신, 원균이 부패 무능하여 조선 수군이 궤멸되자 남은 오합지졸을 규합하여 다시 왜적을 무찌르다 장렬히 전사한 이순신, 죽어기면서까지도 부하들이 당황할까 염려하여 자기의 죽음을 비밀에 부치라고 당부하던 초인적 모습의 이순신이 오늘 우리 머리에 뿌리박힌 보편적 이미지이다.

　반면 원균은 어떠한가.

　임진왜란 초기 왜적이 쳐들어오자 전선과 병기들을 모두 불살러 버리고 도망치려 했던 원균, 부하들의 강권으로 이순신에게 도움을 청해 합동으로 작전을 펼쳤으나 항상 딴소리를 하던 원균, 이순신이 자기보다 높게 진급되자 이를 시기하여 조정에 모함했던 원균, 이순신이 감옥에 갇히자 이순신의 뒤를 이어 삼도수

군통제사가 되었으나, 술과 기생첩의 유희로 소일하다 왜군에게 공격당해 전 조선 수군을 궤멸시키고, 자기도 도망치다 왜군의 칼에 목잘려 죽은 원균의 모습이 그에 대한 우리들의 인식 지평이다.

이순신과 원균에 대한 이러한 이미지는 오늘날 우리 사회의 일반적 인식을 반영하고 있는 고정관념으로 고착되었으며, 그것은 또한 아무런 검증 없이 역사의 진실로 받아들여지고 있다.

그리고 양자간의 이러한 질적 평가의 간극은 특히 이순신이 박정희 독재체제에 의해 정치적으로 이용되면서 엄청나게 벌어지게 되었고, 우리는 한때 어떠한 명분으로든지 이순신을 폄훼하는 것은 곧 반민족·반국가 행위로 간주되는 몰이성의 분위기도 겪게 되었다. 어느 누구라도 실수와 결점이 있을 수 있는 인간으로부터 무오류의 신의 반열로 이순신을 올려놓은 것이다.

이순신에 대한 자료는 그가 싸움터에서 직접 적은 『난중일기』를 비롯하여 장계, 편지, 시문 등 비교적 많이 남아 있다. 그리고 그에 대한 연구논문이나 분석, 평가도 끊임없이 이루어지고 있고, 정부의 전폭적인 지원으로 국민적 추앙사업도 벌어졌었다. 그러나 원균에 대한 자료는 거의 없는 실정이다.

편집자는 박정희 독재정권 시절, 박정권의 정치적 목적의 이순신 성웅화 작업에는 심한 거부감을 갖고 있었지만, 이순신의 애국심과 군사 지휘관으로서의 탁월함은 조금도 의심하지 않았다. 그리고 원균에 관해서는 어렴풋이나마 그가 실상 이상으로 매도되고 있지는 않는가 추론하고 있었지만, 그 억울함을 '기록을 남기지 않은 자의 비애' 정도로 치부하고 있었다.

그러나 임진왜란에 관한 서적들과 이순신의 기록들을 읽으면서 떠올렸던 원균의 행적에 대한 의문은 이후에도 계속 가시지 않고 남아 있었는데, 그것은 대체로 다음과 같이 정리될 수 있다.

첫째, 철저히 유교적 품성으로 교육받은 사대부 집안 출신의 이순신이 『난중일기』의 원균에 관한 기술에서는 그의 고매한 인품에 어울리지 않게 왜 극단적인 표현으로 일관하고 있을까?

둘째, 이순신은 그의 투옥 및 백의종군과 관련한 『난중일기』의 부분에서 소위 원균의 모함이나 조정의 낭과 씨움에 대한 기술을 하지 않았다. 일기가 자기만의 비밀스러운 내면의 기록이라는 점을 생각해 본다면, 투옥과 파직에 대한 억울함과 원망을 기술한 흔적이 조금이나마 남아 있어야 하지 않을까?

셋째, 원균은 우리 사회의 통념대로 그렇게 무능한 지휘관이었을까? 임진왜란 발발 초기 조선의 군비는 형편없는 지경이었다. 그리고 불의의 왜적의 침입에 대비못한 것은 원균만이 아니었다. 분전은 했다하지만 부산포의 정발, 동래의 송상현, 충주의 신립을 비롯한 전 조선군이 임란 초기 왜적에게 처참히 무너졌다. 원균의 경상우수영은 왜적의 침입을 직접 받은 죄선신이었고, 이순신의 전라좌수영은 수군으로 보면 상대적으로 후방이었기 때문에 원균보다 이순신이 유리한 입장이었음은 당연한 것이다.

넷째, 임진왜란이 종전된 후 조정의 엄중한 심사 끝에 선무일등공신으로 책록된 원균이 그 45년 후에는 왜, 어떤 과정으로 비겁하고 무능한 징수로 매도되었을까?

왕조사회의 공신 책록은 무척 엄격하였다. 공신이란 왕조시대에는 국가나 민족에 대한 '공헌'의 개념보다는 왕에 대한 '충성'의 측면이 강조되고 있고, 또 일정하게 그 자손들에게도 출세와 봉록의 영향이 미치기 때문이다. 왕에 대한 충성심 이외에 더 이상 왕조를 굳건히 유지해 주는 이념은 없는 것이다. 그렇기 때문에 왕조사회에서는 공신 책록의 심사가 엄격하여 사후 1, 2백년이 지나고 나서야 '공신'으로 책록된 사례도 허다하다.

원균은 임진왜란이 끝난 후 조정의 엄격한 심사 끝에 선무일등공신에 책록되었다. 그리고 당시 조정에서 이 결정에 이의가 없었던 것은 그가 선무일등공신에 값할 공을 세운 것으로 추론할 수밖에 없다. 전쟁을 직접 겪은 당시 사람들보다 전쟁의 제반 상황을 더 잘 알 수 있는 사람들이 있을까.

다섯째, 위의 네번째 의문과 관련된 문제인데, 원균을 지독하게 폄훼하고 있는 소위 『선조수정실록』을 어떻게 볼 것인가 하는 문제이다.

실록 편찬은, 우선 왕의 재임기에 있었던 온갖 통치자료(어전회의 내용, 임금의 지시, 장계, 상소문 등)들이 모두 모아져서 엄중하게 보관된다. 역사를 기술하는데 필수적인 기본 자료라는 의미에서 이것들을 사초(史草)라 부른다. 왕이 죽은 뒤 다음 왕 시기에 사관들에 의해 이 사초들을 정리·기술한 것이 실록이고, 실록이 완성된 후에는 사초들은 모두 불태워지고, 그 재조차 물에 흘려보내는 등 엄격하게 일체의 자료를 없앤다.(이 과정을 세초라 한다)

그러므로 『선조실록』이 완성된 후에는 당연히 선조시대의 사초(자료)들도 모두 불에 태워져 사라져 버렸다. 그런데 『선조실록』이 완성된 후 수십년이 지나고나서 이러한 사초도 없이 『선조실록』을 '수정'한 소위 『선조수정실록』이라는 것이 이순신과 같은 덕수이씨 문중 사람인 택당 이식(李植)에 의해 편찬된 것이다.

이 책은 재야 사학자이신 고(故) 이재범(李在範) 선생께서 실록을 분석·연구하던 중, 기존의 임진왜란 시기 이순신과 원균의 행적 해석에 의심을 품고 『선조실록』 『선조수정실록』 등의 관련 자료를 면밀히 분석, 새로운 사실들을 밝혀 엮은 『元均正論』(계명사, 1983)을 다시 펴낸 것이다.

이 책의 초간본은 출간 당시의 사회 분위기나 출판계 사정으로 지극히 한정된 부수의 자비 출판 형식을 띨 수밖에 없었다. 그리하여 일반 독자는 물론 역사 연구자들까지도 임진왜란사 연구에 새로운 지평을 열 수 있는 저자의 논구를 제대로 접할 수 없었다.

새로운 편집과정에서 원저자의 약간은 지리하게 느껴질 정도의 반복·중복 기술에 대하여 고민하였으나, 새로운 사실의 발견과 분석에 대한 저자의 강조점이라 생각하여 그대로 두었다. 그리고 일반인들도 이 책을 쉽게 접할 수 있도록 초간본의 국한문 혼용은 가급적 한글로 풀어쓰고, 꼭 필요한 한자들은 괄호 안에 넣었으며, 실록·문집·장계·일기·어전회의 내용 등에 붙인 한문 원문은 모두 삭제하였다.

편집자가 이 책의 초간본을 발견하고 읽은 것은 우연이었다. 그러나 이 우연이 그 동안 이순신과 원균의 행적과 관련하여 품고 있었던 의문의 실마리를 푸는 열쇠를 건네주었다.

단지 기록을 남기지 않았기 때문에 원균이 역시의 뒤안길로 밀려난 것은 아닌 것이다. 임진왜란이 끝나고 45년이 지난 후 이루어졌던 석연치 않은 역사의 '수정' 행위가 이후의 이순신과 원균의 운명을 극화시켜 놓은 것이다.

끝으로 혹시라도 독자들의 오해가 있을까 염려하여 사족삼아 몇마디 덧붙인다.

이 책의 원저자도 누누이 강조하였지만, 이 책의 발간목적은 이순신의 격하와 폄훼에 있지 않다. 임진왜란이라는 엄청난 국난을 극복한 일등공신이었던 이순신에 대한 평가와 숭모와는 별개로 '기록을 남기지 않은 사람' 원균의 극단적 부침에 둘러싸인 역사의 미스터리를 풀어보자는데 그 발간 목적이 있는 것이다.

그리고 한 사람을 영웅으로 만들기 위해서는 그와 대비되는 다른 한 사람을 속죄양으로 만드는 우리 사회의 반이성적 흐름에 문제의식을 부여해 보자는 데도 그 한 의도가 있다.

다시 한번 강조하거니와, 이 책은 우리 강토와 민족의 운명을 뿌리째 뒤흔들었던 임진왜란 시기 조선 수군의 두 주역이었던 이순신과 원균의 삶과 죽음에 얽힌 진실이 무엇인가를 규명함으로써 민족사의 한 부분을 올바로 정립하는데 그 발간 목표를 두었다.

5천년 조선 미신과의 투쟁

― 『과학의 원수』 편집자 머리말

계봉우 선생(1922)

이 책 『과학의 원수』는 계봉우 선생의 1930년 미발표 원고 노트를 간행한 것이다.

북우 계봉우 선생은 대한민국의 일반인들에게는 잘 알려져 있지 않은 일제하의 역사학자이자 국문학자이고, 교육자이며 독립운동가이다.

그는 1880년에 태어나 일제가 조선을 병탄한 1910년에 북간도로 망명한 뒤 연해주, 만주, 상해, 중앙아시아 등 이국땅을 떠돌다가 1959년 카자흐스탄 크즐오르다에서 영면하기까지 독립운동과 교육, 그리고 민족사 정립에 평생을 바쳤다.

1920년 상해에서 한인사회당에 입당하여 사회주의 운동에 가담했지만, 상해파와 이르크츠크파 사이의 노선투쟁에서 상해파에 속했던 그는, 이 파벌투쟁의 여파로 소위 임시고려군사혁명재판에서 유죄판결을 받고 옥고를 치루면서 사회주의 운동과는 일정한 거리를 두게 되었다.

이후 그는 연해주의 이만에 정착하여 동포 교육과 민족사, 국

문학사 연구에만 전념했다. 그리고 1937년 구 소련내 한인들이 중앙아시아로 강제 이주당할 때, 그도 가족들과 함께 중앙아시아의 크즐오르다로 옮겨가 고려사범대학에서 조선어를 가르쳤다.

그러나 중앙아시아 이주 후 1년도 못되어 조선어 교육이 전면 봉쇄당하자, 이후에는 세상을 뜰 때까지 농사와 저술활동에만 전념했다.

선생의 저작으로는 『조선역사』(1912, 중등학교 교과서용), 『안둥근전』(1914), 『과학의 원수』(1930, 미간행 친필본), 『조선역사』(1936), 『조선문학사』(1950, 전2권), 『조선역사』(1953, 전2권), 『동학당 폭동』(미간행 친필본), 『꿈속의 꿈』(자서전) 등이 있다.

『조선문학사』는 1937년 중앙아시아로 강제 이주된 뒤, 그곳에서 각종 형식의 우리 문학유산을 수집해 분류·정리한 저작으로, 현재 우리가 찾아볼 수 없는 새로운 문학사 자료도 적지 않게 실려 있다.

『조선역사』(1953)는 1912년 간행의 『조선역사』와 1936년 간행의 『조선역사』를 보완하여 선사시대 이후 8·15해방까지의 우리 역사를 유물사관에 따라 쓴 저작인데, 1919년 이후 역사기술에서는 공산주의 운동의 비중을 높게 한 것이 특징이다.

『동학당폭동』은 동학농민전쟁을 유물사관에 따라 재해석한 것이다. F. 엥겔스의 『독일농민전쟁연구』를 전거로 삼아 독일농민전쟁과 동학농민전쟁을 비교, 분석한 접근방식이 독특하다.

자서전 『꿈속의 꿈』은 관노비의 아들로 태어나 10살에 아버지를 여읜 소년이 식민지로 전락한 조국에서 민족과 학문세계에 눈

계봉우 선생의 막내아들 계학림씨에게 『과학의 원수』를 전달하는 필자

을 뜨는 과정을 그리고 있다. 특히 그가 직접 참가했던 1910~20년대 연해주와 만주에서의 독립운동에 관한 생생한 기록은 사료로서 가치가 높다.

계봉우 선생의 저작은 모두 한글로 씌어져 있고, 한자는 반드시 괄호 안에 넣었다. 그의 호 가운데 히니가 '뒤바보(북우의 우리말)'였다는 점을 상기하면, 한글에 대한 그의 애정 또한 무척 깊었음을 알 수 있다.

『과학의 원수』는 계봉우 선생의 미간행 친필본 저작이다. 이 저작은 표지에 레닌의 초상이 그려져 있는 노트 250여 페이지에 걸쳐 한글로 깨알같이 빽빽하게 씌어져 있다.

그는 머리말에서, 1928년 그와 함께 활동했던 무신동맹(無神同盟)의 오성묵 동무의 요청으로 이 저작물을 구상하게 되었지만, 참고자료의 부족 등 여러모로 어려움이 있어 주저하다가 1929년 7

월에 집필을 시작하여 1930년 3월에 탈고한 것으로 밝히고 있다.

또 그는 머리말에서 '조선의 반만년 미신을 폭로'시킴으로써 '제3전선에 당면한 투사에게 적의 정형을 알게 하는'데 도움이 되기를 바란다고 피력하고 있다.

그가 무신동맹의 활동에 참여했던 1920년대 말은 레닌의 기치 아래 러시아의 볼셰비키 정권이 마르크시즘의 원론적 이데올로기에 가장 충실했던 시기이다. 따라서 종교는 노농혁명 —— 곧 과학적·유물사관적 사회발전 —— 을 가로막는 민중의 아편이라는 도그마가 아주 강력하게 공산주의자들의 관념 속에 자리잡고 있었을 것이며, 이미 볼셰비키 정권이 튼실히 뿌리를 내린 러시아에서 반종교 = 반기독교 투쟁이 각 부면에서 일어났음은 쉽게 추론이 된다.

종교, 그중에서도 기독교를 주요 비판대상으로 하였겠지만, 계봉우 선생은 수천년 동안 조선인들에게 깊게 뿌리내린 샤머니즘적 제요소 —— 조상숭배, 유교·불교·도교신앙, 정감록, 음양술수, 음력과 절일에 대한 민속 —— 가 민중의 과학적 사고와 혁명적 삶의 전개를 가로막는 '미신'이라고 간주하고, 그 허구성과 비합리성을 냉철하게 비판하였던 것이다.

그는 '미신의 폭로'라는 명제에 맞게 합리성과 과학적 준거를 기준으로 조선인의 심성에 자리잡고 있는 토속신앙, 민속, 풍속 관념 등을 철저하게 분석했다.

그러나 그는 인간이 수천년 동안 개인적 또는 공동체적 삶을 영위해 오면서 자연스럽게 형성해온 신앙관념, 민속, 풍속의 현상을 과학성 하나로만 분석한 한계를 갖고 있다.

현재의 민속학 등 인문과학의 발전 수준에서 볼 때 그의 관점과 해석은 받아들이기 어려운 부분이 많은 것도 사실이다. 그러나 자신이 머리말에서 밝히고 있듯이, 참고할 자료가 전혀 없는 상태에서 그토록 방대하고 자세하게 우리 민족의 토속신앙, 민속, 풍속 등을 정리하여 놓은 것은 무척 의미있는 작업이다.

무신론자라는 저자의 사상적 입장과 특별한 집필 목표가 있었지만, 결과적으로 우리 민족의 토속신앙, 민속, 풍속이 일별 정리된 부수적 성과가 이 책에 귀중하게 남겨져 있는 것이다.

이 책의 친필 원본은 독립기념관에 기증되어 있는데, 독립기념관으로 옮겨 가기 전 카자흐스

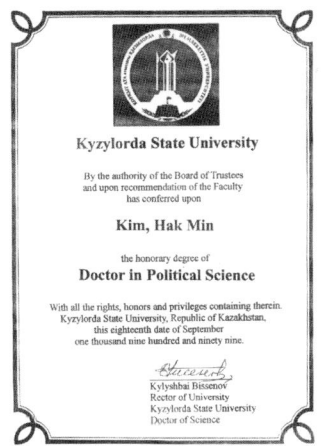

크즐오르다 대학교는 계봉우 저작 출판의 공로를 기려 필자에게 명예 정치학박사 학위를 수여했다

탄 알마타시의 카작대학교에서 석좌교수로 근무하고 있는 김필영 교수로부터 먼저 이 자료를 입수하여 책으로 발간하게 되었다. 지면을 빌어 김교수에게 감사드린다.

한 군부독재국가의 파탄

—『독재의 거리』해설

1

이 책은 라틴 아메리카 문학의 거장이며 노벨문학상 수상자인 가브리엘 가르시아 마르께스의 르포르따쥬이다. 저자의 머리말에서도 보이고 있듯이 망명 중인 칠레의 영화감독 미겔 리틴이 우루과이의 부르조아지로 위장하여 조국에 잠입해서, 산디아고 시가와 빈민가, 나아가서는 대통령궁 안까지도 촬영하고 무사히 출국했을 때의 이야기를 가르시아 마르께스가 '리틴의 이야기'라는 제목으로 책을 엮어 출판한 것이다. 그런 의미에서 이 작품은 르포라기보다 논픽션 또는 다큐멘타리라고 하는 편이 좋을지 모르지만, 아무튼 가르시아 마르께스 특유의 문학 형식이다.

아옌데 정권하 지도적 반체제 인물에 의한 계엄령 하의 칠레 상황에 대한 르포라면, 외부에서는 좀처럼 들여다 볼 수 없는 군정하 칠레의 구체적인 모습을 벗겨내는 데 다시없는 자료가 되는 것은 두말할 것도 없다.

그러나 칠레의 문제를 차치하더라도 이 책은 참으로 재미있다. 리틴 감독이 대통령궁 복도에서 촬영하고 있는 바로 그 곁을 피노체트 장군이 지나가는 스릴 넘치는 장면도 몇 군데 있지만, 전체적으로는 극적인 사건의 전개가 벌어지는 것도 아니고, 또 가르시아 마르께스의 문장 자체가 담담한데도 불구하고 마치 스파이 소설이나 모험소설을 읽고 있는 듯한 착각에 사로잡힌다. 자

유분방한 예술가가 남의 눈을 속이는 잠입자의 온갖 역할을 연기
하는 것은 원래가 어려울 터이지만, 그 심리묘사 또한 훌륭하다
고 할 수 있다. 라틴 아메리카 현지에서는 발매되기 시작하자 마
치 중판을 거듭해 일대 베스트셀러가 되었다는데, 충분히 이해할
만 하다.

가르시아 마르께스는 1928년 콜롬비아에서 태어나, 1982년에 노
벨문학상을 수상한 작가이며, 작품으로는 「백년 동안의 고독」
「족장(族長)의 가을」 「예고된 살인기록」 등이 유명하다. 그러나
그는 원래 저널리스트 출신으로, 르포르따쥬로도 해난사고에서
기적적으로 생환한 사람의 이야기를 토대로 한 「어떤 조난자 이
야기」(1970), 쿠바의 앙골라 출전문제를 다룬 「앙골라의 쿠바 병
사」(1976), 산디니스타 혁명에 관한 「니카라과 전쟁」(1979) 등이
있다.

또 가르시아 마르께스는 라틴 아메리카의 인권문제에도 정력적
으로 활동하고 있어, '우리의 아메리카 주권옹호 지식인위원회'의
상임위원직도 맡고 있다. 칠레 문제에 대해서는, 칠레 군사정권을
'남미 반공의 보루'라고 극찬하는 아르헨티나 작가 호르헤 루이
스 보르헤스를 비판하고, 또 피노제트 징권에 대해서 애매한 태
도를 취하는 페루 작가 마리오 바르가스 료사와 결별한 것은 잘
알려져 있다.

미겔 리틴 감독에 대해서는, 그가 감독한 〈아르시노와 콘돌〉이
라는 니카라과 혁명에 관한 영화로 유명한데, 그는 1942년에 태
어나 칠레 연극학교와 첼레대학에서 공부한 뒤에 영화계로 뛰어
들었다. 아옌데 정권 하에서는 국립영화사 '칠레 필름즈'의 총재
를 맡고 있었고, 1973년의 반아옌데 쿠데타가 일어났을 때 체포
당했다면 강제수용소로 보내져 고문으로 인한 죽음도 면할 수 없
을지 모르는 입장이었다. 본문에도 있지만, 감독은 쿠데타에 동원

된 한 군인의 기지로 위태로운 순간에 칠레 스타디움으로 연행되는 것을 면하고 망명할 수가 있었는데, 군정 13년이 지난 오늘도 귀국이 허용되지 않고 있다.

리틴 감독의 작품은 앞서도 말한 〈아르시노와 콘돌〉 등이 있는데, 망명한 뒤에도 라틴 아메리카와 유럽에서 활약하고 있으며, 〈아르시노와 콘돌〉은 1983년 모스크바 영화제에서 금상을 수상한 바 있고, 또다른 국제영화제에서의 수상작도 여럿 있다. 이번의 칠레 잠입으로 만들어진 〈칠레에 관한 모든 증언〉(Acta Generar de Chile)도 1986년 9월의 베니스영화제 수상 작품으로 전해지고 있다.

2

라틴 아메리카는 1980년대에 들어와 아르헨티나, 브라질, 우루과이 등등 오랜 동안 군정 하에 있었던 여러 나라에서 차례로 선거가 실시되어 민정 이양이 이루어지고 있다. 그러나 피노체트 군사정권 하의 칠레만은 라틴 아메리카의 민주화 물결을 거스르듯 여전히 탄압의 피바람이 몰아치고 있다. 민주화요구 운동의 고양(高揚), 경제의 악화, 군부의 분열, 미국의 피노체트 외면 등 군정 붕괴의 조건은 갖추어져 있지만, 군부는 아직도 강경자세를 풀지 않고 있다. 칠레는 라틴 아메리카 가운데서도 가장 민주주의가 발달한 나라로 불리워왔던 만큼, 왜 이 지경이 되었을까 하는 생각이 들기도 한다.

살바도르 아옌데가 대통령에 당선된 것은 1970년 11월의 일이다. 사회당과 공산당을 제외한 4개 중도파 정당으로 구성된 '인민연합'을 기반으로 대통령 선거에 출마하여 최고득표를 획득했지만, 과반수에 못미쳤기 때문에 국회에서 중도파 정당인 기독교 민주당의 지지를 얻어 대통령 지명을 획득한 것이다. 아옌데정권은 의회제도 아래서의 사회주의 이념의 실현을 목표로 한 세계 최초의 정부이며, 그것은 '칠레의 실험'으로서 국제적인 주목이 집중되었지만, 성립된지 3년이 못된 1973년 9월 11일 군부 쿠데타로 쓰러졌다.

이 쿠데타에 대해서는, 선거를 통해 합법적으로 창출된 정권을 무력으로 쓰러뜨렸다고 해서 세계 각국으로부터 비난의 소리가 드높았고, 국제적으로 반향도 매우 컸는데, 그보다도 사람들을 크게 경악하게 한 것은 인민연합파에 대한 군부의 혹독한 탄압이었다. 칠레 쿠데타에 대해서는 〈산디아고에 비가 내린다〉〈밋싱〉 등의 영화가 그 상황을 냉혹히 보이고 있지만, 쿠데타 이후 아옌데파라고 지목되는 사람들은 뿌리째 뽑혀, 임시 강제수용소가 되어버린 칠레 스타디움으로 연행되어 먹을 것과 물조차 주지 않고 며칠째 방치된 끝에 잔혹한 고문을 당하고는 많은 사람들이 죽어갔다.

쿠데타 직후에 살해된 사람들은 2천어 명에서 3천여 명, 또 쿠데타 1년 뒤에도 아직 투옥되어 있었던 사람은 7만 명이라고 하니, 그 처참상을 가히 짐작할 수 있을 것이다.

그 뒤 군정 13년째인 오늘에 이르기까지 사태는 전혀 개선되지 않고 있고, UN 인권위원회에서도 해마다 칠레 비난의 결의가 나올 정도이다. 그 보고서에는 사망 4만, 행방불명자 2천, 망명자 1백만이라는 숫자가 나와 있지만, 사망자 4만이라는 것은 내전이 계속되고 있는 중미 엘사바도르의 희생자 총수와 맞먹는 숫자이다. 망명자 1백만 명 가운데는 물론 박해를 피해 외국으로 도망쳐 나온 사람 외에도 일자리를 얻으려고 해외로 흘러나온 실업자도 포함되어 있다.

군부가 이토록 좌익세력의 박멸에 힘을 쏟고 있는 것은, 그렇게 하지 않으면 칠레에 반드시 좌익정권이 부활할 거라고 생각하고 있기 때문이다. 뒤집어 말한다면 그만큼 칠레의 좌익세력이 국민 가운데 깊이 뿌리를 내리고 있는 것이 되고, 그것을 뿌리뽑으려면 언제까지라도 군사적인 지배를 계속하지 않으면 안된다는 반증이다.

실제로 칠레 사태는 그대로 진행되어 있고, 그것을 제도로 정착시키려고 한 것은 군정 하에서 제정된 1980년의 헌법이다. 이것은 1980년 9월에 국민투표를 실시해서 다음해 3월에 발효되었다.

80년 헌법 전문에 적혀 있는 것은 "칠레의 국체는 마르크스주의를 받아들이지 못한다. 아옌데 정권과 같은 공산주의 정체의 성립을 허용한 것은 인민민주주의 제도이다. 따라서 칠레는 이것을 대신해 '수호적 민주주의'라는 제도를 갖는다"라는 것이다. '수호적 민주주의' 아래서는 인간의 기본적 자유나 인권은 제한되며, 군의 정치개입이 불가결한 것이 된다. 그러므로 80년의 헌법을 읽어보면, 이 헌법은 자유나 인권을 지키기 위한 것이 아니고, 그것들을 제한하기 위해 만들어진 듯 느껴진다.

한편 군부의 정치개입에 대해서는, 보통 국가안전보장회의(군의 대표가 과반수를 차지하지만)가 대통령이나 정부기구에 대해 자문하는 권한을 갖는 외에, 칠레의 국체가 위험에 직면했을 경우에는 직접 정치에 개입할 수 있도록 되어 있다.

그뿐만이 아니라 헌법에 붙여진 부칙에 다르면, 민정 이양은 1989년까지 실시되지 않고, 그때까지는 피노체트 체제가 계속된다. 그 뒤의 새 대통령 선출은 군사평의회가 지명하는 후보를 국민투표에 부쳐서 결정하도록 되어 있다. 피노체트 대통령 권력의 막강함으로 보아 피노체트 장군 자신이 재선되거나, 또는 그가 지명하는 인물이 추천될 가능성이 큰 것으로, 그렇게 되면 새 대통령의 임기가 끝나는 1997년까지 피노체트의 시대가 계속되는 것이 된다.

뒤집어 보면, 군부 자신도 공산주의 세력을 일소하기 위해서는 그만큼의 시간이 걸린다고 생각한다는 점을 드러내는 것이다.

군사정권은 쿠데타와 동시에 완벽할이만큼 경제의 자유화정책을 실시했다. 아옌데정권이 접수한 기업이나 토지뿐만 아니라 옛날부터 있어왔던 국영기업도 몇 개를 제외하고는 모두 원래의 소유자에게 돌려주거나 민간으로 불하했다. 그뿐만이 아니라, 경제에 대한 국가의 개입은 모두 나쁜 것으로 하여, 사회보장마저 민영화하는 철저한 것이었다.

경제적 기반이 약한 개발도상국이 자유화정책을 취하게 되면 그 결과는 뻔한 일이다. 수입자유화에 의해 한꺼번에 흘러들어온 외국제품과의 경쟁에 져서 많은 국내기업이 차례로 도산하는 등 쿠데타 뒤의 칠레 경제는 붕괴라는 말이 알맞을 만큼 크게 악화되었다. 전체로서는 생산활동은 낮아진데다 외국으로부터 많은 단기자금(치관)이 흘러들어왔기 때문에 돈이 남아돌아 투기가 만연했다.

그래도 1977년 무렵부터 80년까지는 비교적 높은 성장률이 기록되어 '제2의 브라질의 기적'이라고 기대를 모았다. 그러나 그것도 겨우 한 여름밤의 꿈으로 끝나고, 다시 마이너스 성장으로 빠져들었다.

이러한 경제의 쇠퇴가 국민에게 던져준 영향은 대단히 컸고, 그것은 비단 하층 서민뿐만 아니라 중산층에도 그 영향을 미치고 있다. 가령 실업률은 20%를 넘고 있어 곧 5명에 1명이 실업자가 되고 있다. 더구나 직업을 갖고 있는 사람도 그 4분의 1이 최저임금밖에 받지 못하고 있다니, 국민의 2분의 1에서 3분의 1이 기아선상에 있는 것이 된다.

민주화 요구운동은 심한 탄압의 눈을 피해 70년대 말부터 조금씩 부활했는데, 80년대에 들어서 국민적 운동으로 발전되어, 빈민가의 하층대중으로부터 고급주택가의 부르조아지까지 포함하는 광범위한 계층이 참여하는 운동이 되었다. 여기에는 80년 헌법에 의해 조기 민정이양의 꿈이 산산조각이 난 것, 70년대 말의 경제회복이 한때의 꿈으로 끝난 것, 다시 아르헨티나, 브라질, 우루과이 등 다른 라틴 아메리카 제국에서 차례로 선거가 실시되어 민선 대통령이 취임한 일 등이 크게 영향을 끼치고 있다.

이렇게 해서 민주화 요구 운동은 83년부터 84년에 걸쳐서 최대의 피크를 맞이하지만, 여기에 대해 군부 독재정권은 84년 11월의 계엄령 선포라는 강경수단으로 맞서고 나온 것이다.

미껠 리틴 감독이 칠레 잠입계획 준비를 개시한 것은 이 무렵이 된다. 계엄령은 다음해 6월에 해제되지만, 리틴 감독은 계엄령 선포의 뉴스를 듣고 잠입계획의 실행을 결정한 후 산디아고를 향해 날아갔다. 감독이 칠레에 잠입한 것은 3월의 칠레 지진이 일어난 뒤로 되어 있으니, 아마도 계엄령 하의 4월부터 6월까지 사이의 6주 동안이라고 생각된다. 남반구에 자리하는 칠레에서는 가을이 시작되는 무렵이다.

3

1986년, 필리핀 사태 후에 미국의 칠레에 대한 민주화 압력은 강화되고 있다. 그러나 이제까지 '남미 반공의 보루' 피노체트 정권을 적극적으로 후원해온 레이건 정권으로서는 민주화에 의해 칠레가 좌경화하는 것은 당연히 막지 않으면 안된다. 따라서 미국이 바라는 민주화란 좌익을 털어낸 후의 민정이양이라는 것이 될 것이다.

이 '좌익을 털어낸 후의 민정이양' 구상은 칠레 국내에도 큰 충격을 주고 있다. 필리핀 사태 후, 칠레 군부 안에서도 이에 호응하여 피노체트 비판의 소리가 나오기 시작하여, 쿠데타 이래 처음으로 군부세력 사이에서도 지울 수 없는 금이 가고 있는 것도 그 징조가 되는 것이다.

한편 반정부 세력도 보수·중도파의 '민주동맹'과, 공산당·사회당·MIR(좌익혁명운동)의 좌익정당으로 이루어진 '인민민주운동'으로 분열되어 있다(인민연합에 속한 사회당의 우파와 중도파, 기타 중도 좌파정당은 민주동맹에 참가하고 있어 오늘날에는 인민연합도 분열되어 있다).

반정부 세력의 내부 분열은 투쟁방식을 둘러싼 대립, 즉 인민민주운동이 온갖 수단을 이용해야 한다고 주장하며 마누엘 로도리게스 애국전선 등의 무장집단과도 손을 잡고 있는 데 비해, 민주동맹은 여기에 강한 반발을 나타내기 때문이다.

그러나 그 배후에는 보수파나 중도파의 좌익에 대한 강한 경계심이 개재해 있는 것으로 보인다. 이것은 아옌데 정부 시절의 경험과 강하게 관련되어 있다. 즉, 그 정권 말기에는 피로 피를 씻는 것같은 심한 계급대립이 벌어져서, 쌍방간 강한 증오심이 심어졌기 때문이다. 그 근본 원인의 하나는, 사회당과 공산당이 의회제도 하에서의 사회주의의 실현이라는 새로운 실험을 시작하면서 프롤레타리아 권력을 어떻게 세울까 하는 낡은 관념을 불식시키지 못했기 때문인 것이다.

그러나 요즈음 군정 하의 칠레 좌익 지식인들 사이에서는, 아옌데 시대의 경험의 반성 위에 서서 '다양한 국민의 인간해방'이라는 시각을 중심에 놓고 '군정 이후' 칠레의 위치를 모색해 보려는 움직임이 엿보이고 있다. 반정부 세력 내부의 화해하기 어려운 좌우 대립을 상정한다면, 이것은 칠레 민주화운동의 발전에 있어 매우 중요한 계기가 될 것이다.

그러나 미겔 리틴 감독의 이 군정 12년째의 르포를 읽고서 아직도 문제의 어려움을 느끼는 것은, 칠레 국민들 사이에 사회주의라는 이상이 여전히 변혁의 지렛대로서 힘을 잃지 않고 있다는 점의 확인이다.

80년대의 라틴 아메리카는 미증유의 경제위기에 몰려 있고, 압도적 다수 국민이 굶주림에 허덕이고 있다. 그것은 칠레도 예외는 아니다. 더구나 그늘에서 군정을 비난한 것만으로도 직업을 박탈당하거나 체포당하는 사회에 있으면서, 아옌데나 네루다 등 좌익의 상징이 국민에게 더욱 광채를 빛내며 다가오는 것은 충분히 수긍이 가는 일이다.

그러나 민주화투쟁이 유효한 힘을 확보하기 위해서는 보수세력이나 중도세력의 상대적인 지지가 불가결하며, 현실의 이 간극을 어떻게 메워나가느냐 하는 것이 민주화를 지향하는 세력에게는 무엇보다도 중요한 과제라고 하지 않을 수 없다.

4

우리는 마르께스의 이 르포를 내려 읽으면서, 칠레라는 나라가 우리와는 지구의 정반대편에 위치하여, 인종이나 기후, 문화, 풍습, 언어 등이 전혀 다르면서도 스토리 전개, 분위기가 전혀 낯설지 않음을 발견한다.

우리 민중의 자유와 생존을 짓밟은 채 1인 장기집권으로 치달은 저 박정희 유신독재정권 이래, 80년 2천여 광주 시민들과 피의 제전을 치른 끝에 솟아난 전두환 군부 독재정권, 기만적인 6·29 선언으로 국민을 농락하고 전면적 부정선거로 정권을 탈취한 노태우 군사 독재정권에 이르기까지 우리는 쉽사리 '이 땅의 피노체트들'을 확인할 수 있는 것이다.

거리거리 모퉁이모퉁이마다 짝을 지어 매서운 눈초리로 젊은이들의 일거일동을 감시하며 시도때도 없이 가방을 뒤지는 사복 경찰들, 마치 적을 토벌하듯 시위대를 무자비하게 때려잡는 백골단, 난사되는 최루탄, 연행되면 고문당하여 죽어서 나오거나 몸이 망가져서 감옥으로 직행하는 치안본부 대공분실, 비인간적인 작업환경에다 기아선상에도 못미치는 저임금으로 허덕이는 노동자들, 스스로의 몸을 불살라 압제와 수탈에 분연히 항거했던 수없는 열사들, 거기다 자국의 이익을 위해서는 이 땅의 민중을 억압하고 수탈하는 독재자들을 일관되게 비호하고 지지해온 미국(尾國)……

자, 산디아고인가 서울인가, 누가 누구에게서 배웠을까. 진리가 하나이듯 세계의 모든 군부독재도 하나인가. 유신 3기를 시작하는 노태우 군사독재정권의 출범일에 뜨거운 분노를 가슴에 새기며 감히 몇자 덧붙인다.

젖먹이에게 고기덩어리를 먹이는 독서지도
—『길을 찾는 책읽기』 머리말

필자가 청소년에게 권하고 싶은 책들을 골라 한 권의 책으로 엮으려고 계획한 것은 순전히 개인적인 체험에서 시작된 일이었습니다. 필자에게는 현재 대학생인 두 딸이 있습니다. 몇 년 전 두 아이가 고등학교에 다닐 무렵, 필자는 몇 번이고 읽었으면서도 그때마다 새롭게 감동을 받은 김구 선생의 『백범일지』를 아이들에게 권했습니다.

일본 제국주의자들에게 강탈된 조국을 되찾기 위해 이역만리 중국 땅에서 죽음을 무릅쓰고 활동해 온 김구 선생의 일생을 그린 『백범일지』를 필자는 '민족의 교과서'라고 생각하고 있습니다. 그래서 기회가 있을 때마다 누구에게나 『백범일지』를 권해 왔던 터라 제 아이들에게도 이 책을 읽히려 한 것은 너무도 당연한 일이었습니다.

두 아이 또한 책을 좋아하였고 아버지의 권유도 있어서 『백범일지』를 잡고 읽기 시작했습니다. 그러나 서너 페이지도 나아가지 못하고 책을 놓더니 너무 어렵다고 하소연하는 것이었습니다.

『백범일지』가 어렵다?

국민들의 평균 학력쯤 될 고등학생들에게조차 어려운 책이라면 '민족의 교과서'가 될 수 있겠습니까? 아이들이 읽다 놓아둔 『백범일지』를 집어 들고 가만히 읽어 보니 아이들의 항변에 일리가 있었습니다. 한문 문화 아래에서 살아온 김구 선생이 70여 년 전

에 쓴 글을 한글로만 풀어놓는다고
하여 요즈음의 한글 세대가, 더구나
고등학생이 쉽게 읽을 수 없음은 너
무나 당연한 일이었습니다.

이 일을 계기로 필자는 중·고등학
생 정도면 읽어 낼 수 있도록 어려운
문체를 쉽게 풀어내고 축약된 내용을
보충하여 설명하는『백범일지』를 펴내
기로 결심했는데, 이것이 이 책에 소
개된 『정본 백범일지』입니다. 그리고
여기에서 출발하여 청소년에게 도움이 되는 책을 골라 한 권의
책으로 엮을 생각을 하게 된 것입니다.

흔히 요즘 학생들은 책을 읽지 않는다고 이야기합니다. 그러나
이것은 일방적인 이야기입니다. 돌이켜보면 요즘 학생들의 아버
지뻘 되는 필자 세대가 청소년일 때도 책을 읽지 못했습니다. 물
론 그때는 요즘에 비해 읽을 만한 책이 절대적으로 부족하였다는
것이 한 이유가 되겠지만, 청소년으로 하여금 책을 읽지 못하게
하는 구조적인 원인을 따진다면 그조차도 부차적인 이유가 될 것
입니다.

청소년에게 있어서 책은 무엇입니까? 시험에 나오느냐 안 나오
느냐가 책을 읽어야 할 기준이 됩니다. 입시 위주의 우리 교육
현실이 만들어 낸 비극입니다. 그러나 독서는 결국 정신의 자양
분을 풍부하게 제공해 학습에도 영향을 줄 뿐더러, 내놓고 이야
기하기는 싫지만 논술고사를 비롯한 입시에도 큰 도움이 됩니다.

TV 등 영상문화의 만연과 컴퓨터에 대한 집착도 독서를 멀어
지게 합니다. 컴퓨터는 지식을 만들어 내는 공장이 아닙니다. 책

속에 들어 있는 지식과 정보를 가공하여 쉽게 접할 수 있도록 한 것이 컴퓨터입니다. 그러므로 보다 원천적이고 깊은 지식을 접하고 사고력을 키우기 위해서는 책을 가까이 해야 합니다.

무조건 '고전(古典)'만을 청소년들에게 추천하는 독서 지도도 책을 멀리하게 만듭니다. 아무리 고기가 좋다 하여도 젖도 떼지 않은 아기에게 고기 덩어리를 먹일 수가 있겠습니까?

고전은 수천 년을 내려오며 인류에게서 검증받은 것이므로 좋은 책임에는 틀림없습니다. 그러나 고전은 어렵습니다. 또 지루합니다. 그러므로 고전으로 가기 위해서는 그 어렵고 지루함의 물결을 넘기 위한 '다리'가 필요합니다.

이 책은 바로 그 '다리'이고자 합니다. 고전 지상주의자들의 비판에도 불구하고 고전의 쉬운 해설서, 고전의 축약본들을 이 책에서 소개하고 있는 것이 그 이유입니다.

그리고 소개하고 있는 책들의 줄거리를 모두 정리하여 옮기지도 않았습니다. 그 책을 읽고 들었던 필자의 느낌을 간단하게 적었을 뿐입니다. 그것은 이 책의 발간 목적이 청소년에게 책 읽기를 권하는 것이지, 어떤 책의 내용이 어떻다고 소개하는 것이 아니기 때문입니다.

이 책에서 소개하고 있는 책들은 오늘의 시점에서 필자 나름으로 청소년에게 꼭 필요한 것이라고 생각하여 고른 것입니다. 앞으로 더 쉬운 해설서, 더 재미있는 축약본, 더 좋은 교양서들이 나오면 바꾸거나 보충할 수도 있습니다. 아무리 튼튼한 다리라도 계속 점검하고 수리해야 되는 법이니 말입니다.

청소년 눈높이로 선정한 100권의 책

청소년들에게 읽을 만한 책을 추천하는 것은 쉬운 일이 아니다. 어른의 눈높이로 어려운 책을 권하거니, 아니면 어른이 읽을 만한 책보다 쉬워야 한다거나 분량이 짧아야 한다는 강박관념에 빠지기 쉽다. 그 동안 청소년 단체 등에서 권장도서 목록을 제시해 왔지만 그런 유의 작업은 그다지 성공적이지 못했다. 청소년을 독서의 주체로 보지 않았기 때문이다.

『길을 찾는 책읽기』(김학민 지음, 아침이슬 펴냄) 는 그럼 고민을 해본 학부모에겐 물론, 청소년에게도 길잡이가 될만하다. 저자는 몇년 전 고등학생이던 두 딸에게 '민족의 교고서'라고 생각했던 『백범일지』를 읽도록 권했다가, 아이들이 서너쪽을 읽지 못하고 "너무 어렵다."고 하소연하는 것을 듣고 청소년에게 읽힐 만한 책을 정선할 필요를 느꼈다고 한다.

그후 지금까지 고전의 쉬운 해설서, 고전의 축약본을 중심으로 골라냈다. 저자는 『길을 찾는 책읽기』에 소개된 100권의 책은 어렵고 지루한 고전으로 가기 위한 '다리'라고 설명한다.

저자는 도서출판 한길사 편집장을 거쳐 현재 도서출판 학민사의 대표를 맡고 있다. 100권의 책은 20년 동안 책을 읽고 만들었으며, 그 자신이 책을 내기도 했던 출판인인 저자가 읽은 책 중에서 고른 것이다. 현재 대학생이 된 두 딸과의 대화가 책 선정의 출발점인 만큼 곳곳에 청소년의 눈높이에 맞추려는 배려가 깔려 있다.

청소년에게 책을 권장하는 방법은 책을 매개로 의사소통을 하는 것이다. 저자는 '다리'가 되어주는 방법으로 100권의 책에서 마음에 닿은 인용문을 뽑아 소개한 뒤 책 전체를 개괄하는 간략한 해설을 붙여 독서 욕구에 불을 지핀다.

이를테면 이누카이 미치코의 『성서 이야기』를 소개하는 글에서는 모세가 홍해 바다를 둘로 갈라 이스라엘 민족을 탈출시키는 기적을 소개한 뒤, 서양 문화의 두 가지 축, 즉 헤브라이즘을 이해하기 위해서는 성서를, 헬레니즘을 알려면 그리스 신화를 알아야 한다고 한다.

책은 '문화적 상상력 벼리기' '세계 시민으로 살기 위하여' '역사지식보다 역사의식' '어떻게 살 것인가' '무엇을 할 것인가' '십대의 힘, 눈부신 감수성' 등 크게 6편으로 나눠 편마다 15권 남짓의 책을 소개하며 2~3쪽씩 할애했다.

선정한 책은 고전과 신간을 망라한다. 『젊은 베르테르의 슬픔』 『데미안』같은 소설과 『진달래꽃』 『미라보 다리』같은 시집 등은 신간 중심의 요즘 청소년 추천도서에서는 거의 들어 있지 않다. 그런가하면 소유의 의미를 다시금 생각하게 해주는 인디언 추장들의 목소리를 담은 『나는 왜 너가 아니고 나인가』(류시화 지음, 김영사 펴냄)와 같이 2003년에 나온 책들도 있다. 청소년들에게 책을 선물하고 싶을 때 들춰보면 언제든지 골라낼 수 있는 지침서가 될만하다.

관련 분야를 전문적으로 공부하는 학자나 교수가 아니라면, 100권의 책은 성인들에게도 교양 또는 입문서로서 손색이 없을 것같다.

〈「대한매일」 2003. 12. 31 / 김종면 기자〉

청소년이 읽어야 할 100권의 책

'책은 마음의 양식'이란 말이 있다. 정보홍수의 시대에 '활자'에 의존했던 이 의미체계가 새삼스러울 것은 없지만 가슴 한 켠에 전해오는 울림은 여전하다. 특히나 아직 입력할 것이 많은 청소년들에게 다가가는 느낌은 더욱 그렇다.

한 때 '청소년 권장도서'란 말이 유행처럼 퍼졌었다. 이 무렵 선정된 대부분의 책들은 읽는 이, 즉 청소년이 주체가 아니라 책을 권유하는 성인들의 관점이 도입됐다. 따라서 고루함은 물론이고 청소년들이 아예 책을 펴 보지 않게끔 만들기도 했다. 책의 내용을 들여다보지 않고 책이 추구하는 이상 세계만을 일방적으로 떠밀었기 때문이다.

『길을 찾는 책 읽기』(김학빈 저/ 아침이슬 간)는 이와는 사뭇 다르다. 청소년이 우선적으로 읽길 원하는, '책 권하는 책'이지만 기존의 생색내기식 나열을 피했다. 한 권의 책에 담긴 내용을 충실히 파악해 그 책의 이상세계에 동화되게끔 만들었다.

"필자에게는 현재 대학생인 두 딸이 있습니다. 몇 년 전 두 아이가 고등학교에 다닐 무렵, 필자는 몇 번이고 읽으면서도 그때마다 새롭게 감동을 받은 김구 선생님의 『백범일지』를 아이들에게 권했습니다. ……그러나 서너 페이지도 나아가지 못하고 책을 놓더니 너무 어렵다고 하소연하는 것이었습니다."

저자가 '책 머리에'서 밝힌 것처럼 『길을 찾는 책 읽기』의 집필은 철저하게 개인적 반성에서 비롯됐다.

저자 스스로가 읽어본 뒤 느낌이 오고 생각의 갈피를 잡은 뒤 기록한 일종의 독서목록처럼 꾸며진 것도 이런 이유다. 책들이 얼마나 쉽고 편리한가를 내세워 읽기를 강요하는 것이 아니라 다만 책에 대한 갈피를 전한다.

'책만드는 사람 김학민이 먼저 읽고 청소년에게 권하는 100권의 책 이야기'란 부제가 붙은 이 책을 구성하고 있는 책들은 무척 다양하다. 역사서를 비롯해 이론서, 신화, 시·소설 등의 문학 등 어찌 보면 함께 있는 모습이 어색한 책들이 모여 있다. 하지만 저자 스스로가 읽어보고 나름의 목록을 구성했기 때문에 오히려 쉽게쉽게 읽혀진다.

제1장은 '문화적 상상력 버리기'로 『성서 이야기』『아Q정전』등이 위치해 있고 제2장은 '세계 시민으로 살기 위하여'로 세계의 역사와 문화를 담은 책을 엮었으며, 제3장 '역사지식보다 역사의식'으로는 단순한 정보를 넘어 역사에 대한 비판적 인식을 심어주는 책을 모았다.

삶의 가치와 존재론적 의미 등을 담은 제4장 '어떻게 살 것인가'에 이어 제5장 '무엇을 할 것인가'는 인생의 고뇌와 목표에 대해, 제6장 '십대의 힘, 눈부신 감수성'은 감성적 느낌이 풍부한 다양한 문학을 엮었다.

저자 김학민씨는 연세대학교 재학 시절 민청학련 사건으로 투옥된 이래 민주화 운동과 민중문화 운동에 적극 참여했으며, 민중문화운동협의회 실행위원, 경기문화재단 문예진흥실장 등을 거쳐 현재는 한국문화정책연구소 이사장을 맡고 있다. 또 도서출판 학민사 대표로 200여권의 교양서를 기획·편집한 바 있다.

〈「경기신문」 2004. 1. 16 / 박노훈 기자〉

맛에 끌리고 사람에 취하다

1999년이 되자 세계 각국은 1년 후면 맞이할 새천년 기념사업으로 들떠 있었다. 물론 우리나라도 예외가 아니어서 중앙정부로부터 작은 지방자치단체에 이르기까지 소위 밀레니엄 기념사업 및 행사를 기획하느라 분주했다.

　　그러나 환경을 파괴하고 물질문명의 양적 확대에만 치달아온 인간의 속성 탓인지 모두들 그 '무엇'을 '크게' '1년안'에 만들겠다는 계획이 대부분이었다. 그러지 않아도 비좁은 지구땅덩어리 위에 그저그런 인공 구조물을 세워 새천년을 맞이하겠다니 그 발상의 치졸함이 참으로 한심하다. 그때 서울시가 밀레니엄 사업으로 청계천 자연하천 돌리기 사업을 발표했더라면 세계적인 주목을 받았을 것이다.

　　그때 내가 근무하던 경기도에서도 밀레니엄 사업으로 21톤의 청동으로 2.1m 높이의 종을 만들었다. 나는 안양에 방치되어 있는 귀신이 나올 것같은 도립 가축위생사업소를 리모델링하여 문화시설로 바꾸는 것을 밀레니엄 사업으로 제안했으나 '공무원들의 높은 뜻'에는 미치지 못했다. 그 해 밀레니엄 기념물로 전국 지방자치단체에서 만들어진 종이 사십 몇 개라는 것은 나중에 한몫 톡톡히 본 종 제작사 관련자로부터 전해 들었다.

　　새천년을 어떻게 살까? 여러 가지 궁리 끝에 전부터 생각은 있었으나 시간과 기회를 얻지 못하여 시작하지 못했던 음식 칼럼을 써보기로 했다. 음식 칼럼은 곧 나의 밀레니엄 기념사업인 셈이었다. 걱정스레 시작했으나 많은 사람들의 격려를 받아 연재를 무사히 마치고 단행본으로 정리하여 펴냈으니, 『맛에 끌리고 사람에 취하다』가 그 책이다.

감옥에서 음식을 배웠다

「한겨레21」 필자 청문회에 '음식이야기'로 인기를 끌고 있는 김학민씨를 삼고초려해 모셨다. 한번은 위원들의 사정이 안 됐고, 또 한번은 김학민씨의 사정이 여의치 않았다. 어렵게 열린 청문회에서 김학민씨는 "음식이나 음식점 정보가 별로 없지 않나"라는 질문에 대해 "음식이야기의 기획의도가 그 음식에 깔린 사회·문화적 배경을 보여주는 것"이라고 설명했다. 1시간을 넘긴 대화는 맛있는 음식과도 같았다.

제정희 그 많은 음식을 언제 다 드셔보셨는지?

김학민(이하 김) 이십 몇년 동안 백수건달 비슷하게 지내면서 여기저기 사람들도 많이 만났죠. 음식을 먹는 실로만 보지 않고 대화의 매개체로 생각하게 됐어요. 그러다보니 음식에 관심도 갖게 됐고.

제정희 드실 때마다 그 음식을 분석하시나요?

김 그러면 머리가 아파서 되겠어요? 보통 시민들의 대화 주제가 우리나라는 정치나 회사일이지만 유럽은 음식입니다. 우리는 대개 술 얘기 하면 얼마나 많이 먹었느니, 폭탄주를 어떻게 먹었느니, 취해서 어쨌느니 하는 얘기를 하는데, 그러지 말고 술에 깔려 있는 사회·문화 얘기를 해야죠. 음식에 대한 품격있는

독자 청문회 광경

얘기들을 같이 풀어나가면 대화를 풍부하게 하지 않을까 생각합
니다.

제정희 음식 칼럼인데 음식점 얘기는 조금 나오고 음식에 관
련된 문화나 역사가 많이 나오는데, 관련 자료를 따로 모아 조사
하시는지?

김 대부분의 매체가 어느 집이 맛있고 그 음식의 영양가가 어
떻고 하는 글을 싣는데, 너무 천편일률적이라 새로운 각도로 접
근하는 게 좋다고 생각했어요. 저는 제가 소개하는 음식점이 제
일 맛있는 집이라고 강조하지는 않습니다. 맛이란 것이 워낙 주
관적이잖아요. 칼럼에 식당 정보도 필요하니까 음식이야기에 곁
들이는 수준이죠. 저는 30년 전부터 음식에 얽힌 역사·문화적인
이야기에 관심을 갖고 있었어요. 칼럼을 쓰다보니까 통설을 그냥
글에다 올릴 수 없어서 자료를 많이 뒤졌죠. 요즘은 독자들이 생
각하는 것보다 굉장히 공부를 많이 합니다. 하루종일 자료만 뒤
져본 적도 많아요. 인터넷 자료는 별 가치가 없고 옛날 문헌 등
을 많이 뒤져봅니다.

최일우 학생운동도 하고(67학번인 김학민씨는 민청학련 사건으로 구속되는 등 반독재투쟁 때문에 94년에야 졸업할 수 있었다) 출판사 경영도 하셨는데, 어떻게 음식 칼럼을 쓰게 되셨는지?

김 특별한 계기는 없고 음식을 문화인류학적으로 본 책들을 많이 읽었어요. 우리나라 음식들을 문화인류학적으로 분석하는 책이 있으면 좋겠습니다.

김옥자 사람이 먹어야 할 것과 먹지 말아야 할 것이 뭐라고 생각하는지, 그리고 채식에 대해서는 어떻게 생각하시는지?

김 인류가 식품으로 인정해온 것 중 개고기처럼 극단적 반응을 보이는 것이 많아요. 하지만 자기의 관습으로 다른 쪽의 관습을 평가하고 억누르는 모습은 문제가 있습니다. 채식도 마찬가지입니다. 저는 꼭 채식만 해야 한다고 생각하지 않습니다. 원시시대에 생명을 유지하기 위해서는 잡식을 해야 했죠. 그러나 육식을 부추기는 신화에는 반대합니다. 미국은 곡물과 육류 생산 사이의 경계라는 게 없어졌어요. 대부분의 곡물은 고기를 만들어내기 위해 사료로 쓰입니다. 그 곡물로 전 세계를 먹일 수 있는데도요. 미국의 메이저 곡물업체들, 햄버거 업체들은 끊임없이 고기의 신화를 만들어냅니다. 때문에 우리는 육식에 과도하게 집착하게 되죠.

제정희 저는 미식가라는 사람들이 굳이 시간과 노력을 들여 맛있는 걸 찾아서 먹어야 하는지 모르겠어요. 어느 책에서 '맛있는 걸 찾아먹는 건 인간의 탐욕일 뿐'이라는 대목을 읽은 것 같은데요.

김 저도 맛있는 집을 억지로 찾아다니는 편은 아니에요. 가까운 집들 중 기왕이면 맛있는 데로 가는 거죠. 맛있는 걸 찾는 것도 본능 아닐까 싶어요. 맛은 결국 단맛이 원초적인데, 단맛 때문에 전쟁도 있고 퇴폐도 있고 부정도 있었죠. 단맛이 인간의 본원적인 맛이면서 인간을 황폐하게 만들어왔어요.

제정희 음식점에서 소개해달라는 압력같은 건 안 들어오나요?

김 제가 소개한 음식점들을 보십쇼. 어디 로비가 들어올 집인가(웃음). 체인점이나 기업화된 음식점은 잘 소개 안합니다. 시골 궁벽한 곳의 집들이 많아서 「한겨레21」이 뭔지도 모르는 사람들이에요. 그리고 소개되길 원하지 않는 주인들도 많아요.

제정희 음식 선정기준은 뭔가요? 이번 주에 그걸 먹고 싶어서 쓰시는지?

김 음식보다는 그 음식에 얽힌 이야기가 정해져야 씁니다. 가급적 여름엔 여름 음식, 가을에 가을 음식 등으로 제철 음식을 해야 되는데, 가끔 이야기가 정리되지 않아서 싣지 못할 때도 있어요. 그냥 정리된 이야기를 하다보니 제철이 아닌 음식도 소개됐는데, 이해를 구하고 싶은 것은 음식 소개가 아니라 음식에 대한 이야기, 일종의 에세이로 봐달라는 겁니다. 그 음식점이 음식을 잘한다 못한다가 중요한 게 아니고.

조일억 선생님이 만약에 햄버거를 먹고 쓰신다면 어떤 글이 나올까 궁금해요.

김 맥도널드에 대해 한번 쓰고 싶어요. 왜 근대 들어 인간이 육식에 대해 탐욕을 갖게 되는지, 여기엔 맛의 추구도 있지만 자본의 조작도 있죠.

소리나 개인적으로 어떤 음식을 좋아하세요?

김 칼럼에 여러 번 나온 그 음식이 좋아요 (위원들 '아, 개고기'하며 웃음).

소리나 음식에 관한 책을 쓰실 계획도 있는지.

김 원고료가 적어서 품삯이 안 됐으니 칼럼 모아서 책을 내야죠 (웃음).

박희진 사실 소개되는 음식에 한계가 있어요. 저는 퓨전이나 분식 등을 좋아하는데요.

김 제가 모든 음식에 대해 아는 게 아니라 한계가 있어요. (글씨가 빼곡히 적힌 노트를 들어올리며) 여기에 300여 가지 음식들에 대한 단상이 정리돼 있기는 하지만. 한 500회쯤 쓰면 퓨전 같은 것도 다룰 수 있겠지만 현재로서는 그럴 계획이 없어요. 언제 라면은 한번 써볼 생각입니다.

김건우 잠깐 뵌 것만으로도 젊고 에너지가 넘치는 것 같습니다. 젊음의 비결은 어디 있는지?

김 어린 나이부터 공동체에 대한 고민을 하고 몸을 많이 던졌다고 생각해요. 그렇게 살다보니까 사실 철이 안 들었어요. 신동엽의 시를 보면 모든 철든 것들은 물러가라고 하잖아요? 철이 안 든 채로 스무살 때부터 삼십년이 지나가버린 거야. 그러다보니까 나이에 비해 젊은 모습이 보여지는 것 같고. 감옥에서, 우리나라에서 '구라' 라면 지지 않는 사람들과 같이 있었어요. 백기완·김지하·유홍준 선생도 같은 감방에 있었죠. 사식을 시키면 식당에서 따로 먹게 하니까 그 재미로 사식을 시켜서 천천히 먹어요. 먼저 김지하씨가 얘기를 풀면 백기완 선생이 '지하야, 나도 좀 얘기하자' 며 끼어들죠. 유홍준씨도 말을 무지 잘하니까 양쪽의 틈을 노려서 얘기를 하죠. 그게 과외 공부보다 더 좋았어요. 민족문제니, 음식 이야기도 거기서 많이 배웠지. 내 글 보고 많은 사람들이 유홍준의 '우리 문화유산 답사기'와 비슷하다고 하는데, 다음에 책 제목을 '김학민의 우리 음식유산 답사기'로 달아볼까 (웃음).

〈「한겨레21」 2003. 8. 7〉

나의 음식문화 답사기
—『맛에 끌리고 사람에 취하다』 머리말

    내가 음식 이야기를 써보고 싶다고 생각한 것은 1988년 서울올림픽이 열리기 직전이다. 당시는 프랑스의 여배우 브리지트 바르도 등 일부 서구인들이 한국인들의 개 식용문화를 트집잡아 서울올림픽 보이콧 운동을 벌이던 때인데, 나는 이들의 문화제국주의적 시각에 질려 버렸다.

    먹을거리는 문화다. 그리고 역사다. 인류의 보편적 정서와 질서를 흐트러뜨리지 않는 한 무엇을 어떻게 먹든 그것은 한 인간의 자유다. 또 어떠한 먹을거리를 어떻게 먹게 된 것은 그 민족(또는 개인) 고유의 살아온 환경과 문화 역사의 소산이다.

    그러므로 어느 민족, 어느 개인이 자기 식의 먹을거리 관습을 다른 민족, 다른 개인에게 일방적으로 강요하거나 자기만의 잣대를 들이대 비판할 일이 아니다. 그렇기 때문에 나는 거위의 입을 벌려 강제로 깔대기를 꽂고 사료를 막대기로 밀어넣음으로써 과식으로 부은 거위 간을 최고급 요리로 치는, '숲속의 뱀장어'라는 이름으로 은밀하게 뱀고기 요리를 즐긴, 파리 코뮌 당시 식량이 떨어져 개를 잡아먹은 바르도씨의 선조들과 그녀의 프랑스 동포들의 눈에서 '들보'를 찾아내고 싶은 생각이 조금도 없다.

    서구인들의 애완견 문화와 우리의 가축으로서의 개사육 문화는 그 출발점이 전혀 다르다. 서양은 사회경제적으로 목축 낙농이 발달해 왔다. 그들 사회에서 개는 가축을 지키고 약간은 역축으로서의 역할도 한다. 곧 서양에서의 개는 인간의 경제활동에 보조 역할을 해온 조력자이다. 또 서양에서는 목축을 통해 개고기보다 더 좋은 육류 단백질을 생산해 왔으므로 개는 처음부터 식용의 대상이 아니었다.

그러나 한국은 유목사회가 아니고 곡물 생산을 위주로 하는 농경사회이다. 이 사회에서 가장 중요한 것은 소다. 밭 갈고 논 갈고, 농작물을 운반하는 데 힘없는 개가 끼어들 여지는 없다. 또 개는 쥐, 바퀴벌레와 함께 잡식동물로 먹이를 놓고 인간과 경쟁관계를 형성한다. 풍년으로 오곡이 남아돌 때는 인간이 먹고 남은 찌끼로도 충분하지만, 연속된 흉년으로 온 세상이 기아에 허덕일 때 생산활동에 아무 역할도 못하고 식량만 축내는 개를 어찌할 것인가?

또 주거방식을 보더라도 서양은 입식으로 밖에서 그대로 신을 신고 거실, 식당, 심지어 침실까지 들어갈 수 있으니, 개 또한 집안에 들어와 살아도 조금도 어색할 것이 없다. 그러나 우리는 어떤가? 밖에서 돌아오면 신을 벗고 온돌방에 올라와 여러 식구들이 올망졸망 모여앉아 밥먹고 이야기하고 이불 펴고 자는데, 여기에 우리의 재래종 개가 끼어들어 애완용으로 될 수 있겠는가.

어떤 사람들은 내가 애견가들을 이해하지 못하고 보신탕 문화만을 일방적으로 옹호하는 것으로 비난하지만, 그것은 내 글의 한 면만을 보고 말하는 것이다. 나는 지금의 시각에서 개 식용문화를 왈가왈부하기에 앞서 그렇게 될 수밖에 없었던 그 민족 특유의 사회문화적 배경을 설명하고 있을 뿐이다.

흔히 "먹고살자고 하는 일인데…"라는 말을 자주 한다. '의식주'라고 하여 인간의 원초적 문제들을 서열화하였지만, 그건 어느 정도 문명화된 시기의 이야기이고, 먹을거리를 먹어서 생명을 보존하고 짝을 맺어 후손을 퍼뜨리는 일이 인간의 가장 근원적 본능일 것이다. 그리고 이 근원적 본능은 문명화된 사회에서는 어느 정도 조절되어 질서와 규범 속에서 평화롭게 융화, 발전돼가는 것 같지만, 자세히 살펴보면 그렇지도 않다.

아침마다 신문 사회면을 펴보라. 숱하게 등장하는 범죄기사들의 행간을 뜯어보면 그 이면에는 결국 먹는 문제가 개재되어 있고, 국가간 전쟁, 민족간 분쟁도 영토나 자원의 문제가 대부분을 차지하니, 그 끝을 파보면 결국 먹는 문제가 아닌가?

요즘 우리 사회는 생산력의 발전으로 먹는 문제에 그리 고민하지 않는다. 그러나 서울 강남의 백화점에서는 몇백만원짜리 굴비 선물 세트가 불티나게 팔리는가 하면, 서민층 주부들은 재래식 시장에서 콩나물 1천원어치를 놓고 좌판 할머니와 실랑이를 벌인다.

산기슭 빈민동네에서는 녹슨 수도관에서 나오는 수돗물조차 졸졸대어 갈증을 못 푸는가 하면, 강남 고급 아파트촌에서는 페트병 하나에 1만 5천원짜리 일제 해저 심층수를 마시지 못하면 팔불출이란다.

변두리 인생들은 대폿집에서 막걸리를 한 사발 들이킨 뒤 '컥'하고 기분좋게 트림하고 나오는가 하면, 흥청망청 인간들은 청담동 고급 카페에서 프랑스 포도주업자들의 영악스런 상술에 속아 넘어가 2003년산 보졸레 누보를 홀짝이며 잘난 척한다.

곧 계층간에 먹을거리의 양적 분배를 둘러싼 갈등은 줄어들었으되, 먹을거리의 질과 특정 먹을거리의 독점을 둘러싸고는 계층이 분화되고 있는 것이다.

먹을거리는 나눔이다. 우리 민족은 예부터 사람은 물론 개를 옆에 두고도 혼자 먹지 않았는데, 이는 문명국가, 문화인이라면 너무나 당연한 일이다. 오늘날 굶주리는 북한 동포들을 위해 식량을 지원하는 것도 같은 소이인데, 반공 이데올로기, 정쟁적 관점으로 이를 문제삼고 비난하는 일부 인사들의 행태가 한심하다.

역지사지해 보라. 이유야 어찌됐든 우리가 굶어죽고 있는데, 북한 사람들이 흥청망청 먹고 마신다면, 그리고 이역만리 떨어진 세계인들조차 인도적 관점에서 북한에 식량 원조를 하는데, 휴전선 넘어 지척의 우리만 눈가리고 있다면, 과연 마음이 편할까?

우리의 식탁문화에 대해서도 생각해 볼 것이 있다. 옛날에는 식사시간에 되도록 말을 하지 않고 조용히 식사를 빨리 끝내는 것이 예절이었으나 지금은 그렇지 않다. 가정에서야 각기 다른 분위기와 관심사를 갖고 식사시간을 보내겠지만, 손님을 초대한 자리나 여러 사람이 어울리는 회식은 다양한 화제를 나누는 즐거운 자리여야 한다.

서구인들의 경우 대개 음식이나 술 이야기, 축구와 같은 스포츠, 여행, 그리고 조금 고상하다면 음악·문학·그림 등 예술 이야기로 서너 시간을 채운다. 그러나 우리는 흔히 직장의 일 이야기, 정치 이야기 등으로 침을 튀기다가 어떤 때는 심한 논쟁 끝에 즐거워야 할 자리가 끝내 썰렁하게 변하기도 한다.

나는 이 때문에 이 책에서 오밀조밀 음식 조리하는 방법이나 어설픈 영양학 강의, 또는 특정 식당에 대한 '정실성' 선전보다는 먹을거리를 낳게 한 사회문화적 배경, 그리고 음식과 식당에 얽힌 재미있는 이야기들을 소개함으로써 식탁의 화제를 풍성하게 해보려 하였다.

그리고 나는 잊혀지고 묻혀진 우리 문화유산들을 발굴해 재미있고 해박하게 소개함으로써 전통 문화유산을 대하는 우리들의 눈을 한 단계 업그레이드시킨 유홍준 교수의 "아는 만큼 보인다"는 말처럼, 먹을거리 또한 "아는 만큼 맛있다"고 믿는다.

나는 식품영양학이나 조리학을 전공하지 않았다. 또 문화인류학에 대해서도 깊이 알지 못한다. 다만 훌륭한 선배, 좋은 친구들과 30여년간 풍류자적 어울리다보니 음식문화에 대해서도 조금 얻어듣게 되었고, 여기에 곁들여진 우리나라 식품요리문화사의 태두 고 이성우 선생의 연구성과들, 그리고 마빈 해리스의 문화인류학 저작들, 세계 각지의 신화·풍속을 분석한 프레이저의 『황금의 가지』 등의 저작에서 짧은 지식을 차용할 수 있었다.

그러므로 이 책에 실린 내용들에는 많은 오류도 있으리라 믿는다. 또 사계의 권위자들이 보기에는 무적이나 어설프고 단면적인 논리 전개일 수도 있을 것이다. 다만 그러한 부족함 속에서도 이 글들이 음식을 주제로 한 칼럼을 보다 '이야기있게' 열어가기 위한 나의 작은 열정임을 이해해 주시기 바란다.

"박정희같이 생긴 놈이 잘도 처먹네"

"나는 거위의 입을 벌려 강제로 깔대기를 꽂고 사료를 막대기로 밀어 넣어 과식으로 부은 거위 간을 최고급 요리로 치는, '숲 속의 뱀장어'라는 이름으로 은밀하게 뱀고기 요리를 즐긴, 파리 코뮌 당시 식량이 떨어져 개를 잡아먹은 바르도씨의 선조들과 그녀의 프랑스 동포들의 눈에서 '들보'를 찾아내고 싶은 생각이 조금도 없다."

김학민. 그는 1974년 4월, 박정희 군사독재정권의 중앙정보부 공작에 의해 이른바 민중봉기에 의한 공산정권 수립을 기도했다는 '민청학련 사건'으로 투옥되었다가 7·80년대 우리 사회의 민주화 운동에 앞장섰던 민주화 운동가가 아니었던가.

그런데 지금 그의 이름 앞에는 어떤 수식어를 붙여야 만 좋을까. 출판인? 음식 칼럼니스트? 아니, 어쩌면 그의 이름 앞에는 그러한 수식어가 필요치 않은 지도 모른다. 그저 '김학민'하고 부르면 '아하, 그 사람' 하면 그만이 아니겠는가.

밥이 하늘입니다. 하늘을 혼자 못 가지듯이
밥은 서로 나눠 먹는 것
밥이 하늘입니다. 하늘의 별을 함께 보듯이
밥은 여럿이 갈라 먹는 것
밥이 하늘입니다. 밥이 입으로 들어갈 때에

하늘을 몸속에 모시는 것

밥이 하늘입니다. 아아 밥은 모두 서로 나눠 먹는 것

1975년 3월, 한국 민주화 운동의 상징이었던 시인 김지하는 민청학련 사건에서 인혁당 관련자들이 겪은 혹독한 고문 사례를 폭로한 '죄'로 중앙정보부에 다시 구속된다.

중앙정보부는 김지하를 영원히 제거할 목적으로 '가톨릭에 침투한 공산주의자'로 꾸며내는 한편, 김지하의 마지막 진술서를 '나는 공산주의자다'란 제목으로 5개 국어로 번역하여 전 세계에 배포함으로써 국제적으로도 완전 매장하려 획책한다.

(- '밥이 하늘이다' 몇 토막)

김학민이 전국의 맛집 70여 곳을 소개한 음식 이야기 『맛에 끌리고 사람에 취하다』(은행나무)를 펴냈다. 하지만 이 책은 여러 가지 음식과 관련된 재미난 이야기와 그 음식을 잘 만드는 맛집 소개에만 그치는 것이 아니다. 그 음식과 관련된 유명인사들의 개인적 사연과 여러가지 얘깃거리가 더 많은 비중을 차지한다.

다시 말하자면 그 음식 혹은 그 음식점과 관련된 여러 가지 잊지 못할 추억들과 에피소드 등을 마치 전주 비빔밥처럼 맛깔스럽게 비벼 놓았다는 것이다. 그 얘깃거리들은 '밥이 하늘이다'처럼 암울했던 군사독재 시절에 있었던 웃지 못할 그런 이야기들도 있고, 때로는 역사를 거슬러 올라가 그 음식을 낳게 한 사회문화적 배경을 담아내기도 한다.

『한겨레21』에 '김학민의 음식 이야기'로 연재되었던 이 글은 밥, 가루음식, 해물, 찌개·국·탕, 육고기, 외국 음식 등 음식의 종류에 따라 모두 6부로 나뉘어져 있다. 제1부 '밥은 나눠 먹는 것', 제2부 '가루음식의 엇갈린 운명', 제3부 '바다에 취하다',

제4부 '국물 있사옵니다', 제5부 '너무 좋아하진 말아', 제6부 '그들 것도 맛있다'가 그것.

우리는 산에서 내려온 다음 대개 수원 장안문 부근에 있는 한 허름한 막걸리 집으로 가는데, 이 집의 막걸리 맛이 끝내 준다. … 안주 차림도 여러 가지가 있지만, 한번 들르걸랑 복잡하지 않게 주인 아주머니에게 그냥 불쑥 말하라. 그리하면 마이더스의 솜씨가 술꾼, 당신을 행복하게 하리라.

"아주머니, 막걸리 한 되하고, 있는 거 중에서 아무거나 해주세요!"

(-'광교산에서 부르는 막걸리 찬가' 몇 토막)

이 글은 등산을 좋아하는 글쓴이가 수원 용인 부근에 사는 시인 홍일선, 용환신 등 문화예술인들로 구성된 '우공이산산악회' 회원들과 함께 광교산에 등산을 갔다가 산을 내려오면서 반드시 들른다는 '24시 해장국' 집의 맛깔스런 안주와 꿀맛같은 막걸리에 대한 예찬이다.

등산을 할 때 아무리 목이 말라도 물을 마시지 못하게 하여 그렇지 않아도 맛이 있는 그 막걸리를 더없는 꿀맛으로 변하게 했다는 이야기다. 그래. 언뜻 들으면 아주 평범한 이야기인 것 같지만 하찮게 보이는 이 이야기 속에도 뼈가 들어 있다. 무언가를 간절히 원할 때 그 무언가가 더욱 빛이 나지 않겠는가. 비록 막걸리 한 사발이지만.

박정희 대통령이 한창 위세를 부리던 70년대 어느 날 전주에서 하루를 묵었다고 한다. 이튿날 새벽 지난밤의 술로 헝클어진 속을 풀려고 경호원을 시켜 전주에서 유명하다는 콩나물 해장국집에 전화를 걸어 해장국을 배달해 달랬다 한다.

그러나 배달 대신 "술 처먹었으면 직접 와서 뜨끈뜨끈한 해장국을 먹어야지, 어떤 시러배놈이 배달해 달라는 거야!"하고 욕만 한 사발 먹어버렸다. 그래서 할 수 없이 박정희가 직접 와서 해장국을 시켜 훌훌 맛있게 먹는데, 그것을 보고는 욕쟁이 할머니 왈 "박정희 같이 생긴 놈이 잘도 처먹는다. 이젠 속 풀렸지?"라고 했다나.

(-'박정희 같은 놈이 잘도 처먹네' 몇 토막)

물론 '믿거나 말거나'라는 전제가 달려 있긴 하지만, 박정희가 욕 한 사발과 함께 먹었다는 전주 해장국 이야기를 읽으면 절로 웃음이 새어 나온다. 그래. 박정희를 앞에 앉혀두고 '박정희같이 생긴 놈'이라고 했으니, 그 당시 민초들이 박정희를 어떻게 인식하고 있었는가 하는 것을 슬그머니 엿보게 해준다.

이 외에도 비빔밥, 쌈밥, 빈대떡, 칡냉면, 막국수, 조개구이, 홍어, 청국장, 장국밥, 삼겹살, 족발, 개고기 등 우리 전통 먹을거리에 대한 이야기들이 잘 차려진 식탁처럼 풍성하다. 또한 보드카와 맥주, 와인, 스파게티, 중국 요리 등 외국 믹기리까지 맛깔스런 입담으로 술술 풀어낸다.

김학민의 음식 이야기 『맛에 취하고 사람에 취하다』는 식도락가가 여유를 부리며 맛을 따라 전국 곳곳을 누빈 그런 음식 기행문이 아니다. 그저 그가 굴곡 많은 현대사를 살아내면서 이게 다 "먹고살자고 하는 일인데…"라며 하늘같은 음식을 지인들과 함께 나눠먹으면서 뼈속 깊숙이 느끼는 삶의 진정한 참 맛이다.

〈「오마이뉴스」 2004. 1. 23 / 이종찬 기자〉

정으로 버무린 '음식 야화'

    웬만한 정기 간행물은 물론이고 텔레비전이나 인터넷에서도 이제 음식 이야기는 필수 메뉴가 되어버린 듯하다. '정력에 좋고 미용에 좋은' 먹거리 소식과, 맛집을 찾아 경향 각지를 누비는 식도락 기행이 온-오프를 막론하고 넘쳐난다. 그러나 과유불급.

    지면(혹은 화면)에 차려진 식단들이 워낙 다양하고 풍성하다 보니, 그 부박한 유행과 식탐에 벌써부터 물릴 지경이다. 언론인 홍승면, 소설가 홍성유 등이 독과점했던 1970~80년대의 '초창기' 음식 칼럼에서 보는 것같은 곰삭은 인정과 질박한 풍류를 요즘 글들에서는 통 맛보기가 어렵다는 것이다.

    김학민의 음식 이야기 『맛에 끌리고 사람에 취하다』(은행나무 펴냄)는 곡절 많은 삶 속의 먹거리 체험과, 그 속에 깃든 푸근한 인정의 기미를 맛깔나게 버무려 차려낸 한 상 같은 책이다. 상차림은 결코 그들먹하지도 세련되지도 않다. 누구나 일상으로 먹는 짜장면, 설렁탕, 청국장, 해장국, 막창구이, 돼지껍데기, 빈대떡, 칼국수, 족발, 갈치조림 등을, 마치 동해안 어부들이 포구에서 갓 잡은 자연산 잡어를 채썰어 초장에 비벼 먹던 한국식 막회(일본식 사시미가 아니다!)처럼 수수하게 차려낸다.

    상 위에 오르는 음식은 이 책의 주인공이면서 '바람잡이'가 되기도 한다. 복국 이야기를 하면서 국과 탕이 어떻게 다른지 옛 문헌들을 동원해 일일이 전고를 밝히는가 하면, 홍어찜에 막걸리를 마시면서는 "황도 통조림에 막걸리!"를 외치던 소설가 고 이정환의 엽기적 '안주발'을 추억하는 식으로 이야기가 이야기를 낳는다.

'이쯤 되면 막 가자는 거냐'라는 말로 유명했던 노무현 대통령과 검사들의 토론을 막판까지 본 날에는, 빈터에 얼기설기 판자로 막 지은 술집에서 막창구이를 안주로 소주를 들이켜며 막 가는 세상을 성토하다가 마을버스 막차를 타고 귀가했다며 눙을 치기도 한다.

그 중에서도 압권은 다섯 편이나 들어 있는 보신탕 이야기. 유인태 현 청와대 정무수석이 민청학련 사건으로 중앙정보부에 끌려가 취조받던 도중 보신탕을 못 얻어먹어 한이 맺혔다든가, 6월 항쟁 당시 '운동자금'을 마련하기 위해 민주화 인사들이 보신탕집을 운영했다 '야사'는 아마도 이 책이 아니고서는 접하지 못할 것이다.

〈「시사저널」2004. 2. 4 / 강철주 편집위원〉

맛집에 얽힌 맛깔난 사연들

　매사에 나서서 아는 척하는 사람에게 흔히 '아는 게 많아 먹고 싶은 것도 많겠다'라고 핀잔을 준다. 사실 아는 것이 많으면 하고 싶은 말이 많다.

　이 책은 전국 곳곳의 '맛 집' 60여 곳을 소개한다. 그러나 식당 품평이기보다는 각 음식의 유래와 음식과 관련된 유명인사들의 개인적 사연까지 이것저것 얘깃거리들이 맛나게 버무린 책이다.

　70년대 민청학련 사건 연루자인 유인태 대통령정무수석비서관. 당시 중앙정보부에서 조사를 받던 중 개고기를 먹을 줄 몰라 보신탕 배달해 먹는 수사관들을 지켜보기만 했던 것이 한이 된 그는 이후 보신탕 마니아가 됐다.

　인터넷 다음카페에는 자장면 위에 계란을 얹어주던 '전통'을 회복하자며 활동하는 '자장면계란회복 전국민운동본부'가 있다.

　이 책에 소개된 식당의 음식이 모든 이의 입맛에 맞을 리 없다. 하지만 저자의 '글맛' 만큼은 보편성을 획득할 만큼 정감 넘치고 맛깔난다.

〈「동아일보」 2004. 1. 17 / 주성원 기자〉

나는 단면평가 음식점이 더 좋다!

'30년 술꾼'을 자처하는 김학민씨가 안주의 뒤안길에 숨은 이야기들을 붓 가는 대로 풀어냈다. 각종 고문헌을 인용해 먹거리의 인문사회학적 배경을 살피면서 자신의 신변잡기적 잡사들을 편안하게 털어놓았다.

고문헌을 통해 상추쌈 싸먹는 여러 가지 방법을 소개하고, 상다리가 휘어지게 차려내는 호남 한정식에서 봉건시대 양반의 민중 수탈을 읽어내고, 대전 묵마을에선 '묵사발이 되도록 얻어맞았던' 민청학련 시절을 회고한다. '아는 만큼 맛있다'며 그가 인도하는 먹을거리의 뒤안길에는 시대와 역사가 함께 묻혀 있다.

책에 실린 70여가지의 음식과 맛집은 소박하다.

밥부터 콩, 밀, 냉면, 조기, 곱창, 삼겹살까지 일산의 밥상에 닿아있는 먹을거리들이다. '다면평가' 대신 '단면평가'를 단행했다는 필자는 교통, 인테리어, 주차, 청결도 등을 무시하고 오직 맛과 인심만으로 맛집을 골랐다.

그래서 겨자도 식초도 없이 무김치와 가위 하나만 밥상에 오르는 냉면집, 간판이라곤 가스통에 페인트로 쓴 것이 전부인 막국수집 등이 심심찮게 소개된다. 『한겨레21』에 '김학민의 음식 이야기'라는 이름으로 연재했던 글들을 묶어 펴냈다.

〈「경향신문」 2004. 1. 15 / 최명애 기자〉

살맛나는 세상 꿈꾸는 푸드 칼럼니스트

'맛'이다. 누가 뭐라 해도 '맛'이 화두가 됐다. 배불리 먹는 것이 미덕이었던 시대는 갔고 맛과 음식의 질이 문화의 중심에 섰다. 당연히 맛에 대한 평론들이 언론과 TV 프로그램에서 '빠지면 아쉬운' 단골손님이 됐다.

하지만 단순한 맛집·음식 소개가 대부분인 한국의 음식 평론계. 문화인류학적 배경을 바탕으로 묵직한 맛의 평론을 시도하는 이야기꾼이 있다. 그가 바로 출판인이자 최근 『맛에 끌리고 사람에 취하다』를 편 음식평론가 김학민씨다. 『맛에 끌리고—』는 모 주간지에 수년간 연재했던 음식 칼럼을 모은 것으로 음식과 그 이면에 깔린 문화의 뒤안길로 우리를 인도하는 책이다.

강남의 한 음식점에서 만난 지 20여분만에 드디어 그의 말문이 트였다. 김학민씨 앞에 하나 둘씩 음식이 놓였기 때문이다. 웬만한 질문에 불과 몇 마디의 조합만으로 화답하던 그가 음식을 앞에 놓고는 갑자기 이야기꾼으로 변모한 것.

그는 빈대떡 한 접을 맛보며 곡식과 육류가 어우러져 조화를 이룬 한국 음식의 미덕을 뽑아냈고, 소주 한잔을 들이키며 증류주에서 화학주로 전락한 우리 전통주의 슬픈 역사를 노래했다. 해박한 인문학 지식을 느긋하게 병풍 삼아 깔고 동서양의 어떤 음식이든 문화와 역사라는 양념을 쳐가며 다양하게 버무려 나갔다.

'70년대 백과 홍성유 선생으로부터 한국의 음식 평론은 시작됐어. 하지만 8·90년대를 거치면서 전문적 지식이 없는 이들이 글을 쓰기 시작했고, 평론이 상업화의 길로 접어들었지. 객관성과 무게를 잃은 거야."

그의 글쓰기는 그런 한국 음식평론에 대한 반성과 새로운 모색의 결과였다.

"음식은 거울이야. 그 사회의 문화와 역사를 맛으로 보여주는 거울. 난 음식에 투영된 문화사적 이야기들을 끌어냈지. 아는 만큼 맛있는 법이야!"

그래서 그가 차려놓은 상차림에서는 우리가 즐겨먹는 라면이 식사시간의 단축과 노동의 집약을 요구했던 6·70년대 산업화가 낳은 산물이 된다. 그리고 수십 가지 산해진미를 가득 올리는 호남지방의 상차림은 봉건시대 민중 수탈의 슬픈 역사가 되기도 한다.

맛(味)과 지(知)의 탐구를 함께 추구한 음식 평론가 김학민씨. 그가 즐겨먹는 음식은?

"햄버거같은 패스트푸드를 빼고는 모든 먹거리를 다 좋아해. 우리 전통 음식뿐만 아니라 스파게티와 와인 등 서구의 전통 음식도 즐겨 먹지. 특별히 싫어하는 음식 없이."

가리지 않는 넓은 미각 역시 음식 평론의 너른 지평을 낳게 한 것이다.

욕심도 대단하다. 그는 앞으로 더 풍부한 문화·역사적 지식으로 자신의 부족함을 보완하며 유익한 글을 쓰겠단다. 음식평론가라는 호칭에 손사래를 치기도 한다.

"난 음식평론가 아냐. 그냥 음식 이야기를 글로 옮기는 맛 칼럼니스트 정도? 평론을 하려면 조리법과 영양학, 그리고 요리의 역사 등에 대해 꿰고 있어야 하는데 솔직히 난 그런 거 잘 몰라. 음식과 사람을 좋아하다 보니 어쩌다 맛에 대한 글을 썼을 뿐이야."

그는 우리 주변에 널려 있는 단맛, 쓴맛 등의 다양한 맛 중에서 가장 좋은 맛이 바로 '살맛'이라고 한다.

"내가 왜 맛에 대해 쓰는 줄 알아? 맛있는 음식을 모두 평등하고 즐겁게 먹을 수 있는 세상을 만들고 싶어서 그런 거야. 그게 살맛 나는 세상이지!"

인터뷰의 끝자락, 김학민씨는 음식과 술 그리고 함께 한 취재기자에 취해 있었다. 그는 그렇게 순수하게 맛에 끌리고 사람에 취하는 사람이다. 그의 책 제목처럼.

〈「세븐데이즈」 2004. 2. 10 / 전범준 기자〉

"음주는 있되 문화가 없다"

12월과 술은 친숙하다. 성탄절도 있고, 망년회도 있다. '술 조심' 기사도 연례행사처럼 등장한다. 어떤 사람을 1년에 한 번 만난다면, 그때가 바로 요즘이 아닐까. 대개는 살아 온 나이에 비례해서 참석 모임 숫자가 정해진다. 수능을 마쳤거나, 사회 진출을 앞두고 있는 학생들도 바쁘기는 마찬가지다.

최근 청소년을 대상으로 올바른 음주 문화를 전파하는 사람이 있다. 얼마 전까지 「한겨레21」에 '음식 이야기'를 연재했던 김학민 대표(55세, 학민사). 그는 고등학교를 다니면서 예비 사회인들에게 '주도'를 가르치고, 술도 직접 따라 준다. 지난 3일 용인 신갈고등학교에서는 폭탄주 실습을 통해 잘못된 음주 문화의 해악을 생생하게 보여주기도 했다.

'술 제대로 알고 제대로 마시자'는 취지에서 벌이는 활동이다. '사람을 만나서 술을 먹는 것인지, 술을 먹기 위해 사람을 만나는 것인지' 더욱 헷갈리는 요즘. 성인들에게도 녹록한 주제는 아니다. 17일 학민사 사무실에서 김 대표를 만나 음주문화의 현주소를 짚어봤다.

먼저 소주는 서민의 벗인가. 설명을 듣고 나니 꼭 그렇지만은 않은 것 같았다. 그는 "일제가 미곡을 수탈하는 과정에서 전통주가 많이 없어졌고, 해방 후에도 정부가 '주세'를 주요 세원으로 주목하면서 소주가 각광받았다. 결국 이 과정에서 우리 문화의 상당 부분이 없어졌다"고 주장했다.

전통주를 살리려는 노력 대신 '세금'을 선택한 정부의 근시안적인 정책이 '소주 신화'를 부채질했다는 분석이다. 김 대표는 소주를 "알코올에다 물을 섞은 양주의 저급한 형태, 정확히 보면 술이 아닌 이상한 음료"라고 잘라 말하고 "결과적으로는 국가가 국민의 음주 취향을 획일화시키는 결과로 몰고 갔다"며 안타까워했다.

'술을 어떻게 바라보는가'와 '전통주의 상실'은 밀접한 관련이 있었다. 김 대표는 "전통주의 상실은 술을 음식으로 여기던 전통이 무너진 것"이라며 "술(음식)을 먹고 취할 수는 있더라도 중독은 될 수 없지 않겠나. 우리나라 역사에서 알코올 중독자가 있었다는 기록을 찾기 어려운 이유도 여기에 있다"고 말했다.

김 대표는 현재 음주 문화를 "음주는 있되 문화는 없다"고 정의했다. 그는 "술을 식사로 보면 당연히 예절이 따른다. 분명히 존재했던 우리나라 음주문화가 일제와 해방을 거치면서 뒤죽박죽됐다"며 "술을 많이 먹느냐, 적게 먹느냐는 비본질적인 것"이라고 말했다.

김 대표는 폭탄주로 대표되는 '죽기 아니면 살기'식 음주 행태는 "음주 문화를 왜곡시키는데 큰 역할을 한 군사문화에서 비롯된 바가 크다"고 지적했다. 그는 '원샷', '사발술', '신발에 담긴 술 먹기' 등은 "일종의 폭력으로 해석할 수 있다"며, "이는 채식주의자의 입을 벌려 억지로 고기를 먹이는 행위와 크게 다르지 않다"고 덧붙였다.

또한 '대한민국이 고급 양주의 최대 소비처'라는 지점에 이르러서는 상당한 우려를 나타냈다. 그는 "비싼 술에 대한 천박한 인식은 하루 빨리 없어져야 한다"며 "와인을 술로 먹는 나라는 우리나라뿐일 것이다. (외국인이) 상 위에 김치 보시기만 놓고

먹는 행위와 무엇이 다르겠냐"고 반
문했다.

'바람직한 음주문화 형태'를 묻는
질문에는 "술은 개인과 개인간의 또
는 집단내 개인들끼리의 소통 매개체
일 뿐"이라며 "술에 대한 선택권이
굉장히 넓어지도록 전통주를 개발한
다면, 각각에 맞는 음주 문화가 정착
될 수 있을 것"이라고 답했다.

이어 김 대표는 "국제적인 기준을
적용해 술 판매나 술집 영업에 있어서도 적절한 규제가 필요하
다"면서 "고등학교 졸업 직전에 술 교육이나 카드 사용법 등의
간단한 생활 경제 교육을 포함하는 사회화 교육이 국가 차원에서
이뤄져야 한다. 최근 청소년 음주 교육 역시 음주문화 개선을 위
한 노력의 일환"이라고 밝혔다. 다음은 인터뷰 전문이다.

- **어떤 생각에서 '음주 교육'을 시작했나?**

"많은 학생들이 비공식적으로 또래끼리 술을 즐기는 것이
현실이다. 그러다 수능시험이 끝나면 공개적으로 술집을 찾는
다. 사회 진출을 앞둔 청소년들도 마찬가지다. 이왕 그렇다면
'술을 알고 먹으면 좋지 않을까' 하는 생각에서 시작했다. '술
제대로 알고 제대로 마시자'는 취지다."

- **반응은 어떤가?**

"엄청나게 좋다. 가정, 학교, 언론 등에서는 '먹지 말라',
'조금씩 마셔라', '건강에 어떻다'는 식으로 훈계만 하지 않
나. 그런데 '먹어도 된다', '먹는데 잘 먹어라'는 식으로 접

근해주니까 반발감이 생기지 않는 것 같다. 그 동안 우리 사회에서 그들에게 정보를 주거나 가르쳐주지 않았다. 옛날 대가족제도하에서는 청소년기에 세 번의 교육이 있었다. 아버지가 반주를 할 때 얻어먹으면서, 일족이 모이는 제사 등에서 음복을 하면서 술을 배웠다. 향음주례(鄕飮酒禮)와 같은 일종의 사회교육도 공식적으로 존재했다. 마을에서 학식과 덕망 높은 어른을 공공장소에 모셔서 함께 술을 나누며 자연스럽게 가르쳤다."

- **그와 같은 교육이 잘 이루어지지 않는 이유는?**

"세계적으로 술 문화는 두 가지다. 완전히 술을 기호품으로 바라보는 나라. 그 사람들은 술만 먹는다. 안주가 없다. 술이 음식과 완전히 별개다. 마약이나 담배와 똑같이 본다. 따라서 알코올 중독자도 많다. 반면 동양 맥주나 와인 문화권에서는 술을 철저하게 음식으로 간주한다. 그래서 우리나라에서 예전에 술을 가져오라고 하지 않은 것이다. 주안상을 보라고 했지. 음주 절차도 복잡하다. 양주야 따라서 툭 마시면 되지 않나. 음식의 하나니까 양적으로 많이 먹을 수도 없다. 과음이나 폭음이 있을 수 없다. 예전이나 지금이나 술 좋아하는 사람이야 있겠지만, 역사기록을 살펴봐도 우리나라에 알코올 중독자가 있었다는 기록을 찾기 어려운 것도 그래서다. 그런데 술을 음식으로 여기던 전통이 무너졌다. 지금 얼마나 형편없는 짓을 하고 있나. 아마 와인을 술로 먹는 나라는 우리나라 밖에 없을 것이다. 그러면서 자기가 굉장히 수준 높은 척 하는데, 프랑스 사람들이 보면 완전히 웃기는 짓이다. 상 위에 김치 보시기만 놓고 먹는 것과 무엇이 다른가?"

- 술을 음식으로 여기던 전통은 어떻게 무너졌나?

  "일제가 미곡을 수탈하는 과정에서 가양주(집에서 빚어 먹
  는 술)를 금지했고, 이 과정에서 전통주가 많이 사라졌다. 해
  방 후에도 사정은 달라지지 않았다. 정부는 '주세'에 주목했
  다. 세원이 많지 않은 상태에서 가장 확실하게 걷을 수 있으
  니까. 전통주의 대용품으로 소주가 각광받은 연유다. 결국 이
  과정에서 우리 문화의 상당 부분이 없어진 것이다. 술이란 자
  고로 곡식이나 과일을 발효시킨 것이다. 소주는 저질의 술이
  다. 알코올에다 물을 섞은 양주의 저급한 형태다. 정확히 보
  면 술이 아니다. 이상한 음료다. 술이 아닌 것을 술처럼 먹어
  야 했다. 그래서 술을 음식으로 보던 전통이 무너진 것이다.
  예전에는 술 그 자체가 농민에게는 식사 대용이었다. 그러니
  까 취할 수가 없고, 취하더라도 중독이 될 수 없었던 것인
  데…"

- '세금'이 음주 문화 전통을 끊는데 일조했다는데?

  "그렇다고 볼 수 있다. 가양주는 세금을 걷는데 방해물이
  되니까. 술은 음식이라는 기본이 무너지는 바람에 음주 문화
  가 왜곡됐다."

- 소주가 서민의 가까운 벗이라는 이야기도 하나의 왜곡
  으로 볼 수 있겠는가?

  "국민에게 술 선택권을 뺏어 놓고 해석을 그렇게 했을 뿐
  이다. 결과적으로는 국가가 국민의 음주 취향을 획일화시키는
  결과로 몰고 간 것이다."

- 현재 우리 음주 문화를 한 마디로 정의한다면?

"음주는 있되, 문화는 없다. 술은 있되, 문화는 없어진 것이다. 식사 예절은 어느 나라에나 다 있다. 술을 식사로 보면 당연히 예절이 따른다. 우리나라에도 존재했던 음주 문화가 일제와 해방을 거치면서 뒤죽박죽된 것이다."

- 문제점은 어떻게 나타나고 있는가?

"사실 술을 많이 먹느냐, 적게 먹느냐는 비본질적인 것이다. 천박한 고급 양주 문화 정말 문제다. 우리나라가 최대 소비처 아닌가. 발렌타인 30년을 우리나라가 거의 싹쓸이한다. 조니워커블루라는 술은 원래 없었는데, 한국과 일본 사람을 상대로 만든 것이다. 보졸레누보는 또 어떤가. 오래 보존을 못해서 프랑스에서는 하품 취급을 받는 술이다. 양주업자나 서양 주류업자 농간에 속고 있는 것이다."

- 폭탄주로 대표되는 '죽기 아니면 살기식' 음주의 부작용도 만만치 않은데?

"술의 역할은 사람과 사람의 막힌 부분을 소통시켜주는 것이다. 서로 긴장을 풀어주는 대화의 매개체다. 그런데 지금은 사람을 만나서 술을 먹는 것이 아니라, 술을 먹기 위해 사람을 만난다. 거꾸로 됐다. 그러니 '원샷'이나 '대접술'이 나오는 것이다. 왜! 술을 대접으로 먹나. 대접만큼의 양을 잔으로 나눠 마시는 것은 문제가 되지 않는다. 과음은 차라리 차후의 문제다."

- 이른바 '대접술' 문제에 있어서는 대학도 자유롭지 못한데…

"잘못된 것이다. 애초에는 대접에 담긴 술을 돌려가면서 먹고, 공동체 의식이나 동지애를 다지자는 의미였다. 그런데 '영웅은 술과 여자를 좋아한다' 류의 호기와 '군기를 잡는다' 식 군사문화로 왜곡됐다."

- 대학도 군사 문화에서 벗어나지 못했나?

"그렇다. 군대라는 것이 공인된 국가 폭력 아닌가. 하지만 어쨌든 폭력을 정당화시키기 위해서는 군인들을 세뇌시킬 필요가 있다. 양심을 일정 부분 마비시킨다고나 할까. 그래서 원초적으로 군대와 술은 떨어질 수 없는 것이다. 고대부터 전투가 시작하기 전에 고기와 술을 주고, 또 전투가 끝나면 그렇게 했다. 상명하복의 위계질서를 잡는 역할도 겸한다. 음주문화의 왜곡에 군사문화가 큰 역할을 했다고 본다. 이것은 우리가 군사정권을 오래 겪은 것에서 유래한다. 어떤 사람이 군대 다녀와서 좋아지기도 하고 나빠지기도 하지만, 적어도 술에 관해서는 형편없어진다. 모든 조건이 열악하지 않은가. 고통을 잊기 위해 술을 먹는다. 또한 군사정권 아래서 힘든 상황을 사람들이 오래 겪다 보니까, 대화 주제에도 영향을 끼쳤다. 음식, 스포츠, 문화예술, 여행 등 긴장을 푸는 주제가 아니다. 정치나 회사 이야기에서 크게 벗어나지 않는다. 상관 욕하다 보면 열 받게 되고, 열 받으니까 확 마셔 버리고(웃음)."

- 군사문화로 왜곡된 음주문화를 일종의 폭력으로 해석할 수 있는가?

"폭력이다. 가부장적 위계질서로 집단을 휘어잡고 어떤 방향으로 끌고 가려는 목적이 개입된 것이다. 신발에 부어서 마시게 한다든지 하는 것이 대표적인 예다. 채식주의자의 입을 벌려 억지로 고기를 먹이는 행위와 크게 다르지 않다. 주량을 줄이라는 이야기가 아니다. 역으로 음주를 하지 않는 사람도 배려해야 한다는 것이다. 다시 말하지만 술은 음식이기 때문이다."

- 제가 술을 음식으로 여기는 전통을 끊었고, 해방 후에도 이와 같은 상황이 지속됐다. 여기에 군사정권 통치가 오랫동안 지속되면서 음주문화가 왜곡됐다는 논리인가?

"그렇다. 술을 음식으로 보지 않는 것이 우리 음주 문화의 문제다. 여기서 비롯된 비싼 술에 대한 천박한 인식은 하루빨리 없어져야 한다. 술은 개인과 개인간의, 또는 집단 내의 개인들끼리의 소통 매개체일 뿐이다."

- 바람직한 음주 문화 형태는?

"우선 국민의 술에 대한 선택권이 굉장히 넓어져야 한다. 우리 전통주가 사라지고 있는 것, 일종의 술제국주의라고 할까. 소주도 우리 전통술은 아니다. 우리 전통주들이 많이 개발되면, 각각에 맞는 음주문화가 정착될 수 있다고 본다. 억지춘향 같은 이야기지만, 만약 그렇게 된다면 우리의 문화가 풍부해지고 국제적인 경쟁력도 확보될 것이다. 백세주의 성공은 충분한 가능성을 입증했다고 평가한다."

- 음주 문화 개선을 위해 어떻게 하면 되겠는가?

"그래서 청소년에게 교육을 하는 것이다. 이미 기성세대는 기존 음주문화에 중독됐기 때문에 바꾸기 힘들다. 국제적인 기준을 적용해서 음주 문화에 일정한 규제도 필요하다. 우리나라처럼 손쉽게 술을 구할 수 있는 곳이 어디 있나. 게다가 한 집 건너 술집 아닌가. 어디에서도 보기 힘든 룸살롱 같은 형태가 만연한 것도 모두 왜곡된 술 문화에서 나온 것이다.

정책적인 정리가 필요하다."

- 청소년에 대한 음주 교육은 어떤 식으로 해야 할까?

"국민 대다수가 고등학교는 졸업하고 있다. 그렇다면 졸업 전에 서너 시간 정도만 술 교육을 시키면 어떻겠는가. 요새 문제가 많은 신용불량자 문제도 마찬가지다. 카드 사용법같은 간단한 생활경제 교육도 함께 시키면 좋지 않겠나. 이와 같은 사회화 교육이 국가 차원에서 이뤄지길 바란다."

- 12월은 왜곡된 음주 문화가 절정에 달하는 시기라고 볼 수 있는데…

"연말 문제라면 적게 마시고 일찍 들어가라는 것 외에는 할 말이 없다. 큰 틀이 바뀌어야 해결되는 문제이기 때문이다."

- 그래도 각자 개인적으로 조금이라도 나은 술자리를 위해 시도할 수 있는 방법은 없을까?

"망년회는 그냥 잊어버리자는 것 아닌가. 이미 용어 속에 술 많이 마시자는 이야기가 포함되어 있다. 송년회와는 조금 다르다. 한 해를 보내고 새해를 맞자는 취지를 살려 보자. 어쨌든 술은 굉장히 사회적인 존재같지만, 또 한편으로는 지극히 사적인 존재다. 개인이 통제하고 조절하면 사회의 만연된 부조리에서 벗어날 수 있다. 술에 대해 알기 위한 노력을 기울이자."

박정희 대통령이 한창 위세를 부리던 70년대 어느 날 전주에서 하루를 묵었다 한다. 이튿날 새벽 지난밤의 술로 헝클어진 속을 풀려고 경호원을 시켜 전주에서 유명하다는 콩나물 해장국집에 전화를 걸어 해장국을 배달해 달랬다 한다.

그러나 배달 대신 "술 처먹었으면 직접 와서 뜨끈뜨끈한 해장국을 먹어야지, 어떤 시러배놈이 배달해달라는 거야!" 욕만 한 사발 먹어버렸다. 그래서 할 수 없이 박정희가 직접 와서 해장국을 시켜 훌훌 맛있게 먹는데, 그것을 보고는 욕쟁이 할머니 왈 "박정희같이 생긴 놈이 잘도 처먹는다. 이젠 속 풀렸지?"라고 했다나.

김학민 대표가 「한겨레21」 6월 19일자에 올린 '음식 이야기' 중 일부분이다. 만약 똑같은 상황이었다면, 김 대표는 박정희 전 대통령에게 무슨 말을 해주고 싶었을까. 그는 인혁당 사건의 피해자중 한 명이다.

1974년 4월 박정희 유신정권은 전국 대학생들이 총궐기했던 민청학련 사건의 배후로 23명을 지목하고 "4월 3일을 기해 폭동을 일으켜 정권을 인수하려 했다"는 죄목을 덮어씌우는 '인혁당 사건'을 일으킨다. 당시 긴급조치 위반, 내란 음모죄 등의 혐의로 8명이 '사법살인'을 당했고, 200여명에게 실형이 선고된 비극적인 사건이다.

이 사건으로 15년 징역형을 받은 김 대표는 1980년에 김대중 내란음모사건으로 다시 투옥되는 등 옥고를 겪는다. 김 대표는 1983년 학민사를 설립, 『아리랑2』, 『유월 하늘의 함성이여』, 『정본 백범일지』등 인문사회과학 서적을 발행한다. 김 대표는 40년대에 태어나 60년대에 대학을 다니고 현재 50대인 이른바 564세대. 그는 『564세대를 위한 변명』이란 저서를 쓰기도 했다.

지난 11월에 민청학련 사건 실록(1권)을 발간한 김학민 대표는 기자회견을 열어 '인혁당 사건' 재심청구 개시를 촉구하기도 했다. 인터뷰에서 김 대표는 "인혁당 사건은 역사적으로나 국민 정서적으로는 고인들의 한이 풀어졌다고 본다. 하지만 지난번 노무현 대통령이 제주 4·3항쟁에 대해 그랬던 것처럼, 정부의 공적 행위가 뒤따라야 한다고 생각한다"고 말했다. 김 대표는 "독재가 가시고 민주화된 시대정신이 반영될 것이라 본다. 확신할 수는 없지만, 앞으로 잘 될 것이라 본다"고 덧붙였다.

〈「오마이뉴스」 2003. 12. 26 / 이정환 기자〉

청소년 술꾼들에게 고함

"자, 이게 폭탄주입니다."

강사의 폭탄주 제조 시범을 청소년들은 화학실험보다 진지하게 지켜보고 있다. 그리고 이 엽기적인 물건이 인체에 얼마나 큰 해를 끼치는지 설명을 들으며 연신 고개를 끄덕인다.

수능을 치른 고3 학생들을 대상으로 술문화 교육에 나선 별난 강사는 얼마 전까지 음식 이야기를 연재하던 음식 칼럼니스트 김학민씨다.

김씨는 1998년 경기문화재단 문예진흥실장으로 일하면서 청소년 문화의 중요성을 깨달았다. 롤러스케이트, 브레이크 댄스, 록음악 경연대회 등을 개최하며 동분서주하던 그는, 자연스레 청소년들의 술문화에 관심을 갖게 되었다. 또래끼리 음성적으로 술을 먹다보니 폭음 등 잘못된 음주 습관을 갖게 되고, 이는 평생 고치지 못한다. 특히 성인 문화에 대한 이해없이 갑자기 '해방된 공간'으로 던져지는 고3 청소년들은 더욱 심각하다.

98년부터 술문화 교육을 하고 싶었던 김씨는 각급 학교에 타진 해봤으나 학교의 사정이 여의치 않고 '술 권하는 교육'이라는 오해도 있어서 포기할 수밖에 없었다. 그러다 올해, 당시 알게 된 경기도 신갈고등학교의 한 교사가 "수능 후 프로그램이 없어서 어렵다"며 강연을 요청했다. 이 강연 이후 소문이 퍼지면서 요청이 이어지고 있다.

그의 강연이 계몽적인 것만은 아니다. 해박한 지식을 바탕으로 술의 유래와 마시는 법, 각 나라의 술문화 등을 재미있게 소개하니, 학생들 눈이 땡글땡글하다.

"세계의 술문화는 안주를 먹는 문화와 먹지 않는 문화로 나뉘죠. 안주를 먹는 나라들은 술을 음식으로 여기기 때문에, 술을 기호품으로 여겨 안주 없이 먹는 나라들보다 알코올 중독이 적어요."

이런 강의를 들으면 '숨어 있는 술꾼'들은 자신을 반추 해보고 술 경험이 적은 학생들은 미래를 대비하게 된다고.

김씨는 수능 뒤 학생들에게 술문화뿐 아니라 카드 사용법·화장법 등 실질적인 교육을 실시해야 한다고 주장한다. 이를 위해서는 개인의 노력이 아니라 정부 차원의 노력이 뒤따라야 하고, 매체의 관심도 절실하다. 그가 청소년들에게 남기는 말은 이렇다.

"술을 대접에 따라 먹는 건 위험한 짓이다. 차라리 제대로 된 잔에 따라 대접 양만큼 마셔라."

〈「한겨레21」 2003. 12. 24 / 유현산 기자〉

술도 음식, 제대로 알고 마셔야

"우리들의 멋진 스무 살을 위해 술 한 번 제대로 마셔보자. 그 것도 학교에서…"

19살 학생들의 발칙한(?) 상상이 지난 3일 신갈고등학교(교장 이신구)에서 실현됐다. 고3 수험생들에게 '주도'를 배울 수 있는 특별한 강연회가 전국에서 처음으로 열려 관심이 쏠렸다. 이날 강연회는 음식 칼럼니스트 김학민씨가 강사로 나섰으며, 학생들이 직접 술을 맛 봐 화제가 됐다.

신갈고등학교 김승일 교사는 "술이 사람에게 유해한지 무해한지의 논쟁을 떠나 과음, 음주운전, 알코올 중독, 술 과소비 등 사회에 만연된 잘못된 음주문화로 인한 폐해 등을 살펴보고 술이라는 음식을 이해하기 위해 자리를 마련했다"고 특강 취지를 밝혔다.

이야기꺼리가 술인 만큼 '술, 제대로 알고 제대로 마시는 법'에 대한 강연은 학생들의 열띤 관심과 참여 속에 진행됐다.

막걸리, 맥주, 양주, 소주, 와인 등을 탁자 위에 올려놓은 김씨는 학생들에게 술을 한 잔씩 따라주며 술에 관한 이야기를 짤막하게 전한 후 술 받는 법, 술을 올바르게 마시는 법 등을 설명했다. 또한 잘못된 술 문화에 대해서도 실례를 들어가며 지적했다.

그 대표적인 예로 '폭탄주'를 꼽았다. 맥주와 양주를 섞은 폭탄주를 한 학생이 한 번에 마시자 학생들은 한결같이 "원 샷, 한잔

더…"라고 외쳤다. 그러자 김씨는 "이것이 바로 잘못된 음주문
화"라고 지적하면서 "폭탄주는 원시적이고 가학적인 행위이며 술
을 마실 때 남에게 강요하거나 강제적인 행동을 해서는 안된다"
고 충고했다.

이어 "술 마실 때 안주를 먹는 것은 술이 음식이기 때문"이라
고 강조하면서 "술을 음식으로 받아들이는 자세가 무엇보다 중요
하다"고 덧붙였다.

김씨는 "술 마셔도 좋습니다. 그러나 절제와 책임감을 늘 가져
야 합니다. 술이 사회생활에 도움을 주기도 하지만 잘못된 음주
문화는 오히려 사람과 사회를 병들게 한다는 것을 잊지 않길 바
란다"며 강연회를 마무리했다.

이날 강연회에 참여한 정영미 학생(18)은 "흥미롭고 유익한 강
의였다. 후배들도 이러한 교육을 계속해서 받았으면 좋겠다"고
말했다.

〈「용인시민신문」 2003. 12. 26 / 전자영 기자〉